VOYAGE

D'UN JEUNE FRANÇAIS

EN ANGLETERRE

ET EN ÉCOSSE.

IMPRIMERIE DE DONDEY-DUPRÉ,
Rue Saint-Louis, au Marais, n° 46.

Château de Dunbarton

VOYAGE

D'UN JEUNE FRANÇAIS

EN ANGLETERRE

ET EN ÉCOSSE,

PENDANT L'AUTOMNE DE 1823;

CONTENANT

DES OBSERVATIONS NOUVELLES, RELATIVES AUX BEAUTÉS DU PAYS, AUX MOEURS, AUX USAGES DE SES HABITANS, A LEUR INDUSTRIE MANUFACTURIÈRE, AUX PROGRÈS DES ARTS, DES SCIENCES ET DE LA LITTÉRATURE; A L'INSTRUCTION PUBLIQUE, ENFIN A TOUT CE QUI MÉRITE L'ATTENTION DU VOYAGEUR, ET ORNÉ D'UNE VUE DU CHATEAU DE DUMBARTON;

PAR ADOLPHE BLANQUI.

PARIS.

DONDEY-DUPRÉ PÈRE ET FILS, IMP.-LIB., EDITEURS,
Rue Saint-Louis, No 46, au Marais;
Et rue Richelieu, No 67, vis-à-vis la Bibliothèque du Roi.

1824.

INTRODUCTION.

> « Aux yeux du sage, la puissance des nations est un fait qu'il étudie, comme un naturaliste étudie un phénomène, pour en connaître les principes, et pour en découvrir les conséquences. »
>
> Ch. Dupin.

Malgré les rapports nouveaux que la paix a établis entre les différens peuples de l'Europe, et surtout entre la France et l'Angleterre, cette dernière contrée nous est encore peu connue. La plupart des voyages en Angleterre ne sont que des voyages à Londres, et, si j'en excepte le grand ouvrage de M. Dupin, qui me semble devoir faire époque dans son genre, personne n'a donné, depuis long-tems, un aperçu général et rapide de l'état actuel de la Grande-Bretagne.

Je ne me présente pas pour remplir cette tâche, qui serait au-dessus de mes forces; car ce n'est point en passant qu'on peut juger solidement une telle nation ; elle a besoin d'être étudiée long-tems pour être bien connue. Son histoire, quoiqu'elle ait trouvé des hommes dignes de l'écrire, ne suffit pas pour nous initier aux profonds mystères de sa politique et de son caractère : c'est de près, et chez eux, dans leurs ports, dans leurs ateliers et dans leurs ménages, qu'on peut espérer de prendre sur le fait ces redoutables insulaires. J'ai voulu essayer d'en saisir les principaux traits, et d'en présenter, en quelque sorte, les beautés les plus saillantes; poursuivi par le tems, retenu par mes émotions, distrait par mille spectacles nouveaux, j'aurais à peine trouvé l'occasion de tracer à la hâte un petit nombre de souvenirs, sans la bienveillance des personnes qui m'ont accueilli, et auxquelles je me suis fait un plaisir de payer dans cet écrit le tribut de ma reconnaissance. Éclairé par leurs conseils et par leurs lumières, j'ai cru pouvoir redire tout ce qui m'a frappé sur les côtes de la mer d'Irlande, et sur les rivages de celle du Nord ; et j'espère que ma franchise et ma sincérité seront comptées pour quelque chose dans un récit qui ne saurait avoir d'autre mérite.

Les différences entre les comtés du Nord et du Midi de l'Angleterre ne sont point tranchées, comme dans les départemens de la France, les principautés de l'Italie, et les provinces de l'Espagne. Point de Gascons et de Normands, de Siciliens et de Piémontais, de Catalans et de Galiciens : il n'y a partout que des Anglais, qu'un même esprit unit ; c'est l'intérêt, dont ils ont fait, par une heureuse illusion, l'amour de la patrie. Chez eux, comme à Rome, plus de dispute au forum, quand l'ennemi est aux portes; plus de pitié ni de pudeur, sur leur char de triomphe, quand ils y traînent des peuples vaincus. Toutes les images fortement caractérisées laissent des impressions profondes. J'ai voulu transcrire ici les miennes, les offrir aux jeunes voyageurs qui sont mes amis naturels, et les soumettre aux hommes sages qui sont mes juges. Cette relation n'est que l'expression sincère de ce que j'ai éprouvé, et quelquefois j'ai eu des momens d'exaltation et des accès de tristesse. On ne voyage pas sans un peu d'enthousiasme chez un peuple aussi grand; sans un peu d'amertume chez d'aussi anciens ennemis. Après tout, ce que j'ai décrit, je l'ai vu; ce que j'ai dit, je l'ai pensé. Mon but n'a été que de prouver à mes jeunes contemporains, que l'on peut toujours retirer beaucoup de fruit du voyage le plus court, lorsqu'on a pris de bonne heure l'habitude d'observer; et de leur faire comprendre, sous un point de vue plus élevé, combien il est tems d'abjurer des préjugés qui nous font trop légèrement regarder en pitié nos voisins, sans nous être donné la peine de les connaître.

Il y a trop long-tems que les peuples se font des guerres de douane, des guerres de livres et de procédés, les plus monstrueuses de toutes : il semble qu'ils aient pris plaisir à aider eux-mêmes les gouvernemens qui leur bandaient les yeux. Ils se sont égorgés pour des principes, et pour des ambitions particulières, ce qui est bien pis encore; ils se sont appelés mutuellement traîtres, parjures, perfides; et ils n'ont pas vu que leurs intérêts étaient les mêmes, et qu'au lieu de travailler pour agrandir leur liberté, pour développer leur industrie, et relever leur propre dignité, ils n'avaient fait que hâter leur décadence et leur asservissement. Ainsi, selon les passions du moment, nous avons répété des diatribes contre l'Espagne, l'Allemagne, l'Italie, l'Angleterre et l'Amérique. Roturiers que nous sommes, on nous a vus nous déchirer pour des castes; philosophes, nous battre pour le fanatisme; et tout cela pour ce qu'on appelle de la gloire, c'est-à-dire pour des cordons, pour des honneurs amovibles, pour un peu d'argent, qui ne vaut jamais les bassesses qu'il en coûte à l'acquérir de la sorte. La vraie gloire, celle des arts, du travail et de l'industrie, commence à peine à luire, et déjà l'orgueil de nos privilégiés cherche à la flétrir par ses dédains; mais tôt ou tard elle doit triompher; tôt ou tard elle doit devenir l'idole des nations, parce que leur véritable intérêt en dépend.

L'exemple de l'Angleterre en offre une

preuve éclatante, et j'avoue que rien au monde ne m'a paru démontrer d'une manière plus complète les avantages de la liberté, que le brillant aspect de ce pays. Vous débarquez, et personne ne s'agite autour de vous, pour savoir d'où vous venez, ni qui vous êtes; on inscrit votre nom, par formalité, sur les registres des mouvemens du port; vous pouvez circuler dans toutes les provinces, sans être questionné par personne, sans rencontrer un uniforme. L'image de la propreté embellit les plus simples et les plus rustiques demeures ; les auberges abondent sur toutes les routes, et si quelquefois l'étranger peut regretter de n'y point trouver un régime conforme à ses goûts, au moins n'a-t-il jamais à se plaindre d'y manquer du nécessaire ; car on lui offre souvent le superflu. On verra dans le cours de cet ouvrage, avec quelle rapidité le voyageur peut se transporter d'une province à l'autre, et quelle étonnante quantité de voitures partent, chaque jour, des plus petites villes. Tous les habitans sont vêtus avec soin ; toutes les maisons sont entretenues avec luxe, si on les compare à celles du reste de l'Europe.

Le spectacle devient bien plus digne d'observation, lorsqu'on pénètre dans l'enceinte des ateliers, lorsqu'on examine avec quelle patience des terres stériles ont été vivifiées, des canaux hardiment conduits à travers tous les obstacles. Par un heureux mélange, dont je ne veux point faire un mérite aux Anglais, mais auquel le plus singulier hasard semble avoir présidé, les villes de plaisance séparent les villes manufacturières, et reposent, par l'élégance de leurs monumens, l'esprit fatigué quelquefois du tableau sévère de l'industrie et de la fabrication. La magnificence de Bath égale l'activité de Bristol ; Worcester est auprès de Birmingham, Durham n'est pas loin de Newcastle, Edimbourg n'est qu'à douze lieues de Glasgow. Les campagnes présentent partout l'aspect d'un grand jardin, entrecoupé de haies vives et parsemé de beaux arbres. Les troupeaux de moutons, les bestiaux de toute espèce, et les chevaux surtout, forment la décoration obligée de leurs paysages. A tous ces avantages physiques, se joignent des causes morales de la plus haute importance. Il suffit qu'une amélioration soit proposée pour qu'elle trouve à l'instant même des partisans ; les intérêts de caste, les prétentions individuelles disparaissent devant la seule apparence de l'utilité publique. Des souscriptions de trois à quatre millions sont assez communément remplies dans une matinée, lorsque leur résultat doit être profitable à la communauté ; et j'insiste sur ce phénomène d'économie politique, parce qu'on ne l'a pas encore observé parmi nous. Il faut avouer que nos essais en industrie ont toujours été faits avec une sorte de timidité qui nous a rendus tributaires de nos voisins, et que la vanité nationale, séduite par des succès stériles dans la guerre, n'a pas peu contribué à nous faire dédaigner des triomphes plus réels.

La puissance du génie de l'homme se montre avec plus de majesté dans les provinces naguères désertes de l'Écosse. Là tout est récent, tout est plein de vie et d'activité, tout est sorti comme par enchantement du sein de la terre; et l'on dirait que le gouvernement britannique vient de s'apercevoir à peine du trésor qu'il a si long-tems négligé. Le pays est coupé par des lacs; on les a réunis par des canaux : les collines ont été aplanies; les landes ont été défrichées. En moins de cinquante ans, la vieille Édimbourg a vu s'élever sous ses murs une ville nouvelle, bientôt sans rivale en Europe, et que l'admiration des voyageurs a saluée du nom d'Athènes du Nord. La population de Glasgow s'est accrue de quatre-vingt mille ames en trente ans. Le canal de Forth et de Clyde et le canal Calédonien rivalisent avec les entreprises des Romains : l'Écosse, aujourd'hui partagée en deux grandes îles, reçoit des flottes au sein de ses montagnes. Greenock et le port de Glasgow communiquent avec les contrées les plus éloignées. Lanark, à peine connue par les souvenirs glorieux de Wallace, promet d'égaler quelque jour Birmingham et Manchester. Il n'est pas jusqu'aux rochers de granit et de basalte qui ne soient exploités avec succès : depuis l'établissement des bateaux à vapeur, qui ont rapproché toutes les distances, les plus beaux édifices de Londres sont bâtis en pierres d'Écosse. La brique modeste disparaît chaque jour dans les constructions modernes. Ainsi des terrains regardés sans valeur jusqu'à nos jours, sont devenus des sources de richesses, de luxe et de magnificence.

J'aurais bien voulu offrir en même tems le tableau rapide de cette malheureuse Irlande, si peu connue et si mal jugée; et je regrette encore l'accident qui nous a fait rentrer à Bristol, quand nous étions en route pour Dublin. Ce doit être un spectacle assurément fort remarquable, que celui d'une contrée si souvent ensanglantée, dont la physionomie rappelle, à quelques villes près, le sort déplorable des Ilotes; les blessures qu'elle a reçues de Cromwell, ne sont point encore cicatrisées. Drogheda, Trim, Kilkenny s'en souviennent, comme si le tems n'avait pas marché depuis lors; toutes les relations sont d'accord sur ce sujet. Les lectures préliminaires que j'ai faites avant d'entreprendre mon voyage, m'ont arraché des larmes plus d'une fois, et je crois que si l'état actuel de ce malheureux pays était parfaitement connu, il s'élèverait dans l'Europe un cri général d'indignation. Au lieu d'y envoyer des maîtres d'école pour apprendre à lire à ces enfans de sauvages, on a inondé le pays de soldats qui vexent les habitans, et l'Irlande ressemble encore aujourd'hui, sous beaucoup de rapports, à ce qu'elle était après les massacres de Cromwell. On dirait que l'Angleterre travaille à entretenir l'ignorance et les vices des Irlandais, pour s'en faire des armes contr'eux. Ainsi Fox disait en parlant des fureurs de la révolution française : *Excitons cette rage, nous la flétrirons après.*

Aussi les ressentimens de ce peuple sont-ils inflexibles. La vengeance est le premier de ses besoins. Ils se sont révoltés toutes les fois qu'ils l'ont pu, sous Élisabeth, sous Cromwell, sous Georges III. Ils ont fait des Saint-Barthélemy à plusieurs reprises, et partout où ils se sont trouvés en force, ils ont commis des horreurs épouvantables qui leur ont valu de sanglantes représailles. On ne lit pas sans effroi le récit des barbaries exercées sur eux par le parti des protestans. « A quoi bon massacrer encore, disait sir » William Petty (1), puisqu'il n'y a plus » maintenant en Irlande que huit cent mille » papistes, dont six cent mille vivent comme » des brutes dans des huttes sans cheminées, » sans portes ni fenêtres, si sales, si enfu- » mées, si puantes et si pleines de vermine, » que l'on ne peut rien y garder, pas même » des œufs, qui n'y prenne un mauvais goût?

---

(1) Cet auteur était médecin de l'armée anglaise employée en Irlande après l'expédition de 1641.

» Le bas clergé débite à ces êtres stupides des
» prophéties et des superstitions concernant
» certaines cavernes, des puits, des rochers
» ou des montagnes. La ville et les faubourgs
» de Dublin sont composés de cinq mille
» maisons. Il y en a douze cents occupées
» par des cabarets, et la proportion est encore
» plus grande dans les petites villes (1). La
» fainéantise et la malpropreté sont devenues
» chez eux comme une seconde nature : et
» pourquoi chercheraient-ils à vivre diffé-
» remment, lorsqu'on leur apprend que telle
» était la vie des Saints et des Patriarches
» dont les mérites doivent opérer leur salut? »

Voilà l'Irlande telle que nous la représentent les voyageurs les plus modernes. Si

---

(1) Le docteur Johnson a dit plus récemment, en parlant des Irlandais : *In Ireland, no man visits where he cannot drink*, en Irlande, on ne fait pas de visite là où il n'y a rien à boire.

l'on ajoute à ce triste tableau, celui d'une terre couverte, dans une grande portion de son étendue, par des lacs, des rochers, des sables et des fondrières, on aura une idée exacte de cette malheureuse contrée, dont les solitudes passent pour les plus pittoresques de l'Europe. On ne voit de toutes parts que des châteaux ruinés, que des terrains mouvans, désignés sous le nom de *Bogs*; et l'aspect de la misère s'y montre dans sa plus affreuse nudité (1). Les parties les mieux cultivées sont devenues la propriété des protestans, qui s'en sont emparés successive-

---

(1) Il ne serait pas prudent toutefois, de juger des grandes villes d'Irlande par ce tableau déplorable de la misère des campagnes. Dublin est une des plus magnifiques cités de notre continent. M. Dondey-Dupré fils, éditeur de cet ouvrage, y a séjourné récemment, et il a bien voulu me communiquer, sur cette ville, des plans et des dessins particuliers qu'il assure être fort exacts : en vérité, si ces gravures n'ont pas flatté les monumens, je n'ai rien vu de plus imposant à Édimbourg, à Londres et même à Paris.

ment à mesure que chaque révolte amenait des défaites et des confiscations.

Cette sombre image de l'Irlande était toujours devant mes yeux quand j'ai parcouru l'Angleterre. J'ai cru devoir en présenter quelques traits, afin de me défendre du soupçon de partialité en faveur des Anglais. Peut-être on en retirera cette leçon tant de fois oubliée, que l'intolérance et le fanatisme abrutissent les nations, et reculent indéfiniment l'époque de leur virilité. On le sait bien en France, depuis quelque tems : et tout le monde cherche à s'éclairer. Les langues vivantes sont beaucoup plus étudiées parmi nous qu'elles ne l'étaient à l'époque où l'on avait trouvé national de nous isoler au milieu de l'Europe, comme l'Angleterre est isolée au milieu des mers. Les voyages sont devenus plus communs, et chaque peuple comprend mieux ce qui lui manque, en voyant ce que possèdent ses voisins : le besoin est né de la comparaison. Aussi personne ne contestera que nos manufactures n'aient fait beaucoup de progrès, depuis que les fabricans ont mieux connu les grands procédés de l'industrie anglaise. M. Clément-Désormes, professeur de chimie au Conservatoire des Arts et Métiers de Paris, est un des savans auxquels les fabriques françaises ont le plus d'obligations sous ce rapport : chacun de ses voyages en Angleterre est une conquête pour elles, et il voyage souvent.

Quant à moi, trop jeune encore pour offrir un tableau complet de la puissance de ce peuple libre, dont la main de fer s'étend jusqu'aux extrémités du monde, mon but sera rempli, si j'ai inspiré à quelques Français le désir d'en étudier les causes. Les progrès toujours croissans des lumières ont rendu les connaissances littéraires insuffisantes à l'avidité de la jeunesse : les lois, les arts et les sciences sont devenues le complément obligé de toutes les bonnes éducations françaises (1). J'ai pensé qu'en publiant cet essai rapide sur le pays le plus avancé dans cette carrière, je pouvais satisfaire un besoin : ce sera mon seul mérite ou mon excuse.

---

(1) On pourrait ajouter que les voyages en Angleterre sont d'une nécessité presque absolue pour les savans, pour les négocians, pour les manufacturiers, pour les littérateurs, et en général pour tous ceux qui ont intérêt à étendre le domaine de nos connaissances et de notre industrie, c'est-à-dire la somme de notre bonheur et de nos richesses. Or, on ne fait de progrès dans cette route, comme dans les autres, que par l'émulation et la vue des grands modèles.

ANGLETERRE.

CHAPITRE PREMIER.

DÉPART DU HAVRE. — COTES DE NORMANDIE. — MAL DE MER. — CUISINE ANGLAISE. — ISLE DE WIGHT. — RADE DE PORTSMOUTH. — EAUX DE SOUTHAMPTON.

> « Le long du bord le câble crie ;
> » L'ancre s'élève et sort des eaux ;
> » La voile s'ouvre : adieu Patrie ! »
> C. Delavigne.

Enfin nous sommes débarrassés des inspecteurs, des commissaires, des gendarmes, et de tous ces magistrats subalternes qui ne semblent créés que pour gêner la respiration, et qui, depuis notre départ de Paris, n'ont cessé d'entraver notre marche : nous sortons du port comme d'une prison, avec cette première joie du voyageur, toujours si vive et si impatiente qu'on la prendrait pour un oubli de la patrie. Les falaises qui bordent la côte fuient rapidement derrière nous :

le phare lui-même a disparu sous l'horizon, et nous saluons d'un dernier adieu les rives de la France. Oh! qu'alors elle paraît grande et chère à tous les cœurs bien nés! avec quel orgueil on songe, en la quittant par l'embouchure de la Seine, qu'elle étend ses bras puissans jusqu'aux bords du Rhin, jusqu'aux sommets des Alpes et des Pyrénées! on croit la voir long-tems sous le voile de nuages qui la dérobe à tous les yeux, et l'imagination agrandit encore ses frontières, que déjà l'on touche aux frontières de sa rivale.

Ces nobles émotions font bientôt place à d'autres lorsqu'on est en pleine mer. Le ciel, qui fait tout bien, et qui nous expose quelquefois à mourir de soif au milieu des eaux, a voulu que la navigation devînt pendant long-tems une sorte d'agonie pour la plupart des hommes, en les condamnant au mal de mer. Ce mal affreux n'a pas été inscrit par les anciens sur le grand catalogue des souffrances humaines, soit qu'il leur parût léger à une époque où l'on n'en guérissait pas de plus réels et de plus durables, soit qu'ils en fussent préservés par la simplicité et la modération habituelles de leur régime. Mais c'en est un sérieux pour nous, qui ne sommes pas aussi simples que nos pères, et il faut le compter pour beaucoup dans l'histoire des tribulations du voyageur. En effet, à peine la terre échappe aux regards, que la joie et le mouvement disparaissent sur le paquebot; toutes les conversations sont brusquement interrompues; les figures les plus fraîches se décolorent tout à coup, et prennent une teinte verdâtre et livide. On voit souvent les femmes étendues sur le pont dans un état complet d'accablement, insensibles à tout ce qui se passe autour d'elles, tandis que les matelots, accoutumés à ce pénible spectacle, poursuivent froidement leurs manœuvres, et les regardent sans émotion. Chacun semble se renfermer en soi-même, et, comme si le tribut que la nature impose dans cette circonstance exigeait du mystère, on évite avec soin tous les yeux, et l'on se prive volontairement d'un appui nécessaire. Je ne connais pas d'autre remède à ce malaise violent et passager qu'une diète rigoureuse, quoi qu'on en ait dit, et surtout le repos dans une position horizontale, la tête légèrement inclinée en arrière. Il faut bien se garder surtout de s'abreuver de thé à la façon des Anglais, qui le distillent au lieu de l'infuser : car le vomissement redouble ordinairement après en avoir pris. La fumée du charbon de terre contribue beaucoup aussi à augmenter les nausées produites par le balancement du navire; les matelots font rôtir impitoyablement leur beafsteak en présence des passagers malades, et ceux que le roulis avait épargnés résistent difficilement à cette dernière épreuve. Pour moi, je n'ai jamais vu circuler ces larges tranches de bœuf sanglant et dégouttant de graisse, sans être saisi de véritables convulsions : l'émétique n'a pas plus d'énergie. Peut-être il serait plus convenable de soustraire aux yeux des passagers les apprêts d'un repas dont la vue et l'odeur augmentent leurs souffrances; peut-être aussi devrait-on s'occuper davantage, à bord des vaisseaux de transport, de tout ce qui peut soulager les voyageurs dans cet état, les femmes surtout; car elles paraissent généralement plus accablées que les hommes par le mal de mer, et j'espère qu'on me pardonnera cette digression en leur faveur.

Le surlendemain de notre départ de France, après une nuit brumeuse, le soleil s'est levé radieux, et nous a éclairé la côte méridionale de l'île de Wight, qui sort du sein des eaux comme un bloc de marbre blanc. L'effet, de loin, en est fort singulier : elle présente l'aspect d'une muraille à peine terminée ou fraîchement récrépie; si le hasard ou le tems eussent jeté par-ci par-là quelques taches noires imitant des fenêtres, on pourrait prendre ce rocher escarpé pour la façade d'un grand édifice. L'illusion disparaît à mesure qu'on approche : les deux côtés de l'immense falaise s'abaissent insensiblement vers le rivage, qui est couvert de la plus riante verdure ; les côtes d'Angleterre, situées sur un fond plus obscur, semblent venir au-devant du passager, à mesure que le soleil les éclaire ; à leurs pieds se prolonge une ligne droite et rougeâtre, parallèle à l'horizon : ce sont les fortifications de Portsmouth. Nos yeux évitaient ces tableaux éblouissans de lumière, pour chercher la fameuse rade de Spithead, lorsqu'un vaisseau de 74, que nous suivions depuis long-tems, commença le feu de ses batteries appelé *salut du port*, pour annoncer son entrée dans ces belles eaux. Les canons des remparts le lui ont rendu sur-le-champ, et le vent, qui était faible, ayant fraîchi tout à coup, nous avons été poussés, au bruit de l'artillerie, entre cette rade et la rive orientale de l'île de Wight.

On ne peut se lasser d'admirer la position de Portsmouth. La ville s'étend à l'extrémité d'une petite presqu'île garnie de batteries formidables qui commandent l'entrée du port et la rade tout entière. La flotte est à l'ancre dans un canal presque toujours paisible, garanti des vents du Nord par les collines du Hampshire, et des vents d'Ouest et de Sud-Ouest par celles de l'île de Wight. En face de ces machines de guerre et de carnage, une scène toute pastorale appelait nos regards : la petite baie de Sainte-Hélène avançait dans la mer ses deux promontoires couverts de troupeaux de bœufs et de moutons, de cabanes et de jolis massifs; les pêcheurs détachaient leurs barques, au-dessus desquelles volaient des nuées de *seagulls* (1) avec leur cri plaintif et leurs longues ailes blanches.

A mesure que nous tournons autour de l'île, les villages se montrent à nous comme dans un panorama. Ride, bâti sur le penchant d'une colline, étale à nos regards l'amphithéâtre de ses maisons en briques d'un rouge pâle; les rues, les habitations même sont séparées par des jardins, formant entr'elles différens compartimens, comme ceux que les Romains appelaient du nom d'*Insulæ*. De grands arbres dominent les maisons, et les collines voisines dominent ces arbres : c'est Louviers en petit, avec le magnifique spectacle de la rade de Porstmouth, à deux lieues de distance, sur la côte opposée. Cowes est plus pittoresque; il est couronné de bois touffus, et arrosé par la Médina, joli petit torrent qui partage l'île en deux, en courant du Midi au Nord, où il forme

---

(1) Oiseau de mer que nous appelons *mouette.*

un mouillage très-fréquenté par les vaisseaux américains. Toute l'île est ainsi bordée de villages charmans, de prairies, de falaises blanches : il n'y a pas un site qui ne soit égayé par la vue de la mer ou par des échappées sur les vallées inférieures ; partout de riches fermes, de grands bois, de belles maisons de campagne, de gras pâturages. La vigne et les productions de nos provinces méridionales y croissent presque sans précautions ; l'air y est doux et fort sain, l'agriculture poussée à un très-haut degré de perfection, et la vie généralement fort agréable ; aussi les Anglais nomment-ils ce pays le jardin de la Grande-Bretagne. C'est une terre de prédilection, et l'on m'a dit que plusieurs seigneurs y achetaient des propriétés pour être plus réellement, dans une île, à l'abri du monde et de ses ennuis.

Il n'y a pas fort loin pourtant de ce paradis terrestre à ce qu'ils appellent l'enfer de la civilisation. Pour la modique somme d'*un shelling*, on est emporté dans moins de deux heures à Southampton, en remontant un petit golfe bourbeux, étroit et profond, vulgairement nommé *Southampton's Water*, les eaux de Southampton. Sur ses deux bords, règne une solitude profonde ; les troupeaux ont disparu, la rade de Portsmouth est loin derrière nous : nous pouvons nous croire près d'une île de la mer du Sud, tant la végétation est vigoureuse, et le silence absolu. Sur notre droite, la rive est couverte d'une masse d'arbres assez touffue, sous lesquels on distingue quelques habitations et les ruines vénérables de l'abbaye de Netley; à gauche, le rivage est plus aplati, plus couvert de substances fangeuses déposées par la marée, et généralement moins fréquenté que la rive opposée. Un petit château jadis fort, *Calshot Castle*, nous paraît enfoncé dans la vase qui envahit ses basses embrasures; il fut construit à l'extrémité d'une langue de terre pendant la menace de notre invasion : depuis cette époque, il a été désarmé et entièrement abandonné.

Southampton n'a point de port, mais un mouillage sûr, formé par le fond du golfe, et abrité de tous les vents: c'est là que notre paquebot a jeté l'ancre. Sur-le-champ un officier de la douane (*Custom house*), s'est transporté à bord a demandé nos passeports avec la plus grande politesse, et nous avons débarqué sans être soumis à aucune visite, sans être fouillés sur nos personnes en aucune manière; nos effets, déposés à la douane, ont été examinés avec confiance, et seulement par formalité. Ces petites libertés que les commissaires et les gendarmes prennent si légèrement en France sous le moindre prétexte, ne seraient pas tolérées en Angleterre. Mais nous allons bientôt éprouver que la politesse se paie très-cher dans ce pays. Un essaim de porte-faix, tous fort honnêtes, nous environne sur le quai, nous entraîne dans tous les sens; venez par ici, venez par là; nous avons une auberge *comfortable;* je vous promets un *good stabling,* du vin véritable, du joli vin, Messieurs! *neat wine, Gentlemen!* on est ébloui de toutes ces apostrophes, et le parti le plus simple, lorsqu'on ne connaît pas les lieux d'avance, est de s'abandonner au hasard. C'est le hasard, en effet, qui nous a conduits à l'auberge du *Joli Vin,* où nous avons pu nous soulager des fatigues du mal de mer, des privations qu'il impose, et de l'ennui d'une traversée de quarante lieues en cinquante heures.

Chaque politesse coûte ici un shelling, à peu près, et il y en a qui coûtent bien davantage. Trois shellings pour le batelier qui nous a menés du paquebot au rivage; un shelling pour porter nos effets à la douane, qui est à douze pas; un shelling encore pour les porter de la douane au vestibule de notre hôtel; un autre shelling pour la fille qui les monte du vestibule dans nos chambres: ce trajet de cinquante pas nous coûte autant que le voyage de Paris à Chartres. En vérité ces *travailleurs* de l'Angleterre sont pires que les mendians de l'Italie.

CHAPITRE II.

VILLE DE SOUTHAMPTON. — DINER A L'AUBERGE. — CIMETIÈRE. — GAZOMÈTRE. — PONT OBLIQUE. — SOIRÉE ANGLAISE. — *God save the King.* — DÉPART POUR BATH.

> « Les vues faibles sont éblouies de vos
> » lumières ; elles tremblent d'en être
> » brûlées ; elles aiment à être guidées
> » par des falots. »
> J. B. SAY.

La ville de Southampton nous effrayait par sa laideur avant le débarquement. Les arbres qui bordent le rivage ne laissent voir que le quartier le plus rapproché de la mer, c'est-à-dire le plus sale et le moins habité. Une mauvaise chaussée, bâtie sur des pilotis plantés dans la boue, s'avance vers le golfe, et forme une espèce de môle : quelques masures se présentent derrière ce môle comme les ouvrages avancés de la place ; mais bientôt un spectacle plus brillant succède à ce tableau de mauvais augure, et nous nous trouvons dans une ville ou pour mieux dire, dans une longue rue, élégante et animée (*High Street*), dont les détails et la physionomie nouvelle attirent toute notre attention. Une population active circule sans confusion sur de larges trottoirs en pierre de taille, (*pavement*); les maisons sont basses en général, et bâties en briques, mais d'une fraîcheur et d'une élégance remarquables; les portes d'entrée, sur la plupart desquelles est écrit le nom du propriétaire, sont éclatantes de propreté; le rez-de-chaussée est toujours élevé de plusieurs pieds au-dessus du trottoir, avec lequel il communique par un petit escalier de quelques marches. Les Anglais se tiennent plus habituellement dans cette partie de leurs appartemens : aussi est-elle entretenue avec un très-grand soin. Assez souvent la façade extérieure, au lieu de présenter une surface plane, s'avance dans la rue en forme de rotonde : les fenêtres de ces rotondes sont fort larges et partagées en trois divisions, dont une seule, celle du milieu, s'ouvre de bas en haut, et non point de droite à gauche ou de gauche à droite comme en France et dans presque toute l'Europe. Je note cette particularité parce qu'elle est devenue universelle en Angleterre et en Écosse, et qu'elle donne une originalité remarquable aux monumens. Afin de se mettre à l'abri de la curiosité publique, on a imaginé de petites persiennes disposées intérieurement de manière à glisser de chaque côté des fenêtres, avec la même facilité que des rideaux.

Les boutiques de fruitiers, de pâtissiers, d'épiciers sont décorées avec autant de luxe et plus de propreté que nos plus riches magasins ; une quantité de voitures, de calèches, de tilburys d'un goût parfait, filent comme l'éclair sur le milieu de la rue, qui n'est point pavée, mais recouverte d'un sable caillouteux ; les chariots de campagne et de roulage ne sont pas armés, comme les nôtres, de longs essieux qui accrochent et renversent les voitures plus légères : il n'est pas permis de dépasser une longueur donnée, et les roues, par leur largeur extraordinaire, contribuent encore à raffermir et à niveler les cailloux répandus sur les grands chemins. Les maisons sont généralement ornées de fleurs ; les carreaux de vitres, les portes, les escaliers, sont d'une propreté admirable : la propreté m'a semblé partout la beauté caractéristique de l'Angleterre. Les gens du peuple que nous rencontrons sont décemment vêtus ; les paysans portent des blouses blanches et des guêtres longues ; toutes les femmes, même celles de la dernière classe, ont des chapeaux.

Notre tournure étrangère, quoique nous soyons dans une petite ville, ne nous a valu aucun désagrément. Ces prétendus outrages dont on a tant de fois répété que les Français étaient abreuvés en Angleterre, sont des calomnies; tout le monde au contraire se montre fort empressé à nous donner les renseignemens que nous pouvons désirer. A l'auberge du *joli vin*, où nous étions logés, j'ai remarqué que les domestiques en habit noir, jabot et cravate de petit-maître, se tenaient toujours à une distance respectueuse, plus grande vis-à-vis de nous qu'envers les nationaux. Je ne nie point que ces politesses ne soient cruelles, puisqu'on nous les fait payer fort cher; mais ce n'en est pas moins un devoir pour nous de les reconnaître, sans préjudice des critiques que nous pouvons nous permettre sur l'importune exigeance et l'avidité des domestiques. Je ne connais pas d'abus plus intolérable, en effet, que la nécessité de récompenser les saluts d'un laquais oisif comme les services d'un ouvrier laborieux.

Nous avons été introduits avec le cérémonial inévitable dans la salle à manger (*dinning room*), toujours ornée de son tapis et de sa table ovale en acajou. Quelques fauteuils de forme antique, un énorme buffet dressé en amphithéâtre, deux ou trois journaux, et quelquefois une table de lecture, constituent l'ameublement de cette salle. Le dîner, sans soupe, consiste en un *beafsteak* sanglant, largement saupoudré de poivre et d'épices, et couronné de petits fragmens de raifort rapé, tout-à-fait semblables à ces copeaux de bois blanc qui naissent sous le rabot du menuisier. Le *beafsteak* est immédiatement suivi d'un ou de plusieurs plats de légumes *in naturalibus*, c'est-à-dire *blanchis* et *égouttés*, en terme de cuisine : on a soin de servir en même tems une sorte de porte-huilier chargé de cinq ou six fioles, véritable pharmacie ambulante, dans laquelle on choisit les ingrédiens nécessaires pour composer une sauce ou *mixture* capable de donner du ton à ces légumes insipides. Les fioles contiennent ordinairement de l'huile, du vinaigre, de la moutarde et trois ou quatre autres substances liquides, d'une consistance analogue à celle des linimens. Quelquefois un poulet succède à ces légumes des tems héroïques : mais les Anglais eux-mêmes conviennent que la chair en est plus dure chez eux que celle du bœuf, et ils lui préfèrent le canard. Ainsi je me suis expliqué cette cargaison de poules et de dindons parfaitement plumés qui encombraient la poupe de notre paquebot, lorsque nous sommes partis du Hâvre. Le dîner se termine par une lourde tarte (*a tart*) aux cerises, aux prunes ou aux pommes suivant la saison ; et l'on ne manque jamais d'y laisser aux fruits leurs noyaux.

Il y a un peu plus de variété dans les boissons ;

les Anglais en ont trois sortes, indépendamment du vin : le *porter* ou bierre forte proprement dite, la *small beer* ou petite bierre (c'est celle de nos cafés quand elle est bonne), et l'*ale* qui tient le milieu entre les deux premières, et leur est incontestablement supérieure. On la sert comme les autres dans de petites cruches qui en contiennent à peu près deux verres anglais, c'est-à-dire quatre des nôtres. Les vins les plus communs sont ceux de Porto, de Madère et de Xerez, qu'ils nomment *sherry*, et qu'ils boivent toujours sans eau, par une exception spéciale au système des *mixtures*, en vertu duquel ces vins sont chargés d'eau-de-vie dont l'usage est fatal à plus d'un tempérament. De là peut-être le teint rouge vif, légèrement injecté, quelquefois bourgeonné, de la plupart des gastronomes anglais. Je renvoie l'intéressante histoire du dessert dans les auberges au chapitre consacré à la ville de Bath, où l'on nous en a servi un très-plaisant. Et qu'on ne s'imagine point que la description d'un dîner est un incident frivole dans la relation d'un voyage : pauvres mortels que nous sommes, rois et sujets, un dîner est pour nous une affaire importante, et j'en pourrais citer de fameux témoignages. D'ailleurs, la chère anglaise étant absolument la même dans toutes les auberges, hôtels et tavernes des trois royaumes, il est bon de savoir à quoi doivent s'attendre, sous ce rapport, les voyageurs délicats qui vont chercher des jouissances de l'autre côté du détroit.

On est bientôt rassasié de la nouveauté d'un pareil repas; et, malgré notre appétit, nous y avons renoncé sans peine pour examiner la ville de plus près. Ici, je suis heureux de rendre hommage à l'hospitalité anglaise. Nous avions des lettres pour l'un des négocians les plus distingués de Southampton, M. William Oke; à peine les avons-nous présentées qu'il s'est empressé de nous offrir ses services, renonçant en quelque sorte à ses affaires pour se dévouer entièrement aux nôtres. Les nôtres étaient de voir et de connaître, et, grâce à lui, nous les avons terminées de la manière la plus complète et la plus agréable. Partout où nous avons frappé, les portes se sont ouvertes, et ces Anglais qu'on dit si mystérieux, semblaient n'avoir plus de mystères. Nous voulions voir le fameux château gothique de Southampton, bâti par un fou, si vaste, si élevé et flanqué de murailles du haut desquelles la vue dominait la ville et la baie : mais il a été démoli avant d'être achevé. On n'en a pas même laissé subsister les débris pour *faire ruine* selon l'usage : c'est une véritable profanation; et elle étonne d'autant plus que les Anglais se montrent en général très-respectueux pour le genre gothique. Tout le monde se *gothise*. En Ecosse, nous avons vu plusieurs superbes maisons de campagne bâties l'année précédente avec leurs tours prismatiques, leurs voûtes en ogives et leurs mâchicoulis : pour les vieillir, on a planté du lierre au pied des murs, et le lierre croît avec une vigueur complaisante, comme pour se prêter à la supercherie.

Southampton possède un jardin botanique et un gazomètre. Le jardin est comme suspendu sur le penchant de la colline, d'où il semble vouloir rouler dans la baie, tant la pente est rapide. C'est une miniature, mais cette miniature fait plaisir à la vue par un certain air de richesse, d'abondance et de prospérité; toutefois, comparée à notre Jardin des plantes de Paris, on pourrait la regarder, si j'ose dire, comme la table des matières d'un bon ouvrage.

Le gazomètre en est réellement un fort intéressant. Pour y arriver, nous avons traversé la ville, et nous sommes descendus sur le versant opposé de la colline, vers les bords de l'*Itching*, au fond de la vallée. Un cimetière se trouvait sur notre chemin : nous l'avons parcouru; il le fallait d'ailleurs, car il sert de passage. Les tombes sont ornées d'une pierre rarement chargée d'inscriptions, souvent perpendiculaire au sol et à la tête du défunt, ce qui lui a fait donner le nom de *head's stone*, pierre de tête. On n'y grave guère que ces mots : « Un tel né dans telle année est « mort dans telle autre; » ou bien son signalement, quelquefois son genre de mort : les plus riches ne manquent pas d'épitaphes poétiques. Les enfans jouent et les animaux circulent dans ce cimetière, qui est toujours ouvert au public, ce qui ne s'accorde pas, soit dit en passant, avec le respect que les Anglais professent pour les morts, et la touchante élégie de leur poète Gray, sur ce sujet.

A peu de distance, on aperçoit l'embouchure de l'*Itching*, près duquel est situé l'établissement du gazomètre. Trois hommes suffisent à l'entretien des fourneaux et à tous les autres travaux, qui se réduisent à une simple surveillance à cause de la grande perfection des machines. Les Anglais sont presque parvenus à leur donner une sorte d'intelligence qui les rend applicables à tous les genres de service. Le procédé employé pour l'épuration du gaz est fort simple, nous a-t-on assuré, mais on ne le communique à personne; presque tous les propriétaires de ces établissemens possèdent ou prétendent posséder un système particulier qu'il font préconiser dans les journaux, avec quelques insinuations dirigées contre les administrations rivales, selon la méthode adoptée en Angleterre et ailleurs. Au milieu de ces conflits d'égoïsme, il est difficile de décider auxquels appartient la supériorité, et les meilleurs essais resteront isolés jusqu'à ce que des expériences certaines en aient constaté l'utilité. Cependant, s'il existe encore des différends relativement à certains procédés de détail, tout le monde est d'accord sur l'ensemble, même les marchands d'huile et de chandelles, dont les magasins sont éclairés d'après le nouveau système. Aussi ai-je été fort étonné en revenant en France, de trouver la lutte rouverte, non pas seulement sur cet objet secondaire, mais encore sur le principe de l'éclairage par le gaz. Voilà que tout à coup des gens qui avaient dormi paisibles sans songer à l'hydrogène, pas plus qu'on ne s'inquiète, en digérant, du mécanisme de la digestion, se sont réveillés saisis d'une terreur panique, et tout prêts à crier *au feu! à l'explosion!* Ils veulent déserter les quartiers illuminés par le fatal appareil, et, si nous en croyons les organes de leurs doléances, ils ne parlent de rien moins que de l'incendie de Paris, et d'une nouvelle représentation de tremblement de terre. De l'autre côté du détroit, on rit beaucoup de nous voir hésiter sur cette inno-

vation importante, comme des enfans qui craignent de toucher à la poudre, tandis que devant eux on charge le canon. Il serait tems de s'entendre, ce me semble, après une si longue guerre de brochures, après ces menaces d'inondation à propos d'une cuve brisée, d'explosion à propos d'un accident sans conséquence, ou d'infection générale parce qu'une dame s'est évanouie à l'Opéra. Je ne prétends point juger le procès, et j'espère qu'il le sera d'une manière conforme aux intérêts du pays, parce qu'il ne s'agit point heureusement d'une affaire de parti ; mais, si j'étais membre d'un jury chargé de décider consciencieusement la question, je ne balancerais point à me prononcer en faveur de l'éclairage par le gaz hydrogène. Je dirais à ceux qui craignent les inondations : « En Angleterre, les cuves sont au-
» dessus du sol, et personne n'a peur d'être noyé »;
à ceux qui redoutent le feu : « Les tuyaux conduc-
» teurs du gaz circulent à Londres, dans toutes
» les rues, dans les caves, et tout le monde dort
» tranquillement »; à ceux enfin qui tremblent à l'idée d'une explosion, et qui ne veulent pas de gazomètres dans les villes : « Il y en a un près
» du pont de *Blackfriars*, au centre d'une capitale
» opulente, la plus populeuse du monde civilisé;
» et certes l'on n'aime pas plus sauter à Lon-

» dres qu'à Paris ». S'il en était quelques-uns, néanmoins, que cet exemple n'aurait pas rassurés, je les conduirais dans notre faubourg Poissonnière, auprès de cette immense usine, véritable monument national dont les prétendus dangers sont de pures chimères aux yeux des observateurs équitables. Ils y pourraient voir les parois de la terrible cuve formées par un mur en maçonnerie ; ce même mur entouré et contenu par la terre qui lui sert de base; les fourneaux, l'épurateur et la cloche gazométrique, isolés les uns des autres, de manière à ne pouvoir se nuire réciproquement; enfin, l'édifice qui renferme les fourneaux, couvert en lames de cuivre soutenues par une charpente de fer, pour prévenir les incendies. Rien n'est d'ailleurs plus rassurant que les moyens ingénieux employés pour maintenir l'égalité de la pression atmosphérique et artificielle, et les ventilateurs établis de toute part, afin de dissiper jusqu'à l'idée d'une combinaison de l'air extérieur avec le gaz, capable d'occasionner une explosion (1). Mais malheureusement tout le monde

---

(1) La possibilité de l'explosion ne commence que lorsqu'il y a mélange de cinq parties d'air ordinaire avec l'hydrogène ; l'intensité augmente progressivement jusqu'à douze, et diminue rapidement au-delà de cette proportion.

disserte, et juge les questions de physique et de chimie comme des questions de politique ou de toilette, les uns aveuglés par leur intérêt, les autres par leur inexpérience ; le plus grand nombre ne se donne pas la peine d'examiner, de peur d'être convaincu.

Je me suis étendu sur un sujet qui intéresse vivement l'industrie et la richesse nationales, parce qu'ayant eu, dans plus d'une circonstance, l'occasion de reconnaître la supériorité anglaise, il m'en coûtait de voir attaquer par des Français un établissement capable d'assurer la nôtre. Il m'a semblé qu'on se hâtait trop en France de recourir à l'autorité lorsqu'on manquait d'argumens, et c'est ce qu'on peut reprocher aux adversaires du nouveau système d'éclairage. Chez nos voisins, où le public fait ses affaires lui-même, une pareille ressource indiquerait la détresse, ou laisserait soupçonner la bonne foi des opposans. Il n'y a plus de concurrence possible, dès qu'une main de fer peut faire pencher la balance ; et peut-être il résultera quelque jour de ces imprudens débats, que le gouvernement, fatigué d'être invoqué sans cesse, s'emparera de l'entreprise de l'éclairage, comme il s'est approprié le monopole du sel et du tabac, et finira par dire aux plaideurs avec le juge de la fable :

« Messieurs, l'huître était bonne : adieu, vivez en paix. »

Le gazomètre français m'entraîne loin de celui de Southampton. Nous n'avons pas manqué d'observer l'avantage de sa situation sur le bord d'une petite rivière navigable, situation qui permet aux navires charbonniers de venir débarquer la houille au pied des murs de l'établissement, et économise ainsi des frais énormes de transport et d'entrepôt. En examinant la rive opposée de l'*Itching*, toute couverte de vieux chênes qui se rattachent au *New forest*, nous avons aperçu un pont obliquement jeté sur la rivière pour réunir deux routes. Cette bizarrerie, que la difficulté des lieux a rendue nécessaire, est devenue une beauté vraiment pittoresque.

La nuit tombait lorsque nous sommes rentrés dans Southampton, et nous avons pu juger du bel effet produit par la lumière du gaz, dans toute la longueur de *High street*. Les réverbères placés sur les deux côtés de la rue, dans l'alignement du trottoir, jettent une lueur vive et scintillante qui semble donner un air de fête à toute la ville : on peut aisément se reconnaître au milieu de la nuit la plus sombre, et même lire une lettre, en se plaçant à égale distance de deux réverbères, parce qu'ils sont extrêmement rapprochés les uns des autres, et ne s'élèvent qu'à sept ou huit pieds au-dessus du sol.

M. William Oke, après nous avoir prodigué les soins les plus complaisans pendant notre séjour, nous a invités à prendre le thé chez lui la veille de notre départ. En France, nous n'avons rien d'entièrement analogue à ce que les Anglais appellent prendre le thé. Chez nous, on se rassemble pour danser ou pour mourir d'ennui autour d'une table de jeu; on mange des gâteaux, on prend des glaces, on bâille et on va se coucher, « après les complimens sans savoir ce qu'on dit, » et les saluts sans savoir à qui l'on parle, » selon madame de Sévigné. Il fut un tems où l'on s'entretenait de sujets sérieux, aimables, instructifs : on gagnait quelque chose à se réunir; on mettait en commun les lumières, l'esprit ou les grâces; maintenant on ne met en commun que la vanité. En Angleterre, il faut l'avouer, les réunions ont un but moins frivole, et cependant elles ne sont pas dépourvues de gaîté; le thé, quoiqu'on en prenne beaucoup, n'est pas la principale affaire de la soirée : il sert comme d'intermède aux différens sujets de conversation qui la remplissent. Chacun parle à son tour, les uns sur la politique, les autres sur les arts, les voyages, les spectacles, et personne n'interrompt. Le prince est jugé sans passion, rarement sans respect, souvent avec sévérité; ce n'est point un crime de penser et de dire que le rang le plus élevé n'exclut pas les faiblesses; les opinions les plus opposées se discutent sans préjudice pour les personnes, parce qu'ici l'intérêt du pays est la suprême loi, et que tout le monde peut l'envisager à sa manière sans craindre d'offenser des intérêts rivaux. On a vu plus d'une fois siéger au conseil du monarque des hommes qu'il haïssait personnellement, et que la voix publique lui avait en quelque sorte imposés. Toutes ces considérations expliquent la gravité des discussions particulières : les citoyens ne se montrent pas plus sévères entr'eux que le prince ne l'est à l'égard de tous; les réunions se composent d'un auditoire où chaque membre peut traiter à son gré les sujets qui lui sont les plus familiers, et l'on écoute, parce qu'à son tour on désire être écouté. Nous n'avons certainement pas fait toutes ces remarques chez l'aimable négociant qui nous a accueillis avec tant de bienveillance : mais puisque j'avais à parler d'une soirée anglaise, j'ai présenté tout d'abord l'ensemble de mes observations, me réservant d'y ajouter successivement les détails que les diverses circonstances pourront rendre nécessaires.

La musique, qui embellit tout, prête aussi son charme à ces réunions. Il nous tardait d'entendre sur sa terre natale le *God save the King*, l'air national de l'Angleterre. Mme Oke nous l'a joué avec beaucoup d'ame sur son long clavecin. Tous les airs patriotiques ont un caractère imposant qui est sensible, même pour les oreilles étrangères : celui-ci est simple, grave, religieux et sévère; les instrumens militaires lui donnent un effet pathétique, dont je me souviendrai toujours depuis que je l'ai entendu exécuter à Londres, dans le parc de Saint-James, par la musique des gardes.

Après cette soirée de famille, remplie d'une manière si agréable, nous avons pris congé de nos hôtes, entièrement rassurés sur notre avenir par leur excellente réception, et pleins d'impatience d'arriver à Bath, dont on nous parle comme d'une autre Palmyre.

CHAPITRE III.

VOITURES PUBLIQUES. — ROUTES. — ASPECT DES VILLAGES. — VILLE DE SALISBURY. — ASILE DES SIX PAUVRES FEMMES.—CHATEAU DE SIR WILLIAM A'COURT. — L'ÉTUDIANT D'OXFORD. — WARMINSTER. — PHILIPS NORTON. — ARRIVÉE A BATH.

> « Des voitures hautes comme un théâtre,
> » où le cocher est plus haut encore, son siége
> » étant de niveau à l'impériale. »
>
> MONTESQUIEU.

Notre surprise fut extrême lorsqu'il fallut monter en voiture, ou plutôt sur la voiture qui partait pour Bath. La moitié des voyageurs étaient déjà installés sur une *impériale* fort élevée, sans que nous eussions pu deviner par quel mécanisme ils y avaient été hissés. Le premier arrivé s'empare de la première place, quel que soit son rang d'inscription au registre, et l'on court risque de faire route à reculons, lorsqu'on ne s'élance point avec agilité jusqu'à la cage des voyageurs. Cette cage s'appelle *outside*, côté du dehors, et s'élève immédiatement au-dessus de *l'inside*, côté du dedans, lequel répond à l'intérieur de nos voitures. En avant et en arrière de l'*inside*, toujours sous l'*impériale*, deux énormes coffres sont destinés au bagage et fermés à clef; le tout est soutenu sur quatre roues d'une légèreté d'autant plus effrayante que, les places de l'intérieur n'étant pas constamment occupées, à cause de la cherté du prix, qui est double de celui de l'*outside*, tout le poids de la voiture se trouve dans la partie supérieure. J'avais peine à concevoir, en effet, comment les diligences pouvaient marcher rapidement sans danger, ainsi couronnées d'une douzaine de voyageurs : mais la vue des routes m'a complètement rassuré, et j'ai acquis la certitude que les accidens étaient fort rares, même dans les grandes villes, dont le pavé présente quelquefois des aspérités. Les attelages sont de la plus grande richesse, et ne le cèdent en rien à nos brillans équipages; cette supériorité, toute à l'avantage des Anglais, est la première qui nous frappe : nous sommes forcés d'admirer la beauté des chevaux, leur propreté, l'éclat nouveau de leur harnais, l'élégance même de leurs conducteurs, qui, toujours vêtus avec un soin remarquable, ne se distinguent des autres voyageurs que parce qu'ils tiennent les rênes; car ils sont assis à côté d'eux.

CHAPITRE TROISIÈME.

Au moment où la voiture s'ébranle, si le tems est frais ou pluvieux, chacun déploie les trois ou quatre redingottes indispensables à tout Anglais qui voyage. Les hommes passent autour de leur cou une écharpe en tricot de laine rouge; les femmes se cachent la tête dans le capuchon de leurs pelisses, et recouvrent la pelisse d'un manteau. J'ai vu des jeunes gens déjà affublés d'un habit, d'un surtout et d'une redingotte à plusieurs collets, la figure à moitié enfoncée dans leur écharpe rouge, descendre tout bottés dans d'énormes bas de laine qui leur couvraient les cuisses, et demeurer ainsi emmaillotés pendant un trajet de trente lieues. C'est le seul moyen d'échapper aux incommodités d'une voiture sur laquelle on est exposé, dans tous les sens, à la pluie et au vent. Cependant, en été, l'impériale anglaise est une place fort commode, la plus commode de toutes peut-être, parce qu'on y respire avec aisance, et qu'on jouit du plaisir de promener ses regards sur les belles pelouses dont le pays est tapissé.

Les routes sont plus étroites qu'en France, mais beaucoup mieux entretenues. Pour subvenir aux frais de réparations qu'elles entraînent, on a établi, à des distances variables, plusieurs barrières (*gates* ou *toll bars*), où les voitures sont soumises à une sorte de droit de transit fixé par le parlement selon les localités, et cet impôt (1) dont les Anglais se plaignent, doit être regardé comme la véritable cause du luxe de leurs routes. Le procédé actuellement employé pour les entretenir, est fort simple et uniforme dans toutes les provinces. Il consiste à rassembler sur les différens points, des monceaux de pierres friables comme le grès, qui sont, pour ainsi dire, concassées sur place à coups de marteaux, et répandues d'une manière égale sur les grands chemins : les larges roues des charrettes viennent ensuite écraser et aplanir cette couche de cailloux. Dès qu'une ornière paraît s'ouvrir, elle est comblée à l'instant ; il se fait ainsi un renouvellement perpétuel, capable de résister aux orages et à la longue saison des pluies. C'est cette dernière considération qui a empêché les Anglais de planter sur le bord des routes : comme elles sont fort

---

(1) Le revenu en est si considérable dans certaines provinces, qu'on en prélève une partie, dont le montant est affecté à d'autres dépenses. Il existe près de Glasgow, sur la route d'Ardries, une barrière qui produit plus de 25,000 fr. par an, indépendamment du revenu suffisant pour l'entretien du grand chemin. Ces barrières ne sont jamais à plus de quatre lieues l'une de l'autre, et rarement à moins de deux.

étroites, les arbres ne manqueraient pas d'entrelacer leurs branches, d'où les eaux, tombant par torrens à la moindre averse, les auraient bientôt rendues impraticables. Les relais sont généralement établis à des intervalles de seize milles, que l'on parcourt dans moins de deux heures avec une régularité constante : l'exactitude des maîtres de poste et des cochers est exemplaire sous ce rapport, même dans les provinces les plus éloignées de la capitale. On ne se sert de postillons que dans les pays montueux, quand les difficultés du terrain obligent d'atteler deux chevaux de renfort, pour que la rapidité de la course ne soit jamais interrompue. Les côtes, les monticules sont franchis au galop; on ne va au pas qu'en descendant.

Romsey, que nous traversons en courant, n'offre rien de remarquable; mais la campagne qui l'environne, celle que nous venons de parcourir depuis Southampton, nous paraît toute nouvelle : nous nous croyons dans l'Arcadie. La végétation, au mois de septembre, qui est extrêmement chaud cette année, n'est pas moins fraîche et moins riante qu'en France au mois de mai, sur les bords de la Seine ou de l'Eure. Les collines, généralement peu élevées, sont couvertes de troupeaux de vaches et de moutons, qui leur donnent sans cesse de la vie et du mouvement. Tous ces carrés de verdure, séparés par des haies vives bien taillées, présentent l'aspect d'un immense jardin, et cet aspect est celui de presque toute l'Angleterre. Les chaumières sont propres et élégantes comme des maisons de plaisance : chacune d'elles a sa pelouse entourée de fleurs, ses murs tapissés de jasmin, de myrte et de chèvrefeuille ; puis sa fenêtre gothique avec de petits carreaux de vitres toujours brillans, et sa porte d'entrée surmontée d'un chapiteau d'abricotiers ou de cerisiers en espalier. L'aisance et l'industrie s'y font partout sentir. Les auberges de village, si tristes dans des états d'ailleurs très-civilisés, présentent ici mille commodités aux voyageurs : on ne risque jamais de manquer de lits ou de coucher dans des lits suspects. Nous en avons vu d'assez vastes pour recevoir aisément trois personnes; les plus étroits pourraient toujours en contenir deux. Lors même qu'on ne fait que traverser une petite ville, tout le monde est sur pied ; les uns présentent des gâteaux et des fruits ; les autres de la bière, du vin ou du wisky, et l'on peut se désaltérer pour un shelling à chaque relai.

A trois lieues environ de Romsey, dans une vallée arrosée par l'Avon, nous apercevons la ca-

CHAPITRE TROISIÈME.

thédrale de Salisbury, dont la flèche (*steeple*), si vantée en Angleterre, n'est remarquable que par sa légèreté. Celle que la foudre a renversée à Rouen, celle de Chartres et de plusieurs villes de France, lui sont bien supérieures ; mais nos voisins savent faire valoir mieux que nous ce qu'ils ont. Salisbury, qu'on appelle aussi dans le pays *New-Sarum*, est un gros bourg enveloppé d'une petite ville, celle-ci nommée *Old-Sarum*, le vieux Sarum, parce qu'elle est beaucoup plus ancienne que le bourg qu'elle entoure : l'architecture est la même qu'à Southampton, quoique les rues n'y soient pas aussi régulières. L'hôpital (*infirmary*), entretenu par des souscriptions volontaires, n'a rien qui annonce la tristesse ; sa pelouse et son jardin sont, au contraire, fort gais, fort bien entretenus. Toutes les fois qu'on laisse agir une nation riche et puissante, on doit s'attendre à des créations dignes d'elle.

La prison de Salisbury est gardée par deux ou trois hommes sans armes, sans uniforme d'aucune espèce ; au régime près, qui, d'ailleurs, ne ressemble guère à celui de nos affreuses prisons de France (1), ce sont de véritables colléges gardés

---

(1) Voyez, sur le régime intérieur des prisons de France, et sur les affreux chagrins qui attendent de simples prévenus, l'ouvrage récent de M. Ginouvier.

par le portier. Nous n'avons pas encore aperçu une seule figure de gendarme, d'agent de police, ni d'aucun être de ce genre. Personne n'a songé à nous demander compte de notre voyage ou de nos affaires. On ne s'occupe point ici de tendances, de conspirations, ni de comités-directeurs; et quand nous en parlons, on rit beaucoup.

En traversant le faubourg, nos yeux ont été agréablement surpris à la vue d'un établissement de bienfaisance fondé en faveur de six pauvres femmes, *six poor women*, selon l'inscription. Ces six pauvres femmes possèdent chacune un petit appartement, une cuisine et un jardin. Une pension leur est allouée pour leur subsistance; tous les soins leur sont prodigués lorsqu'elles tombent malades. J'ai su qu'on y admettait ordinairement de pauvres mères de famille dont les enfans ne pouvaient soutenir les vieux jours, afin qu'on ne vît point en Angleterre le scandale d'une femme mourant de faim après avoir donné des bras à l'agriculture ou des soldats à la patrie. Hommage au bienfaiteur qui, le premier, a secouru la plus intéressante infortune, et donné cet exemple à ses concitoyens!

Nous sommes dans la partie du Wiltshire appelée *Salisbury's plain*, la plaine de Salisbury

Le pays, sans être entièrement plat, comme sa dénomination particulière l'indique, n'a plus la variété des environs de Southampton. Il ressemble aux collines de la Brie, et produit beaucoup de blé, dont on fait un grand commerce dans la ville de Warminster. Les moissonneurs sont à l'ouvrage : nous les voyons de tous côtés, armés de faucilles, épars dans la campagne; derrière eux, les gerbes, réunies en petites pyramides, présentent leurs épis au soleil, au lieu d'être entassées sur la terre, où l'humidité les détériore. Plus près des habitations, les meules de la dernière récolte ont l'air d'être suspendues sur des planchers de solives supportés par de grosses pierres de taille; elles se conservent ainsi pendant des années entières sans altération, au moyen d'un revêtement de paille tressée qui s'adapte parfaitement à leur forme conique.

Les côteaux ne sont pas aussi verts et aussi frais que ceux du Hampshire; mais la verdure n'est jamais complètement interrompue. Quelquefois, au contraire, elle semble renaître plus brillante et plus belle, et nous la trouvons dans tout son éclat à Heytsbury, où le chargé d'affaires actuel du cabinet anglais en Espagne, Sir William A'court, a établi sa résidence d'été. La maison n'est point gothique : c'est un édifice en briques très-ordinaire, isolé au milieu d'une pelouse à pente douce, du sein de laquelle s'élèvent par groupes des masses d'arbres colossales. Rien n'est plus majestueux que ces chênes antiques sous lesquels ont vieilli tant de générations, et qui semblent insensibles à la marche du tems. Leurs bras, toujours respectés par la hache du bûcheron, descendent jusqu'à terre, et se penchent vers les bords du Wily-Bourne, dont les eaux serpentent dans la vallée. Si jamais je deviens possesseur d'un petit hermitage, les modèles ne manqueront pas à mon imagination pour l'embellir, et je me souviendrai des pelouses de Sir William A'court.

Un jeune étudiant de l'université d'Oxford, perché avec nous sur l'*outside*, partageait mon enthousiasme pour cette belle propriété, et m'expliquait avec une rare complaisance les détails du panorama que chaque instant renouvelait à nos yeux. Plusieurs fois, tirant de sa poche un Horace, il me citait dans ce poète des vers tout-à-fait analogues aux différentes scènes qui se passaient devant nous, et, si quelques expressions anglaises nous échappaient dans la chaleur de son débit, il les traduisait en latin pour être compris sans effort. A notre tour, nous profitions de la même ressource, et souvent, malgré la différence des accens, cette belle langue est venue au secours de notre pensée. Avouons qu'on éprouve un certain charme à devenir tout à coup, grâce aux Romains tant maudits, citoyen dans une contrée étrangère!

A Warminster, où nous parlons latin, rien de remarquable ne trouble notre conversation. La ville ressemble à mille autres : les aubergistes et les maîtres d'hôtel sont debout sur le seuil de leurs portes, et saluent; un domestique, la serviette sous le bras, est toujours prêt à conduire les voyageurs dans la salle à manger, si la voiture s'arrête; les enfans crient, et nous entourent; les badauds mettent le nez aux fenêtres. En sortant de la ville, une longue inscription avertit les passans du prix des grains au dernier marché, et de toutes les mercuriales présentes et passées; puis vient la liste des collecteurs, inspecteurs, officiers et forts de la halle de Warminster. Il n'y a pas de pays où l'on trouve plus d'annonces, plus d'avis, plus d'allocutions au public qu'en Angleterre. On ne peut faire un pas, même dans les villages, sans rencontrer une perche surmontée de son écriteau avec le titre de rigueur, *Take notice*, prenez connaissance. « *Take notice : vous serez mis en*
» *prison si vous passez dans ce champ*, et chacun
» le traverse; *vous payerez dix shellings si vous*
» *déposez quelque ordure*, et toujours on dépose;
» *vous serez traduit devant le magistrat si vous*

escaladez ce mur, et souvent l'affiche a survécu au mur. Je suis persuadé qu'il n'y a pas un recoin ignoré où l'on pût passer sans encourir deux ou trois amendes, si l'on s'en rapportait au texte emphatique de tous ces avertissemens.

Malgré le luxe d'inscriptions dont les Anglais se montrent si prodigues, on n'en trouve aucune au village de Philip's Norton, sur la porte de la cabane où Charles II se réfugia après la bataille de Worcester; personne n'accorde un souvenir à cette chaumière qui s'ouvrit devant un roi poursuivi par quarante mille hommes. Je voudrais que tous les lieux illustrés par des traits de dévouement aux grandes infortunes fussent indiqués à la vénération publique : on entretiendrait ainsi, en les honorant, les nobles sentimens qui ont produit de pareils traits, et l'hospitalité gagnerait sans doute aux yeux des peuples, désormais embellie par le plus puissant des attraits, l'espoir de l'immortalité. Cependant il convient de rappeler ici, pour l'honneur de l'espèce humaine, que, lors des malheurs de Charles II, après la terrible affaire de Worcester, le secret de sa retraite, confié pendant quarante-un jours, et en différens endroits, à la discrétion de plus de trente personnes, ne fut trahi par aucune d'elles, en dépit des menaces et des offres de Cromwell.

Si le village de Norton a donné asile à des rois,

la ville de Bath est digne de leur offrir des palais. Tout, dans ses environs, annonce la grandeur et l'opulence : les maisons de plaisance nous apparaissent autour d'elle comme par enchantement ; le paysage est d'une variété ravissante; la route monte, descend, serpente à travers une suite continuelle de jardins, et nous présente sans cesse des sites pittoresques. Les petits châteaux gothiques se montrent de tems en tems avec leurs bouquets de sapins, de cyprès et d'arbres verts, digne ornement de l'architecture du moyen âge ; les voitures se pressent en foule comme à un rendez-vous. Tandis que nos yeux errent dans toutes les directions pour saisir l'image fugitive de tant d'objets aimables, un spectacle bien autrement solennel, captive tout à coup nos regards, et dissipe ces premières émotions : la ville de Bath s'élève devant nous en amphithéâtre ; sa base est aux bords de l'Avon, son sommet s'élance hardiment vers la nue, de longs rideaux de bois couvrent ses flancs augustes; le voyageur étonné s'arrête avec respect, et descend lentement la colline....

CHAPITRE IV.

VILLE DE BATH. — MELSOME STREET. — LES BAINS. — LE CIRQUE. — LE ROYAL CRESCENT. — GRANDE RUE DE PULTENEY. — LES JARDINS DE SIDNEY. — BROUETTES DES DAMES. — LE CORNICHON DE L'AUBERGE. — ACCUEIL QUE NOUS FAIT LE DOCTEUR GIBBES.

> « Les habitans, accoutumés à ce spectacle,
> » n'en reçoivent aucune impression ; mais
> » l'étranger éprouve une émotion qui souvent
> » passe jusqu'aux larmes. »
> VOLNEY.

L'intérieur de la ville de Bath a quelque chose de la magnificence et de la tristesse d'un temple. Ses rues, parfaitement alignées et composées de maisons dont l'architecture est uniforme, sont un peu obscurcies par la fumée du charbon de terre qui s'attache aux édifices, et donne promptement une couleur antique aux monumens les plus modernes. Cette teinte sévère forme un contraste singulier avec l'élégance riante et légère des magasins ; la rue de Melsome, où nous descendons, en présente à nos yeux le premier

exemple et le plus frappant. Un auteur (1) a dit
« Que la ville de Bath semblait avoir été jetée au
» moule d'un seul coup, et en être sortie toute
» jeune et toute fraîche » : mais elle a bientôt
vieilli, et l'on peut aisément s'apercevoir que
l'art et le goût de ses habitans sont consacrés tous
les jours à la rajeunir. Nulle part en France, et
dans le reste de l'Angleterre, nous n'avons vu
des boutiques arrangées avec tant de luxe et de
richesse : nulle part le désir n'est plus vivement
sollicité par des étalages brillans et par une variété séduisante. Les artistes, les coquettes, les
savans y sont pris chacun par leur faible, et il
faut avoir bien peu d'argent ou beaucoup de philosophie pour résister à la tentation. Les trottoirs
semblent avoir été construits comme des piéges :
ils sont d'une propreté et d'une largeur admirables ; on peut s'y arrêter sans être coudoyé, et
l'on a poussé la précaution jusqu'à établir, en
dehors de la rotonde formée par chaque magasin,
une petite rampe où les amateurs peuvent s'ap-
puyer pour examiner les marchandises, et être
séduits commodément. Gravures, instrumens de
musique, tissus de l'Inde, éditions magnifique-

---

(1) Simond, *Voyage d'un Français en Angleterre*.

ment reliées, orfèvrerie, tout excite l'enthousiasme et le désir : il est difficile de n'être pas captivé.

De tems en tems cette brillante exposition est interrompue par l'aspect imposant des monumens publics. La régularité de leur construction n'est pas dépourvue d'une certaine grâce que les plus modernes d'entr'eux doivent à la couleur jaune des pierres de taille. L'église de Saint-Méry, la loge des franc-maçons (*free massons hall*), le long bâtiment qui fait face à la terrasse appelée *South parade*, sont d'une fraîcheur remarquable, tandis que le palais de justice (*guildhall*) et l'abbaye, par leur physionomie sombre et originale, rappellent les vieux gothiques des comtés d'York et de Lancaster. Bath est la ville des contrastes; sa partie occidentale est toute noire; du côté de l'Est, et surtout du Nord, en remontant la colline, on dirait que les édifices viennent d'être jetés au moule, selon l'expression de l'auteur que j'ai cité plus haut. Il y en a qui produisent un effet charmant; et les rues ou les places publiques contribuent toujours à les faire valoir, par leurs belles dimensions.

L'établissement des bains (*Bath*) d'où la ville tire son nom, n'est pas seulement une maison de santé, c'est encore un rendez-vous de plaisir pour la haute société. Vers la fin de l'automne, on y accourt de toutes les parties de l'Angleterre pour boire les eaux, et pour se divertir : véritable réunion d'oisifs du bon ton, de malades imaginaires, de gens désœuvrés de tout âge et de tout sexe. Le tems qui pèse à cette population exotique, s'emploie ou se perd dans les cercles, les bals et les spectacles. Une salle très-connue sous le nom de *Pump room* reçoit presque chaque jour la foule des buveurs : elle ressemble à un vestibule immense, de plain pied, sans ornement d'aucune espèce qu'une tribune occupée par des musiciens ou des déclamateurs. On y entend ordinairement les artistes les plus distingués, qui ne manquent jamais de répondre à cet appel annuel de la richesse et du goût. Aussi les habitans passent-ils généralement pour être fort gais et fort aimables; il n'ont rien de cette roideur hautaine que l'on remarque dans certaines provinces, et qui caractérise les hommes peu habitués aux grandes réunions.

Les propriétaires de l'établissement de *Pump room* n'exploitent pas exclusivement les eaux minérales, et ceux qui ne viennent réellement à Bath que parce qu'ils sont malades, peuvent se dispenser de recourir au traitement coûteux et mondain des gens qui se portent bien. Il existe de nombreuses succursales moins brillantes que la grande salle, et celles-là ne sont pas les moins fréquentées; car on s'y baigne à moins de frais, et et l'on y guérit plus sûrement. Nous nous sommes informés de la nature des eaux, de leurs qualités, de leur température : elles sont ferrugineuses et toniques, et les détails que j'ai recueillis, épars d'ailleurs dans plusieurs relations spéciales, m'entraîneraient dans de longues digressions. Il faut croire que les Anglais s'en trouvent bien, puisqu'ils s'y rendent en foule, et que plusieurs malades y recouvrent sérieusement la santé. Les auteurs des descriptions que j'ai lues, tous grands amateurs d'antiquités, assurent que ces bains ont été connus et appréciés des Romains du tems d'Agricola; et si je cite une pareille prétention, qu'au reste je suis loin de contester, c'est pour avertir que rarement en Angleterre on oublie de la faire valoir, même dans des circonstances tout-à-fait insignifiantes. Il n'y a pas de tailleur, d'aubergiste ou d'artisan qui ne soit fier de l'ancienneté de sa maison, et qui ne soit prêt à vous dire : « Monsieur, mon grand père fesait des habits « sous la reine Anne, ou mon bisaïeul a eu l'hon- » neur de loger le prétendant. » J'ai vu, dans l'abbaye de Westminster, à Londres, un vieux fauteuil dont les bras rongés de vers entourent une pierre informe, sale et noirâtre : c'est sur cette pierre que les rois d'Angleterre ont imaginé de s'asseoir le jour de leur sacre, parce qu'elle servait de trône aux rois d'Écosse, il y a mille ans, le jour de leur couronnement. Ce respect aveugle des Anglais pour d'antiques bagatelles, n'est pas un des traits les moins remarquables du caractère national.

D'autres traits nous frappent encore à mesure que nous avançons, et ils sont plus honorables pour le pays. En France il serait de mauvais ton pour une dame d'aller au marché, et de se montrer seule ou accompagnée dans les halles publiques : ici les femmes les plus distinguées ne craignent point de venir elles-mêmes, suivies d'un ou de plusieurs domestiques, choisir les provisions du ménage, et surveiller la nourriture de leurs enfans. Nous en avons rencontré souvent de fort élégantes, occupées à marchander des fruits ou des légumes; et les gens de la halle ne s'écartaient jamais à leur égard de la plus parfaite politesse. Aussi les marchés se ressentent de la présence continuelle des dames : il y règne une élégance, une recherche, une propreté que nous cherchons vainement dans notre belle France, d'ailleurs si heureusement privilégiée.

De la halle au cirque la distance n'est pas très-grande, mais la différence est immense. Ce superbe ouvrage a quelque chose de la simplicité des grandes compositions romaines : sa position sur une éminence, sa forme, sa couleur sombre, même le silence qui y règne, tout concourt à favoriser l'illusion. On dirait un colisée transporté d'Herculanum ou de Rome. Un groupe de platanes s'élève au milieu de la place, et couvre de son ombre une pelouse aussi fraîche que celle de Sir William A'court, à Heytsbury. J'ai visité plusieurs fois cet alignement circulaire et gracieux de colonnes superposées les unes aux autres, toutes d'un ordre différent à chaque étage, toutes d'une taille svelte et légère; et je me souviens qu'une sorte de charme invincible y ramenait toujours mes pas. Les Anglais ont eu une heureuse idée en transportant ainsi la campagne au sein de leurs villes, par des plantations sur les places publiques : tous ceux qui les ont vues conviendront que rien n'ajoute plus aux monumens de l'art que ces massifs d'arbres avec leur irrégularité pittoresque.

Le *Royal Crescent*, bâti sur le sommet de la colline, en forme de croissant, mais dans des proportions plus grandes que le cirque, ne produit pas un effet aussi agréable, à cause de sa nudité. La solitude y est trop profonde, et peut-être la recherche des contrastes poussée trop loin; car nous avons trouvé, à vingt pas de ce bel édifice, des moutons errans sur une pelouse qui lui sert comme d'avenue. Il y a là quelque chose de trop pastoral : on ne peut plus se croire dans la ville, et le *Royal Crescent* semble avoir cessé de lui appartenir en effet, car elle est tout entière au-dessous de lui. Du haut de la terrasse, la vue embrasse tout le cours de l'Avon, la vallée de Bath, des jardins, des routes, des châteaux et la ville presque entière ; tableau magnifique, et que nous verrons se reproduire à nos regards sous mille formes différentes. Les Anglais ont créé, pour désigner ces larges paysages, les mots *prospect* et *scenery*, qui manquent à notre langue. Du côté du levant, sur le prolongement de la crête du monticule, s'élève un autre croissant moins imposant que le premier. Son esplanade a reçu le nom de *Camden place*, place de Camden, et forme un superbe observatoire. Telle est en France notre habitude un peu servile de placer toujours les fonctionnaires, les administrations, les salariés de l'état dans les plus beaux monumens de nos cités, que, malgré l'évidence, malgré le nom de chaque propriétaire inscrit sur les portes de ces palais, mon imagination ne pouvait les supposer habités par de simples citoyens : j'y logeais involontairement des ministres, des directeurs-généraux ou des gouverneurs militaires. L'effrayante nomenclature de nos pouvoirs se présentait sans cesse à mon esprit, dans un pays où les fonctionnaires sont si rares et l'autorité presque invisible. Ainsi l'homme revient toujours aux lieux qui l'ont vu naître, et cherche encore sur la terre étrangère les préjugés qui règnent dans sa patrie!

Nous étions redescendus par Melsome street et Laura square, pour aller aux jardins de Sidney. En entrant dans la grande rue de Pulteney (*great Pulteney street*), un mouvement irrésistible de surprise nous a forcés de ralentir notre marche : c'est la plus belle, la plus propre et la plus large rue de toute l'Angleterre. Le roi de France actuel, Louis XVIII, y a occupé un hôtel pendant son exil. Je voudrais pouvoir la décrire selon toutes les règles de l'architecture, pour qu'elle servît de modèle dans nos constructions, car son style m'a paru appartenir à une excellente école. Qu'on se figure, en effet, une avenue immense de palais uniformes, en pierres de taille, parfaitement proportionnés dans leur élévation, et dans les intervalles qui séparent leurs étages; des trottoirs en dalles d'une largeur de vingt pieds; des portes d'entrée en bois de mûrier, de merisier ou d'acajou, éclatantes de propreté; devant chaque porte deux réverbères symétriquement disposés de manière à produire pendant la nuit l'illusion d'un feu d'artifice; enfin une grille légère, jetée d'une extrémité à l'autre, pour séparer les maisons du trottoir, on aura une idée incomplète encore de l'imposante régularité qui distingue cette rue, et qui en a fait une des curiosités les plus remarquables de la Grande-Bretagne. Lorsqu'on entre dans les rues adjacentes, qui sont perpendiculaires à la colline opposée sur la rive gauche de l'Avon, la ville paraît enfermée par un rideau de verdure tout-à-fait parallèle à ses murs : il faut lever la tête pour apercevoir le point élevé d'où il est suspendu, parce que la pente est très-rapide; dans plusieurs endroits elle est taillée à pic, et pourtant sa surface n'est jamais dépourvue de végétation.

A l'extrémité de la rue de Pulteney, précédés d'une belle place, et bien peu dignes d'elle, les jardins de Sidney sont ouverts au public pour la somme de *six pence a piece*, soixante centimes de notre monnaie, par personne, ou plutôt, selon l'expression anglaise, douze sous pièce, comme on le dirait des ustensiles d'un ménage. Quelques-uns de nos jardins ordinaires de Paris peuvent seuls donner une idée de celui dont je parle, et ils lui sont de beaucoup préférables. Nous y avons lu une infinité d'inscriptions, d'épigrammes et de madrigaux, avec leurs réponses, sur les murs d'un grand pavillon, malgré la défense d'y écrire, sous peine de *forfaire de trois shellings*. Plusieurs épigrammes, souvent grossières, adressées aux vieilles dames de Bath (*old ladies of Bath*), ne nous ont pas paru très-généreuses, et nous avons éprouvé un sentiment d'orgueil, en songeant qu'en France les femmes qui ont donné des citoyens à la patrie sont honorées à l'égal de celles qui leur en donneront un jour.

En sortant des jardins de Sidney, nous avons rencontré plusieurs dames dans de petites brouettes traînées par un seul homme. Leur construction est analogue à celle des charriots d'enfans que l'on voit quelquefois sur nos boulevards, et elles sont destinées surtout à circuler dans les quartiers les plus élevés de la ville, dont l'accès est très-difficile aux voitures. Les conducteurs de brouettes se tiennent sur des places qui leur sont désignées, et se louent comme nos fiacres. Les dames n'ont pas beaucoup de grâce dans ces équipages enfantins; mais le léger cahotement qu'elles éprouvent est devenu un moyen d'exercice très-apprécié dans une ville tout entière consacrée aux plaisirs. Quelques équipages d'un autre genre nous frappent par leur singularité : plusieurs fois, pendant la journée, nous voyons passer de petites charrettes, armées d'une pompe, dont l'eau est dirigée sur les trottoirs; les portiers s'empressent de sortir, armés de longs balais de laine, et ils essuyent ces pavés magnifiques avec autant de soin que des cabinets de toilette. La ville est toujours parée comme pour un jour de fête, et un Anglais, auquel j'en témoignais mon étonnement, me répondit : « Mais en effet, monsieur, » c'est tous les jours fête à Bath. »

Hélas! ce n'était pas fête pour nous à l'hôtel, d'ailleurs si recommandable, de l'Éléphant et du Château, *Elephant and Castle inn*. Assis autour d'une table, couverte de pommes de terre et de bœuf sanglant, nous nous consolions de l'absence de la patrie en parlant de sa gloire et de ses douceurs, lorsque le garçon (*waiter*) a paru, tenant dans ses mains un dessert d'une espèce nouvelle : un énorme cornichon flanqué de quatre ou cinq oignons crus, avec du cresson pour litière; des gâteaux de plomb (*plumb cakes*) trop dignes de leur nom, et du fromage, dont la population était originaire, disait-il, de Chester. A la vue de ces préparatifs d'empoisonnement, nous avons déserté la table, et couru chez le docteur Gibbes, dans *Queen's Square*.

Le docteur Gibbes, ancien médecin de la reine-mère, est un de ces hommes auxquels on trouve du plaisir à rendre hommage, et dont l'accueil affectueux nous a fait douter plus d'une fois si nous avions quitté le sol de la patrie. Nous nous sommes présentés chez lui sans autre recommandation que notre qualité d'étrangers, voyageant pour nous instruire, et cet hôte d'un jour nous a reçus comme des amis de vingt ans. J'avoue que près de lui, pour la première fois, j'ai senti s'adoucir ma haine contre l'Angleterre : la loyauté et l'obligeante sincérité d'un citoyen me semblaient demander grâce pour la bonne foi carthaginoise de son gouvernement. Rien de plus touchant que l'union qui règne dans ces familles : il existe entre tous les membres une vraie sympathie, un besoin continuel de se voir, de s'aimer, de se rendre de petits services; et c'est peut-être à l'heureuse harmonie des ménages qu'ils doivent leur esprit national. Chez elle, cette nation est grande, riche, industrieuse, féconde en beaux exemples : il ne lui manque que d'être un peu plus aimable envers les autres.

CHAPITRE V.

ROUTE DE BATH A BRISTOL.—SITUATION DE CETTE DERNIÈRE VILLE. — SON PORT ET SES BASSINS SUR L'AVON. — SON COMMERCE.—SON ASPECT INTÉRIEUR. — LA BOURSE. — LA PLACE DE LA REINE. — FAUBOURG DE CLIFTON. — LE BATEAU A VAPEUR *L'HIBERNIA*.

> « C'est une suite d'habitations avec des
> » jardins, interrompue par des villes. »
> Mme DE STAEL.

Bristol, ville de fumée, de briques et de boue, plus littéralement encore que Rouen, à laquelle elle ressemble beaucoup. Nous avons suivi, pour arriver à ce riche cloaque, la route la plus pittoresque de toute la province, la vallée de l'Avon. Ses bords sont couverts de maisons de campagne (*gentlemen's houses*) semblables aux bastides de la Provence; et les collines environnantes paraissent émaillées de jardins, de pelouses, de parcs et de villages. C'est le beau idéal de l'agriculture anglaise. Il faut l'avouer, les rives de la Seine à Saint-Cloud, celles de la Loire à Orléans, et de la Garonne à Toulouse, donnent à nos paysages quelque chose de plus imposant et de plus large; mais elles n'ont rien d'aussi réellement champêtre que les solitudes paisibles des vallons de l'Angleterre. Située entre deux villes populeuses, la route de Bath à Bristol offre tous les plaisirs d'une promenade romantique : les voitures publiques passent avec une telle rapidité que la tranquillité des lieux n'en est pas sensiblement interrompue, et les nombreux troupeaux ne semblent répandus dans les prairies que pour donner une couleur plus pastorale à la contrée. Le ciel même paraît s'incliner sur l'horizon, et envelopper de plus près ces collines poétiques, dont la vue charme le voyageur.

En approchant de Bristol, l'Avon cesse d'appartenir aux prairies et à l'agriculture : il coule presque toujours trouble et bourbeux sur un lit de vase très-profond. La ville est digne de lui : elle apparaît de loin comme un monceau de briques dominé par des nuages de fumée, du milieu desquels s'élèvent quelques flèches de clochers en pyramides, et, par intervalles, d'énormes cônes tronqués d'une forme et d'une couleur dégoûtantes. Ce sont des fournaises où l'on fabrique les glaces dont il se fait un grand commerce à Bristol. Les rues sont pavées de petits cailloux, et sur les trottoirs, qui sont fort étroits, pullule une population bien plus nombreuse et bien moins brillante que celle de Bath. On ne songe ici qu'à s'enrichir; les hôtels sont remplacés par des magasins (*Warehouses*), et les plus belles rues de la ville, *Wine street, Corn street, Broad street*, s'appellent collectivement la *foire*, parce qu'elles sont comme le centre du commerce de détail. A peine on peut circuler sur les quais de l'Avon, continuellement encombrés de marchandises; et, en traversant sur un pont d'une seule arche cette chétive rivière, il est difficile de concevoir comment elle envoyait des flottes dans toutes les parties du monde.

Les bassins (*docks*) se présentent les premiers, pour donner l'explication de ce phénomène. Creusés dans une terre molle et presque marécageuse, ils ont dû exiger des travaux des Romains, avant d'être portés au degré d'utilité dont ils jouissent depuis long-tems. Nous ne trouverons plus qu'à Liverpool, Londres excepté, des constructions qui puissent leur être comparées, et leur plus grand éloge sera dans cette comparaison même. Quelles difficultés présentait, outre la nature du sol, le lit d'une rivière tortueuse, coulant tout à coup au-dessous de la ville, entre deux lignes étroites de rochers, après avoir langui presque sans mouvement dans les prairies argileuses qui séparent Bath de Bristol! On sait d'ailleurs que, près de son embouchure dans celle de la Saverne, l'Avon recommence à se perdre, plutôt qu'à couler, dans une plaine exposée aux vents du canal : toutes ces causes pouvaient amener de graves conséquences, que l'infatigable activité des Anglais a prévenues. Pendant long-tems Bristol a été en possession du commerce de la Méditerranée et des deux Amériques; ses vaisseaux parcouraient l'Inde, et déjà l'Asie devenait tributaire de son industrie; mais Liverpool, cité rivale, a bientôt pris un accroissement extraordinaire, et, dans moins d'un siècle, elle s'est élevée au premier rang des villes commerçantes. Ses relations avec l'Amérique, qui semblait croître avec elle, en ont fait un des plus riches entrepôts du monde civilisé, tandis que Bristol, cédant à la fortune, et peut-être aux embarras inévitables de la navigation dans sa rivière, s'est bornée plus spécialement au commerce de la Méditerranée, qu'elle conserve encore aujourd'hui. Les éponges de l'Archipel, les productions du Levant, les vins, les huiles, les térébenthines, en sont la base : elle exporte les papiers superbes de Bath, des glaces, des toiles, des bas très-renommés, et des étoffes de toute espèce. J'ai vu dans ses marchés des oranges de Malte, des raisins de l'Andalousie, des olives du comté de Nice; avec un peu d'illusion, j'aurais pu me croire transporté dans ma patrie, et le beau soleil du mois de septembre m'y engageait.

Tout ce que Bristol offre de curieux se trouve au port ou près du port, parce qu'une nombreuse marine et de riches magasins présentent un spectacle plus intéressant qu'une ville sans monumens. Il en est quelques-uns néanmoins qui méritent un souvenir, quoique le jour douteux qui éclaire les rues ne contribue point à leur donner une physionomie remarquable. La Bourse est de ce nombre. C'est un grand bâtiment carré, en pierres de taille, noirci par la fumée, d'un style agréable, quoiqu'il soit peut-être trop sévère. La Cathédrale, l'église des Augustins, celles de Saint-Étienne, de Saint-Jacques (*Green-College*), n'offrent rien de saillant. La place de la Reine (*Queen's square*) est plus grande que la place Royale de Paris, plantée d'arbres à la française, et entourée d'édifices réguliers d'assez bon goût. Le reste de la ville n'offre rien qui soit digne d'un plus grand intérêt. Nous ne voyons plus les brouettes consacrées aux dames : elles ne circuleraient pas avec aisance sur un pavé aigu, étroit et fréquenté. On leur a substitué des voitures de place (*hackney coaches*) de véritables fiacres, numérotés comme les nôtres, et payables à l'heure ou à la course, au gré des conducteurs. Le prix des courses est subordonné aux distances, qui sont toujours parcourues avec une grande rapidité.

Nous nous sommes fait conduire aux bassins de Cumberland, près du faubourg de Clifton ; ces bassins et ce faubourg sont deux choses fort remarquables. J'ai dit que l'Avon, en sortant de Bristol, coulait entre deux lignes de rochers : Clifton est bâti comme une forteresse sur la crête d'une de ces lignes, au-dessus de la rivière qui semble en être le fossé. Les habitations, plus belles, plus commodes que dans l'intérieur de la ville, s'y louent plus cher, et sont occupées, surtout pendant la belle saison, par des négocians, des banquiers ou des lords. L'architecture a beaucoup d'analogie avec celle du *Royal Crescent*, de *Pulteney street* et de *Camden place*, à Bath, que j'aime toujours à citer comme terme flatteur de comparaison.

Du haut de ce rocher, la vue embrasse toute la ville de Bristol, la marine et la partie la plus pittoresque du cours de l'Avon. Les bassins de Cumberland, situés à l'entrée de la rivière, sont destinés à recevoir les plus gros vaisseaux, en raison de la grande quantité d'eau qui leur est conservée par une disposition particulière des écluses. Le beau bâtiment à vapeur l'*Hibernia*, de la force de cent cinquante chevaux, est mouillé dans les bassins; il doit partir sous peu de jours pour l'Irlande; il fait le trajet en moins de trente heures, et quatre-vingt lieues seulement nous séparent de Dublin. Pourquoi n'irions-nous pas visiter cette grande et célèbre capitale, et juger par nous-mêmes les tristes résultats des dissensions religieuses? Les Irlandais sont nos frères, et ils partagent notre haine pour le despotisme de Carthage; la saison est belle, nous sommes jeunes, l'occasion est précieuse, nous irons à Dublin. On peut revenir par mer à Liverpool, et continuer par terre le voyage d'Écosse. Rien ne trouble nos projets à cet égard, et c'est un des plus grands avantages de l'Angleterre, qu'on y trouve mille moyens de voyager dans toutes les directions, sans être arrêté par aucune crainte, aucune incertitude. Des affiches innombrables indiquent exactement le nombre des voitures ou des paquebots qui partent pour chaque destination, les jours et les heures de leur départ, le prix des places, etc. Il n'y a presque pas de rue qui n'ait son bureau de diligence (*coach office*), et dans les villes maritimes, son agence de bâtiment (*packet office*) toujours tout prêts à enregistrer les voyageurs.

La vue de l'*Hibernia* achève de nous déterminer au voyage d'Irlande. Le pont de ce bâtiment est propre, commode, aussi large que celui d'une frégate; les cabines parfaitement décorées, le salon entièrement revêtu d'acajou; il y a une bibliothèque pour les passagers auxquels le mal de mer permet de lire, des tapis pour ceux qu'il force à se rouler. A la mâture et à l'artillerie près, on le prendrait pour un vaisseau de guerre; c'est le plus beau paquebot, nous assure-t-on, qui ait encore paru; il a été construit dans les chantiers de Liverpool, et il a coûté six cent mille francs. Ses flancs sont armés de roues énormes; les ressorts qui les feront mouvoir sont d'une dimension colossale; les tempêtes, si nous devons en essuyer, seront impuissantes contre cette formidable machine : et déjà le signal du départ est donné.

CHAPITRE VI.

DÉPART POUR DUBLIN. — RIVES PITTORESQUES DE L'AVON PRÈS D'HOTWELL. — EMBOUCHURE DE CETTE RIVIÈRE DANS L'EMBOUCHURE DE LA SAVERNE. — TEMPÊTE PRÈS DE LA BAIE DE SWANSEA. — AVENTURE ET RETOUR A BRISTOL.

> Perchè ciascun ragiona
> D?' rischj che passò.
> MÉTASTASE.

Notre paquebot avait à peine dépassé l'écluse des bassins de Cumberland, que nous cessions d'apercevoir Bristol avec ses cônes tronqués, ses vieilles églises et ses tristes monumens. Une foule de curieux suivaient de l'œil la marche de l'*Hibernia*, qui s'est bientôt enfoncé entre la double haie de rochers moitié nus, moitié hérissés d'arbres au milieu desquels serpente la rivière. Notre position est pittoresque jusqu'à produire l'effroi : une pierre détachée du sommet de cette longue ligne de rocs perpendiculaires suffirait pour anéantir le vaisseau. Nous admirons avec un enthousiasme mêlé d'inquiétude les habitations ou plutôt les pavillons hardis que le génie anglais a suspendus de distance en distance au-dessus de l'abîme : cette réunion de belvédères a pris le nom d'Hotwell. Tous les peintres lui ont payé leur tribut, et ont reproduit sous mille aspects ce paysage dramatique, dont je n'ai retrouvé nulle part, même en Ecosse, l'effrayante originalité. Les chèvres qui paissent au-dessus de nos têtes nous paraissent d'une grosseur extrême : il semble ici, qu'au lieu de les diminuer, l'illusion de la perspective contribue à agrandir toutes les proportions, pour donner une physionomie plus imposante à ce grand quai de trois cents pieds de haut. A mesure que l'on approche de son embouchure, les bords de l'Avon deviennent moins escarpés; la rive gauche s'abaisse insensiblement, et se couvre de bois; la rive droite elle-même s'aplanit jusqu'à la mer ou plutôt jusqu'à l'embouchure de la Saverne, qui ressemble à un golfe. Les prairies ont succédé aux rochers, et des plaines parfaitement cultivées, à ces précipices stériles. Toute la côte du comté de Monmouth se dessine à l'horizon devant nous : à droite, la Saverne remonte dans les vallons du Glocestershire; à gauche, elle se perd dans les eaux du canal de Bristol; navigation magnifique, si les vents qui soufflent de terre et du canal ne la rendaient pas si souvent dangereuse.

CHAPITRE SIXIÈME.

L'*Hibernia* s'avançait majestueusement dans le golfe, malgré la violence du vent d'Ouest, qui nous était contraire ; en peu d'instants nous avions dépassé les petits ilots qui entourent l'île de Steepholm ; tous les passagers étaient réunis sur le pont pour jouir du beau spectacle de la mer, qui devenait de plus en plus furieuse, et se brisait avec un fracas inexprimable contre les roues du paquebot. Personne ne paraissait inquiet ou troublé : on prenait plaisir à se voir entraîner ainsi, contre le vent, par une force supérieure, d'une création entièrement nouvelle. C'est en effet une scène digne d'observation que la marche tranquille et régulière d'un vaisseau à vapeur, semblable à un être organisé, au milieu des vagues qui se refoulent vers les lieux d'où il est parti. Chacun fesait, à ce sujet, les réflexions que lui inspiraient les circonstances, les uns témoignant une sécurité parfaite, quelques autres l'affectant pour dissimuler leur inquiétude naissante. De tems en tems, néanmoins, l'*Hibernia* recevait sur son avant des coups de lames qui fatiguaient beaucoup les roues, et ralentissaient sa vitesse ; la nuit tombait ; les passagers étaient rentrés dans leurs cabines. Pour moi, las d'admirer la mer, et de souffrir du mal qu'elle donne, je m'étais retiré et endormi depuis quelques heures, lorsque tout à coup une violente secousse accompagnée d'un bruit terrible, me précipite de mon lit. Craignant d'abord, que nous n'ayions touché sur des bas-fonds, et que le bâtiment ne soit prêt à faire eau de toutes parts, un mouvement instinctif me porte vers l'escalier du couloir qui mène sur le pont, et j'y cours. Le couloir était encombré de passagers qui se pressaient les uns les autres avec toutes les démonstrations d'une frayeur qui nous exagérait le danger. La plupart des femmes étaient en chémise, recouvertes d'une pelisse, ou à demi-vêtues; les hommes, selon que l'effroi les avait fait sortir plus ou moins rapidement de leurs cabines, accouraient dans un costume léger, quelques-uns laissant échapper des pleurs mal étouffés, ou se regardant mutuellement avec une terreur profonde. Je n'arrivai qu'avec peine sur le pont; tout le monde ignorait la véritable cause de la commotion, et personne n'osait la demander. Les matelots avaient peine à circuler dans la foule, et, malgré leur sang-froid, que la stupeur générale rendait sinistre, on hésitait à les interroger. Le capitaine, homme de cœur et de talent, avait jugé l'accident dès l'abord, et sur-le-champ pourvu à la sûreté de son bâtiment, en fesant ouvrir la soupape, dégager la vapeur, et mettre les voiles hors. De sa voix tonnante, il donnait des ordres à l'équipage, qui semblait avoir des ailes pour obéir. C'est dans cette circonstance que j'ai entendu pour la première fois en Angleterre le fameux *Goddam* que Beaumarchais appelait si plaisamment le fond de la langue : certes, il n'y a rien de plaisant dans cette imprécation dont nous croyons à tort les Anglais si prodigues, et, si elle est toujours prononcée avec l'accent animé de notre capitaine, je doute qu'elle excite jamais la gaîté. Les matelots pâlissaient d'épouvante en l'entendant, et la manœuvre s'est faite en un clin d'œil.

L'accident était fort simple. L'axe d'une des roues du paquebot avait cédé brusquement au choc des lames, en se brisant comme un tube de verre, malgré la force extraordinaire de son diamètre (5 pouces). Cette énorme fracture avait causé seule le bruit de la commotion; tandis que la roue opposée, restée intacte, continuait son mouvement avec une vitesse extrême, et nous menait en dérive. Nous ne cessions de tourner sur nous-mêmes comme un bâteau qui n'aurait qu'un seul rang de rameurs. La lame au lieu de se briser à la proue, frappait avec fureur les flancs de l'*Hibernia*, et semblait prête à l'engloutir. Ce moment d'angoisse, augmenté par l'effroi de la commotion récente et la crainte d'une explosion de l'appareil,

5

avait fait de tous les détails de l'aventure une scène de désolation dont on se remit à peine en entrant dans la baie de Swansea, choisie pour asile.

A mesure que la mer devenait moins houleuse et le danger plus éloigné, les passagers commençaient à se rendre compte de leurs émotions, dont quelques-unes s'étaient manifestées d'une manière très-originale. Plusieurs jeunes *fashionables* que nous voyions pérorer fièrement sur le pont avant l'orage, avaient les premiers déserté leurs cabines, et répandu l'alarme dans tout le bâtiment, sans savoir si le péril était réellement sérieux. Leur physionomie pâle et altérée contrastait singulièrement avec la résignation calme et silencieuse des femmes. Les domestiques d'un noble Irlandais, qui avaient montré jusque là l'insolente aisance des gens de leur espèce, effrayés tout à coup, fuyaient vers la poupe, ou s'enveloppaient de leurs redingottes derrière le mât de misaine, pour échapper à l'explosion, comme les autruches croient échapper au chasseur en cachant leur tête derrière le tronc d'un arbre. Quelques-uns d'entr'eux couraient vers la chaloupe, et si dans les momens de terreur panique les yeux pouvaient voir sans nuage, ces misérables auraient donné de la gaîté aux plus timides par le spectacle grotesque de leur indigne pusillanimité.

Enfin, grâce au *Goddam* du capitaine, et au vent devenu favorable pour le retour, nous avons repris la route de Bristol. Les précipices pittoresques dont l'Avon est bordé, les belvédères d'Hotwell, la colline riante de Clifton, qui nous avaient paru naguères si remarquables, semblaient perdre à nos yeux de leurs charmes; les équipages des paquebots à vapeur amarrés sur les deux rives nous accueillaient par des éclats de rire, en nous voyant remonter lentement à la voile; ils jouaient des fanfares, battaient des mains, témoignant ainsi grossièrement leur joie de notre mésaventure, présage assuré du discrédit prochain de l'*Hibernia*. L'esprit de concurrence est poussé à un point extrême en Angleterre, et l'égoïsme s'y montre quelquefois cynique jusqu'à l'indécence. Nous avons souvent entendu des entrepreneurs de voitures prédire une mort certaine aux voyageurs qui feraient route dans la diligence rivale, et témoigner une surprise hypocrite lorsque l'événement n'avait pas justifié leurs ridicules prédictions. On rencontre, en outre, un assez grand nombre d'Anglais qui ne dissimulent point leur aversion pour le système des bateaux à vapeur : et ceux-là sont toujours prêts à exagérer les accidens.

Néanmoins, il paraît prouvé que les bateaux

à vapeur ne doivent pas dépasser les dimensions d'un bâtiment de cent-cinquante tonneaux, pour concilier la supériorité de leur marche avec la sûreté des voyageurs : on en donne plusieurs raisons, et je vais les déduire. On a observé que dans les gros tems, le mécanisme des roues était paralysé par l'action des vagues, et qu'il fallait déployer les voiles pour suppléer à cette inaction momentanée : tous les bâtimens qui se sont écartés de ce principe ont essuyé de grandes avaries dans leur appareil; témoin notre aventure, qui était la troisième de ce genre éprouvée par l'*Hibernia*. Il est aisé de concevoir, en effet, qu'un navire de haut bord, présentant à la lame une surface très-considérable, devra être plus vivement attaqué par elle, et que si, au lieu de céder à son mouvement, les nageoires essayent de le vaincre, elles seront brisées avec une violence proportionnée à la masse du vaisseau. Il faudra donc renoncer à s'en servir pendant les jours d'orage : c'est un très-grand inconvénient, indépendamment des dangers de la lutte préliminaire que les capitaines se permettent toujours, pour ne pas perdre de tems en mer. En supposant même que l'appareil de la vapeur fût toujours établi de manière à n'inspirer aucune crainte, l'objection précédente subsiste dans toute sa force, et il sera toujours fort difficile d'en atténuer les inconvéniens.

La plupart des armateurs ne font adapter qu'une seule roue à la poupe du bâtiment. Le mécanisme y gagne de l'énergie par la simplicité, et l'on peut le laisser agir sans danger dans les plus fortes tempêtes, en ayant soin d'éviter le vent-arrière. Dans tous les autres cas, la nageoire est défendue contre les vagues par le corps même du navire, derrière lequel elle est entièrement abritée. Les Américains, qui ont couvert de bateaux à vapeur leurs lacs et leurs rivières, emploient de préférence le dernier procédé. Une frégate à vapeur construite dans les chantiers de la Louisiane, pour le compte de l'empereur de Russie, portait l'appareil de rotation dans une échancrure profonde, pratiquée aux dépens de sa cale : ce système, différent du précédent, a été suggéré par la nécessité de protéger l'ame du bâtiment contre les ravages de l'artillerie ennemie, et en même tems pour ne pas le priver de l'espace destiné au développement de la sienne. Mais on ne peut se dissimuler que la présence continuelle d'un grand foyer en ignition, l'étendue intérieure occupée par l'appareil, et les provisions de combustible nécessaires pour le mettre en mouvement ne présentent de graves difficultés dans l'application du nouveau système à la marine militaire.

On peut conclure de ces observations que les bâtimens à vapeur sont d'un usage incontestablement supérieur aux navires à voiles dans les mers peu orageuses ou dans les traversées peu considérables; que l'emploi d'une roue unique, soit à la poupe pour les navires du commerce, soit aux dépens de la quille dans les vaisseaux de guerre, offre plus de sécurité et de précision que celui d'un agent moteur adapté à chaque flanc; enfin que leur utilité sera plus spécialement appréciée dans les latitudes du calme si redoutables sous l'équateur, lorsqu'on aura trouvé le moyen de les diriger à peu de frais vers ces régions lointaines. Tous les vœux tendent aujourd'hui au perfectionnement d'une découverte qui doit changer tôt ou tard le système de la navigation, multiplier les rapports entre les deux hémisphères, et contribuer, peut-être autant que l'imprimerie et la boussole, aux progrès de la civilisation humaine.

CHAPITRE VII.

ROUTE DE BRISTOL A GLOCESTER. — TEWKSBURY. — REVUE DES HABITANS AU SORTIR DE L'OFFICE. — VILLE DE WORCESTER. — LA PENSION DE DEMOISELLES. — ASPECT GÉNÉRAL DU COMTÉ, VU DU HAUT DE LA COTE DE BROMSGROVE.

> ...What a goodly prospect spreads around,
> Of hills, and dales, and woods, and lawns, and spires,
> And glittering towns, and gilded streams, till all
> The stretching landscape into smoke decays!
> Thomson.

L'aventure du bâtiment a changé nos dispositions. Il nous faut renoncer à l'espoir de visiter l'Irlande, terre plus neuve encore que l'Écosse, et prendre la route de Liverpool par Glocester. Cette route suit la rive gauche de la Saverne, très-large depuis Newham jusqu'à la mer : son cours est marqué à l'horizon par une ligne de brouillards qui s'élèvent sans cesse au-dessus d'elle, et se répandent dans les vallées adjacentes. Le pays est cultivé avec une perfection continue : on dirait que la terre n'est pas faite ici pour nourrir ses habitans, mais seulement pour occuper leurs loisirs. Les jasmins, les myrtes et les chèvrefeuilles continuent d'embellir la façade des maisons : quelquefois un abricotier trouve grâce devant ces arbrisseaux privilégiés, et il couronne la porte principale ; honneur insigne que l'inconstance du climat rend trop souvent stérile. Nous rencontrons plusieurs charrettes chargées de fourrage, dont les bottes, préparées avec un soin particulier, attestent que les chevaux obtiennent en Angleterre plus qu'ailleurs le premier rang parmi les quadrupèdes. On les prendrait pour des gâteaux plutôt que pour des bottes : les tiges de l'herbe sont appliquées parallèlement les unes contre les autres, serrées et taillées sur quatre faces en forme de cubes : de cette manière, la fermentation s'y établit difficilement, la substance en est plus saine, et la fraude devient presque impossible. J'ai remarqué que ces gâteaux contenaient plus de foin que les nôtres sous un moindre volume, avantage très-utile dans les grands établissemens, puisqu'il économise l'espace, facilite les transports, et présente moins de chances aux ravages du feu. Ce sont là, si on veut, des observations tout au plus applicables à l'art vétérinaire : mais on ne saurait trop examiner les petits procédés de l'agriculture dans un pays où sa perfection l'a élevée de fait au plus haut degré des professions libérales. La beauté des chevaux, leur propreté, leur conservation dépendent, en grande partie, de tous ces soins, et j'ai cru à propos d'en parler encore, quoiqu'on en ait beaucoup parlé : un jour peut-être on trouvera prudent de les imiter.

Le voyageur doit aussi quelque reconnaissance à l'industrie qui abrège pour lui la longueur des routes. Les *coachmen*, dans chaque relais, sont toujours à leur poste, les rênes à la main, prêts à monter à cheval : deux ou trois minutes suffisent pour dételer, atteler et repartir. Les voitures ne restent point en panne, si j'ose dire, sur le grand chemin, pour attendre qu'il plaise aux postillons de s'éveiller, comme je l'ai vu en France sur la route de Limoges à Toulouse, où les conducteurs frappent humblement à la porte des écuries, demandent en tremblant leurs chevaux, et prient les maîtres de poste d'*excuser*. On n'éprouve pas, chez les Anglais, le supplice de faire huit lieues dans sept heures en plaine, et toutes ces lenteurs qui se multiplient à mesure qu'on s'éloigne de la capitale, comme si dans un corps vigoureux, la circulation ne devait pas s'étendre jusqu'aux extrémités. Espérons que tous les regards se dirigeront vers les améliorations de ce genre, et que nos ressources nationales ne seront plus sacrifiées désormais à de folles expéditions, flétries d'avance par l'histoire.

Nous traversons près de Stonehouse un canal qui joint la Saverne à la Tamise, et la mer du Nord aux eaux de Bristol. Un autre canal part de Glocester, et se dirige à l'Ouest sur Hertford, où il se décharge dans le Wye; un troisième réunit les deux villages de Worcester et de Birmingham : c'est une navigation perpétuelle. On ne sort jamais d'un comté sans traverser deux ou trois canaux, et j'ai souri plus d'une fois en voyant dans les prairies, entre deux haies, un bateau circuler sans bruit, avec sa fusée de vapeur, qui seule en décelait la présence au milieu de ces solitudes pastorales. l'Angleterre est toute sillonnée des grands travaux du duc de Bridgewater, entrepreneur et créateur de ces rivières artificielles dont la seule connaissance, pour être complète, exigerait de longues études.

Glocester se distingue à peine, dans un massif d'arbres touffus, par la jolie tour de sa cathédrale, surmontée de quatre tourelles sveltes et dentelées. La plaine qui l'entoure est un vaste pâturage, sujet aux inondations de la Saverne, puisque la route est bordée de poteaux qui déterminent sa direction, lorsqu'elle est couverte par les crues. La propreté de Bath reparaît ici avec tout son éclat : rien n'est plus séduisant, et ne dispose plus favorablement les étrangers en faveur d'un pays.

Tewksbury, au confluent de la Saverne et de l'Avon (1), possède une vieille porte gothique, par laquelle on ne passe plus, et une petite église, d'où sortent des flots de fidèles. Nous nous arrêtons pour examiner la physionomie de cette population religieuse : il y a de la propreté, de la richesse même dans les costumes, mais en général fort peu de goût. Les femmes *dandinent* en marchant, pour me servir d'une expression auguste (2), et elles se chargent de bijoux jusqu'à l'ostentation. Du reste, beaucoup de décence et de recueillement; on voit que ces braves gens viennent d'être émus, et que la voix de leur pasteur a laissé des impressions profondes.

De Tewksbury à Worcester, illustré par les armes de Cromwell, la campagne se présente plus belle encore qu'aux environs de Southampton, mais sans variété remarquable. Nous commençons à lui trouver un peu de monotonie. On aperçoit à l'horizon les premières montagnes du pays, dont la chaîne traverse le Worcestershire; et contient des eaux minérales assez estimées. Worcester est

---

(1) On connaît en Angleterre plus de dix rivières de ce nom. Les étymologistes le font venir d'un mot générique qui signifie rivière, en langue welche.

(2) *Relation d'un Voyage à Bruxelles et à Coblentz.*

situé, comme Glocester, au milieu d'une plaine, et, comme dans cette dernière ville, la propreté y est admirable. Sa cathédrale est un petit chef-d'œuvre de légèreté, de fraîcheur et de conservation; et son hôtel de ville, bâti par la reine Anne, un des plus jolis monumens de ce genre, quoique trop surchargé d'ornemens coloriés, selon le goût anglais. La Saverne coule à l'ouest de la ville, où elle reçoit le canal de Birmingham, dans un bouquet de grands arbres. Toujours des trottoirs, un pavé uni, des carreaux de vitres bien nettoyés, des pots de fleurs aux fenêtres, des maisons rouges et blanches, quelquefois de petits balcons : la ville a un air de parure qui annonce un ciel plus heureux.

Le tems est superbe : nous continuons notre promenade jusqu'à Birmingham; ce n'est pas *voyager* que de parcourir en voiture découverte une suite de jardins et d'habitations sans cesse renaissantes.—Une pension de jeunes demoiselles occupe le trottoir de la route, car près des villes les grands chemins ont leurs trottoirs; elles s'avancent dans la campagne deux à deux, vêtues de blanc. Leur démarche n'est pas sans grâce : on ne leur a pas encore appris à se tenir mal. Elles regardent les passans du coin de l'œil, sans détourner la tête, d'une manière tout-à-fait singulière. Le sang est beau; les yeux vifs, souvent bleus, avec des cheveux noirs; l'embonpoint abonde, et disparaît bientôt. On peut attribuer à l'abus du thé, aux brouillards et à la fumée du charbon de terre, toujours un peu chargée d'hydrogène, les révolutions qui troublent si promptement la santé des jeunes personnes, et qui donnent à tant de figures, naguères fraîches et brillantes, une physionomie languissante et lymphatique.

A peine sortis de la petite ville insignifiante de Bromsgrove, sur la route qui mène à Birmingham, les conducteurs ont ralenti le pas pour nous laisser gravir à pied une côte assez rapide, où le plus admirable spectacle attend les voyageurs. Du sommet de cette côte, la vue plongeait sur une plaine immense, qui forme le comté de Worcester, dont presque toutes les villes reparaissaient à nos regards comme dans un panorama; les feux du soleil couchant éclairaient ce tableau, que l'imagination ne saurait embellir. Tous les clochers avec leurs flèches, la Saverne, les canaux, les villages, les routes, les objets saillans pouvaient se distinguer facilement, embrasés par des torrens de lumière; tandis que, sur le versant opposé de la colline, la plaine entière de Birmingham, déjà couverte par les ombres du soir, ne laissait voir que les tuyaux noirâtres de ses mille fournaises et de ses fonderies. Je recommande ce point de vue à tous ceux qui aiment les grands effets de paysage et toutes les scènes qui élèvent l'ame, en la forçant de se recueillir profondément. Il m'a semblé qu'un petit nombre de souvenirs de cette nature devaient suffire dans les différentes circonstances de la vie, pour rafraîchir l'imagination la plus sombre et la plus attristée.

CHAPITRE VIII.

ARRIVÉE A BIRMINGHAM. — SES MANUFACTURES. — HOSPICE DES ENFANS TROUVÉS. — MONUMENT DE NELSON. — TABLEAU DE LA PLAINE DES CYCLOPES, ENTRE BIRMINGHAM, WEDNESBURY ET WOLVERHAMPTON.

> ...... Alii ventosis follibus auras
> Accipiunt redduntque; alii stridentia tingunt
> Æra lacu...
> VIRGILE.

Birmingham n'a pas, comme Bristol, la physionomie caractéristique d'une ville de commerce. Ses constructions, d'une régularité classique, ses rues larges et aérées, et la propreté qui y règne, annoncent plutôt une cité consacrée aux arts et aux plaisirs. Elle est bâtie sur un terrain inégal, au point de réunion de plusieurs canaux, qui lui apportent sans cesse les productions des comtés voisins, le plus souvent du fer en barre, du cuivre, de l'argent en lingots : ces matières premières sont soumises à l'action des cylindres, des ciseaux et des meules, d'où elles sortent en feuilles, en bandes, en fils de toutes les grandeurs. Les principales manufactures sont consacrées à la quincaillerie; on y taille l'acier et le verre sous mille formes différentes, et la plupart de ces travaux, d'un fini exquis, sont l'ouvrage des machines auxquelles on est parvenu à donner assez d'esprit pour remplacer des hommes. Les pompes à feu remplacent les chevaux, et animent des marteaux épouvantables, dont les coups violens et précipités, semblables aux monstres de la fable, paraissent dévorer le fer au lieu de l'aplatir. Ces fabriques opulentes méritent le plus sérieux examen, aujourd'hui surtout, que les principes de l'économie politique, plus répandus parmi nous, ont indiqué la véritable cause de la décadence et de la prospérité des nations (1).

Aucun bruit cependant ne s'entend dans la ville, excepté celui des nombreuses diligences qui se croisent en tous sens dans les rues et sur les places publiques. Ce mouvement est à peine interrompu pendant quelques heures de la nuit; car il arrive à chaque instant des voitures de

---

(1) Voyez, sur l'emploi des machines, et leur influence sur la fortune publique, le *Traité d'Économie politique* de M. J.-B. Say, liv. Ier, chap. VII, 4e édit. Cet excellent ouvrage, traduit dans toutes les langues de l'Europe, doit servir un jour de code aux bons ministres, si Dieu nous en envoie.

Londres, éloigné de plus de cent milles (1). Les auberges sont toujours encombrées, et le service s'y fait avec une promptitude qui prouve l'affluence et la crainte de perdre du tems.

Les places publiques ne répondent point à la beauté des rues. L'une des plus remarquables, celle qui entoure l'église de Saint-Philippe et son cimetière, n'a d'intéressant qu'un édifice simple, orné de l'inscription si touchante et si aimable de l'Évangile : *Sinite parvulos venire ad me ;* c'est l'hospice des Enfans-Trouvés, qu'un auteur appelle, avec trop de raison peut-être, des enfans perdus. L'église de Saint-Philippe n'est pas *gothique :* cet écart en architecture passe pour une hérésie, et les hérésies de ce genre ne sont pardonnées qu'à Christophe Wren, pour avoir bâti Saint-Paul de Londres. Les autres monumens de la ville sont tous très-médiocres, excepté celui qui a été consacré au fameux amiral Nelson. Il est situé, comme l'église Saint-Philippe, au milieu d'une place entièrement irrégulière, ressemblant à un trapèze, rapidement inclinée au midi, mal pavée, bordée de maisons peu apparentes, et ter-

---

(1) Le mille anglais répond au tiers de la lieue de vingt-cinq au degré.

minée par une chétive église en briques, à peine digne d'un hameau; le cimetière n'y manque point, selon l'usage. La statue de Nelson s'élève sur un socle de forme cylindrique, entouré de reliefs allégoriques du plus mauvais goût; l'amiral est debout, dans le costume de son grade, le bras gauche appuyé sur une ancre. On a eu l'heureuse idée de le représenter privé du bras droit, qu'il avait perdu dans un combat. La pose et l'expression de la figure m'ont paru convenables, malgré son air dédaigneux et maussade. L'inscription est simple : « A l'amiral Nelson, la ville de Bir-« mingham. » Il est à regretter que le piédestal de cette statue, dont l'ensemble n'est pas d'un grand effet, soit entouré de misérables échoppes, où l'on vend des guenilles et des légumes : une telle profanation ne serait pas tolérée en France.

C'est à Birmingham que l'on prépare les feuilles de cuivre qui servent à doubler les vaisseaux. On y fabrique des ressorts de parapluies et de voitures, des armes blanches, des coutelleries fort estimées, des boucles d'acier, des tuyaux de conduite pour les eaux et pour le gaz hydrogène, dont la lumière éclaire aujourd'hui toutes les villes de la Grande-Bretagne. Il y a quinze ans que ce système a commencé à s'établir dans les ateliers : l'odeur du gaz était alors insupportable;

mais, à mesure que l'on a perfectionné les moyens d'épuration, les répugnances ont disparu, et l'éclairage par l'hydrogène n'a plus trouvé que des approbateurs. Les mines de charbon, ce trésor précieux que la nature a prodigué à nos voisins, en ont acquis une valeur nouvelle, et l'Angleterre s'est trouvée affranchie tout à coup de la nécessité de tirer ses huiles de l'étranger.

La richesse et l'industrie de Birmingham s'expliquent par le voisinage de la plaine de Wednesbury et de Wolverhampton, qu'on pourrait appeler, sans métaphore, la plaine des Cyclopes. La terre n'offre plus aux regards qu'une végétation stérile et sauvage, et le ciel, qu'un aspect nébubuleux et noirâtre. Le sol est tout cicatrisé par les mines, et dominé par des milliers de hideuses pyramides quadrangulaires, d'où sortent, pendant le jour, des nuages de fumée, et des torrens de flammes pendant la nuit. Les routes sont pavées de scories et couvertes d'une poussière noire, qui, s'attachant au linge, aux vêtemens et à la peau, donne aux habitans du pays une physionomie désagréable. La plaine est entr'ouverte de distance en distance, par des fosses profondes, bordées de charbon et de produits d'une apparence volcanique. De longues colonnes de fumée se balancent comme des vagues, au milieu d'une atmosphère calme et vaporeuse : si quelquefois un vent léger s'élève, ces colonnes sont balayées sur-le-champ, et alors on n'aperçoit plus qu'une aigrette blanchâtre à la cime des pyramides. Tout est feu et fumée, enclumes, marteaux, pompes et fonderies; et les cyclopes de cette plaine valent bien ceux du Mont-Etna; car on les a vus, pendant vingt ans de guerre, fabriquer à toute l'Europe des armes contre nous. Quinze mille fusils par mois sortaient de leurs terribles fournaises, sans compter les bombes, les boulets et les armes blanches. Les enfans et les femmes y travaillaient jour et nuit, et multipliaient innocemment les instrumens de destruction qui produisent tôt ou tard l'esclavage des peuples. Au milieu de cette brûlante activité, dont le spectacle sévère n'est pas sans tristesse, les habitans semblent ignorer qu'il est des douceurs dans la vie; qu'un petit jardin, une pelouse, des fruits, une maison propre et commode, font le bonheur de leurs compatriotes à dix lieues de distance; ils respirent sans cesse un air embrasé, et, tout entiers à leurs mines, ne songent guère si la surface de la terre est bonne à quelque chose.

Pour la première fois, dans cette plaine, j'ai commencé à comprendre l'industrie anglaise. Depuis l'île de Wight jusqu'à Bromsgrove, Bristol excepté, tout semble annoncer plutôt un peuple de pasteurs, un peuple ami des champs et des jardins : on a beau regarder autour de soi, on n'aperçoit que des détails, que des habitations de riches consommateurs, sans concevoir quelle puissance invisible travaille à l'œuvre continuelle de la production. Mais, ici disparaît l'incertitude sur la nécessité de ce commerce immense d'exportation, qui force les Anglais à couvrir la mer de leurs vaisseaux; et les milliers de pyramides qui hérissent la campagne de Wednesbury, révèlent une partie du secret de cette nation rivale de la nôtre. Nulle part, en France, les exploitations ne sont fondées sur une base aussi large ; nulle part l'horizon n'est limité dans un espace de cinquante lieues carrées par un appareil aussi vaste et aussi imposant. Dans le silence et l'obscurité des nuits, l'incendie qui rayonne de tous les points de la plaine, produit sur le voyageur français une impression profonde : à la vue de ces lieux où l'on forgeait naguère des foudres contre sa patrie, il maudit les vicissitudes de la fortune, qui a fait succomber un grand empire sous les efforts de quelques millions d'insulaires; et, ramené, par la pensée, sur la terre natale, s'il se rappelle des feux plus terribles....., les larmes succèdent à l'admiration, et le besoin de la vengeance à la douleur des souvenirs.

CHAPITRE IX.

COMTÉ DE STAFFORD.—JOLI EFFET D'EAU PRÈS DE STONE.— NEWCASTLE UNDER LYNE. — ENCORE UNE PENSION DE JEUNES DEMOISELLES PRÈS DE CONGLETON. — SENSIBILITÉ DES ANGLAIS POUR LES ANIMAUX; CE QU'IL EN FAUT PENSER. — RIGUEUR BARBARE DE LA DISCIPLINE MILITAIRE.

> Quis numerare queat felicis præmia, Galle, Militiæ?
> JUVÉNAL.

En sortant de la plaine des Cyclopes, j'avais l'âme attristée, comme si les événemens qu'elle venait de me rappeler n'étaient pas déjà bien loin de nous. Il y a des circonstances qui font plus vivement sentir à l'homme combien sa patrie lui est chère, et des anniversaires qui renouvellent les douleurs auxquelles on croyait avoir échappé. Heureusement ces retours pénibles vers le passé ne laissent quelquefois qu'une trace fugitive, et s'évanouissent avec l'objet ou le souvenir qui les a fait naître. A peine entrés dans le comté de Stafford, dont les champs n'ont plus rien de la triste aridité des environs de Wednesbury, quelques

CHAPITRE NEUVIÈME.

scènes riantes ont soulagé notre imagination, fatiguée de tableaux sérieux et de réflexions douloureuses. La verdure avait reparu, la poussière des routes n'était plus volcanique ; on ne marchait plus sur des laves ; nous respirions : nous venions de traverser la ville de Stafford, qui ne se recommande à l'observateur par aucun monument remarquable, et ne doit qu'à sa position centrale l'honneur d'être la capitale d'un comté. Près de Stone, en passant au pied d'une colline, un effet d'eau, le premier que nous ayons encore vu, se présente à nos yeux : un petit ruisseau, qui paraît avoir sa source au sommet de la colline, descend en serpentant sur un fond caillouteux, embrasse de ses eaux une maison simple et modeste, et se précipite au-dessous d'elle en une cascade écumeuse, couronnée par de grands chênes. Un vieux saule pleureur laisse pendre mollement ses branches sur un tapis de verdure, et complète ce joli tableau de genre, dont l'ensemble ne se retrouve que chez les poètes, et ne peut être décrit que par eux.

Newcastle under Lyne, qu'il ne faut pas confondre avec la riche Newcastle du comté de Northumberland, est une ville fort ordinaire, et qui a de moins que plusieurs autres la propreté qui les distingue toutes. Près de ses murs, il existe une manufacture de faïence très-renommée en

Angleterre, quoiqu'elle compte à peine soixante ans d'existence. Ses produits, auxquels la France n'a rien à envier, sont envoyés à Londres ou à Liverpool, par le grand canal qui réunit ces deux villes. Nos porcelaines de Sèvres et de Limoges ne seront pas surpassées de long-tems par les fabriques anglaises, et nous ne dissimulons pas notre satisfaction, lorsqu'il nous est permis de constater une supériorité quelconque à l'avantage de la patrie. Il faut convenir cependant que les Anglais mettent plus de variété que nous dans la forme des théières, des tasses, et de tous les petits ustensiles de ménage, dont le débit dépend assez souvent de leur bizarrerie ou de leur originalité.

Les villes qui ne possèdent aucun monument, ne laissent pas toujours des souvenirs, surtout en Angleterre. Généralement bâties en briques, et pourvues de trottoirs, elles ont, par leur construction même, une ressemblance qui conduirait à la monotomie, sans la variété continuelle des paysages qui les entourent. C'est encore un paysage qui nous rappelle Newcastle; mais celui-ci est digne de l'Albane. En descendant une côte boisée, sur la route de Congleton, nos yeux ont plongé dans le fond de la vallée, sur un grand parc, sans murailles, bordé seulement par un fossé; les intervalles des branches de plusieurs

massifs d'arbres laissaient paraître la façade d'une maison blanche avec des contrevents verts, et, de plus près, l'inscription placée sur la porte : *Boarding school for young ladies*, institution de jeunes demoiselles. Nous en apercevons bientôt environ cinquante, toutes réunies sous un énorme chêne, les unes suspendues sur des balançoires attachées aux rameaux de l'arbre, les autres traînées par leurs compagnes dans de petites brouettes semblables à celles de Bath, un plus grand nombre assises sur la pelouse, un livre à la main : tableau charmant s'il en fut jamais, surtout en sortant de la plaine des Cyclopes. Je cherchais des yeux le village, il n'y en a point; cette maison est isolée. Les voyageurs en raisonnaient, les uns pour, les autres contre. « J'aime assez, disait un négociant
» de Liverpool, l'heureuse idée d'avoir ainsi éta-
» bli une institution dans cette belle solitude ; on
» peut *parier* que les jeunes personnes y acquer-
» ront la santé du corps et les talens de l'esprit,
» plus promptement que dans nos villes, où l'air
» est lourd et les distractions trop nombreuses.
» — Je ne partage pas votre opinion, répondit
» un vieillard, qui n'avait cessé jusque là de man-
» ger pour se distraire; les demoiselles sont des-
» tinées à vivre en société : il ne convient pas de
» les élever ainsi, comme des ours, au milieu des

» bois. — Que vous en semble ? répliqua le né-
» gociant, en m'adressant la parole : — Je trouve,
» monsieur, que l'établissement est bien isolé....
» je craindrais qu'un jeune téméraire osât y péné-
» trer : le fossé n'est pas profond. — Monsieur,
» vous avez tort, reprit-il d'un ton grave, les ins-
» titutions de cette nature, en Angleterre, sont
» défendues par la vénération publique, plus
» sûrement que par des murs; » et sa réponse me
fit penser que j'avais trop précipitamment jugé
en ingénieur français les fortifications de la
place.

Après un court séjour à Northwich, nous avons
aperçu dans le même champ une collection d'animaux, jouissant de tous les avantages de la liberté
individuelle, avec des restrictions tellement des-
potiques, que j'ai commencé à douter de l'humanité dont les Anglais se vantent pour ces pauvres
bêtes. Un cochon se promenait tristement, le col
chargé d'un volumineux triangle équilatéral,
destiné à le retenir dans l'intérieur de l'enclos,
s'il essayait d'en sortir. Ce collier géométrique
lui donnait un air de souffrance et d'humeur,
capable de faire sourire les plus sérieux. Le
cheval avait une emplâtre sur chaque œil, et des
entraves aux pieds, pour l'empêcher de four-
rager hors des limites du champ; et deux vaches

traînaient, suspendues à leur col, deux grosses pièces de bois, qui m'ont paru une invitation de ne pas courir, sous peine d'avoir les jambes rompues, comme cela se pratique sur notre inhumain continent. Un taureau paissait libre près d'elles, avec une autre espèce de modification, qui ne m'a pas semblé moins étrange; une plaque de bois, exactement adaptée à la forme de sa tête, était fixée à ses cornes par ses deux extrémités supérieures : dans cet état, le taureau ne pouvait jouir de la vue qu'en inclinant la tête, dont la plaque s'éloignait en se rapprochant de la perpendiculaire; mais si, exalté par le voisinage des vaches, il osait leur offrir son hommage, et relevait sa tête, alors la plaque se rapprochait de la perpendiculaire dans le sens opposé, et le taureau devenait aveugle momentanément. Ce pendule produit un effet très-plaisant, et ressemble beaucoup à la plupart de nos lois préventives. Souvent l'allégorie m'a fait sourire, et, certes, ce n'est pas la première fois que les animaux ont donné à penser aux hommes.

J'avais lu, dans les journaux, plusieurs histoires de procès intentés à quelques jeunes gens pour avoir maltraité des moutons et des chevaux. Les détails en étaient curieux. Les témoins avaient été écoutés avec autant de soin que dans une accusation d'assassinat; et les délinquans condamnés à une amende de vingt shellings. Quelle humanité dans ce peuple, puisqu'il punit les mauvais traitemens faits aux animaux, avec une rigueur et des formes si imposantes! Aussi, depuis notre entrée en Angleterre, je cherchais à juger du bonheur des chiens, des chats, des chevaux et des ânes du pays : mais j'ai vu fouetter les chevaux jusqu'au sang comme dans les contrées les moins civilisées; j'ai vu rosser les chiens avec une énergie toute nationale; je ne puis rien assurer de positif sur la destinée des chats. Il me semble qu'il y en a moins ici qu'en France, et qu'ils vivent sous la protection des femmes, infiniment préférable à celle des lois. Ce sont les *gentlemen* par excellence de la classe des quadrupèdes. En vérité, nous avons bien le droit de rire un peu, quand nous lisons l'histoire de ces ridicules procédures, chez une nation qui a inventé les pontons pour les prisonniers de guerre! Ne viendra-t-il pas un tems où l'on fera justice de toutes les hypocrisies des gouvernemens, y compris ces invitations pathétiques de renoncer à la traite des noirs, subterfuge aujourd'hui trop connu, pour s'en assurer le monopole? Que de faits je pourrais citer, dont j'aurais pour garans des témoins oculaires; et dans ces mêmes journaux qui recueillent avec une affectation si touchante les offenses faites aux chiens et aux chats, que de preuves déplorables de la barbarie de plusieurs lois anglaises; que d'histoires déchirantes de la misère des individus! je n'en citerai qu'une seule, et la plus récente.

Une jeune fille fut mise en prison, et long-tems après en jugement, pour avoir refusé de sortir de Hyde Park (1). Sa figure n'était pas commune, mais son extérieur inspirait la pitié. Amenée devant ses juges, elle déclara en sanglottant « Qu'à
» l'époque de son arrestation, elle était privée de-
» puis un mois du *bonheur* de coucher sur la paille,
» et que si elle avait désobéi à l'injonction de sortir
» de Hyde Park, où on l'avait trouvée étendue,
» c'est qu'il ne lui restait assez de haillons que
» pour couvrir la moitié de son corps. Elle avait
» refusé de se lever et de marcher, pour ne pas
» exposer l'autre moitié aux regards des soldats ».
Cette infortunée ne voulut pas se nommer quoiqu'elle le pût sans honte, disait-elle, de peur que sa famille, depuis long-tems plongée dans l'indigence et la douleur, ne fût plus malheureuse encore en apprenant son triste sort. Les juges attendris l'acquittèrent, et firent, séance tenante, une collecte en sa faveur. Mais à quoi sert la taxe des pauvres, et l'obligation de nourrir ses indigens, imposée à chaque paroisse? à quoi servent les fortunes colossales de l'aristocratie anglaise?

---

(1) Promenade publique de Londres.

Dans l'armée, la barbarie est poussée beaucoup plus loin, et les soldats du peuple libre sont aussi durement traités que les satellites de l'empereur de Moscovie. La rigueur des châtimens militaires, de nos jours encore, surpasse toute croyance. Malgré les modifications philanthropiques provoquées par le duc d'York, le fouet et la marque n'ont pas cessé d'être appliqués pour des délits souvent très-excusables. J'emprunte à l'ouvrage de M. Charles Dupin, sur la force militaire de la Grande-Bretagne, les détails d'une exécution de ce genre. Le lecteur pourra juger si nous n'avons pas quelques raisons de nous méfier de la sensibilité anglaise.

« Lorsqu'un soldat est condamné au fouet, on
» prend trois hallebardes de sergent, dont on
» fixe le bas en terre, et qu'on réunit par leurs
» fers de lance, avec une corde à laquelle on
» attache les poignets du condamné élevés et
» réunis au-dessus de sa tête.

» Les trois hallebardes se trouvent ainsi plan-
» tées comme les trois pieds d'une chèvre, ou les
» trois arêtes d'un sommet pyramidal. C'est ce
» que les Anglais appellent un *triangle*.

» Une quatrième hallebarde est liée horizonta-
» lement contre deux des premières, à la hauteur
» du ventre du condamné, dont les pieds écartés
» sont liés au bas de ces deux hallebardes.

« Dans cette situation forcée, il est frappé à
» nu, sur les reins, les épaules, ou plus bas
» encore, suivant la nature du délit, par un fouet
» à neuf queues, garnies chacune d'autant de
» nœuds. Ce fouet est appelé pour cette raison,
» *cat o'nine tails.*

» Ensuite les tambours du régiment, à tour
» de rôle, et sous la direction du tambour major,
» frappent chacun, de vingt-cinq coups, le con-
» damné. L'adjudant-major est toujours présent
» pour veiller à l'exacte et vigoureuse application
» du nombre de coups prescrit par la sentence.

» Enfin le chirurgien-major ou son aide, doit
» être aussi présent à l'exécution, pour juger
» jusqu'à quel point on peut battre le condamné,
» sans qu'il y ait danger de la vie. Quand arrive
» l'instant où il importe de discontinuer le sup-
» plice, si le malheureux n'a pas reçu le nombre
» de coups prescrit par la sentence, on suspend
» l'exécution; on frotte les plaies avec de l'eau et
» du sel pour empêcher la gangrène de s'y mettre;
» et dès que la nature commence à cicatriser les
» blessures, on reprend le supplice avec le même
» ordre et le même sang-froid ».

La férocité des supplices était beaucoup plus
cruelle dans le dernier siècle. On fesait couper le
nez, le poignet ou les oreilles aux condamnés;

on les suspendait par le bras à un poteau, de manière que l'un des pieds, mis à nu, posât sur la pointe d'un piquet planté en terre; quelquefois on les promenait tout sanglans par la ville, après leur avoir coupé une oreille sur une place publique, et l'autre oreille sur une seconde place; ou bien, ils étaient fustigés par leur régiment, chaque soldat étant armé d'une houssine, le coupable dépouillé jusqu'à la ceinture, et forcé de marcher, par un sergent qui lui pointait le fer de sa hallebarde sur la poitrine, en reculant à pas comptés.

En vain les orateurs les plus distingués de la chambre des communes ont réclamé contre ces tortures dignes de l'inquisition d'Espagne : leur voix n'a pas été entendue; et long-tems encore, malgré les progrès croissans de la civilisation, les défenseurs de la patrie seront exposés à la brutalité d'un régime du moyen âge. On a vu des généraux faire à l'armée anglaise l'injure de supposer que la discipline y serait anéantie, sans la crainte des châtimens corporels. Tous ces détails sont affligeans; mais quel peuple est en droit de se moquer d'un autre!

CHAPITRE X.

AVENUES DE LIVERPOOL. — CONSIDÉRATIONS SUR L'ÉTAT PRIMITIF DE CETTE VILLE. — RAPIDITÉ DE SON ACCROISSEMENT. — COUP-D'ŒIL SUR SA POPULATION, SON ADMINISTRATION INTÉRIEURE, SON COMMERCE. — DESCRIPTION DE SES BASSINS, DE SES MONUMENS PUBLICS. — DRAPEAU TRICOLORE.

> .... Minæ
> Murorum ingentes, æquataque machina cœlo.
> VIRGILE.

A mesure qu'on approche de Liverpool, les routes, les champs, les usines, les canaux, la foule innombrable des voitures annoncent une ville du premier ordre. Nous passons la Weaver, et presqu'aussitôt après, un canal qui lui est parallèle; puis un autre canal à quelques milles de la Mersey; enfin, la Mersey elle-même près de Warrington, et en sortant de Warrington, un dernier canal qui coupe la route à angle droit près de Sankey. Le terrain est émaillé de jardins, de plantations larges et élégantes, de pâturages dont la réputation est devenue, pour ainsi dire, proverbiale. Les légumes abondent, surtout les pommes de terre (*potatoes*), qui couvrent presque tout le comté de Lancaster, approvisionnent les provinces voisines, et forment pour elles une branche de commerce très-considérable. Les tuyaux de fournaises ont reparu : l'atmosphère commence à s'obscurcir; un nuage épais de fumée se voit à l'horizon, et couvre Liverpool : la voiture arrive, nous descend dans Dale street, à l'hôtel de la tête du Sarrasin (*Saracen's head inn*), où les *Arabes* qui attendent les caravanes font payer un verre de bière aussi cher qu'une bouteille d'eau dans le désert : avis aux voyageurs. Dieu les préserve de *la tête de l'Arabe*, quand ils iront à Liverpool; car ces Arabes sont des Bedouins comme ceux de Rouen et de Bristol. Oublions toutefois ces misères, et parlons de leur ville avec l'intérêt qu'elle inspire : c'est la seconde place de l'Angleterre. La fortune, en l'élevant avec une étonnante rapidité au plus haut degré de prospérité commerciale, semble avoir voulu donner une grande leçon en même tems qu'une superbe récompense à l'industrie humaine. Remontons à la source modeste de tant de splendeur et de richesses.

Cette ville est toute moderne : les antiquaires du pays ont eu beau fouiller dans les vieilles annales, ils n'ont pas pu lui trouver une illustre origine. Elle était à peine connue dans le quinzième siècle. A cette époque, elle fesait avec l'Irlande un commerce d'échange très-peu lucratif : mais il augmenta considérablement dans la suite par l'émigration de plusieurs Irlandais qui vinrent s'établir dans ses murs. Au commencement du seizième siècle, Liverpool ne comptait pas mille habitans : cependant l'utilité qu'on pouvait retirer de sa belle situation avait été entrevue. La reine Élisabeth y fit construire un môle pour abriter les vaisseaux, et un quai pour en faciliter le chargement et le déchargement. En 1710, l'accroissement déjà sensible de son commerce inspira le projet de creuser un bassin, et la ville y fut autorisée : c'est celui qu'on appelle aujourd'hui *old dock*, le vieux bassin. Dès lors, la circulation devint plus active, les relations avec l'Irlande furent plus fréquentes, plus intimes; l'émigration augmenta dans ce royaume toujours malheureux, et la décadence du port de Chester tourna encore au profit de Liverpool. Le grand nombre des familles irlandaises donna pendant long-tems à cette cité naissante une physionomie tout-à-fait différente de celle des autres villes du comté de Lancaster. D'un autre côté, le voisinage de l'île de Man contribuait singulièrement à développer ces dispositions favorables. L'importation du fer, du chanvre, des bois de construction du Nord marchait de pair avec l'accroissement rapide des manufactures et des habitations, sans que néanmoins Liverpool songeât à rivaliser avec Bristol, alors en possession de tout le commerce du Midi, de l'Europe et des Indes.

Cependant elle envoyait déjà quelques vaisseaux en Amérique. Les fabriques de Manchester lui fournissaient, à meilleur marché que celles d'Écosse, les productions qu'elle avait coutume d'en tirer; et, depuis cette époque, au détriment des manufactures d'Allemagne, de France et d'Écosse, elle y exerça le monopole des étoffes et des toiles de toute espèce : Bristol commençait à perdre de sa prééminence. Les bénéfices de Liverpool furent si considérables que, dans l'espace de quatorze ans, de 1709 à 1723, le nombre de ses vaisseaux put être porté de quatre-vingt-quatre à cent trente-un : c'est alors que sa population et son étendue augmentèrent rapidement, dans la même proportion que celles de Manchester. En 1720, le recensement de la population donna un effectif de dix mille ames, c'est-à-dire le double de ce qu'elle était vingt ans auparavant. De nouvelles communications furent ouvertes avec Northwich par la Weaver, avec Manchester par la Mersey, qu'on rendit navigable. Ces grands développemens n'auraient pas suffi, toutefois, pour élever Liverpool au rang qu'elle occupe aujourd'hui; mais elle trouva de puissantes ressources dans la contrebande, long-tems et ostensiblement exercée avec les colonies espagnoles, la Vera-Cruz, Portobello, Mexico, Lima et le Pérou. Les débouchés étaient si assurés et si productifs de ce côté, et les demandes pour Manchester si multipliées, que souvent, après le départ des vaisseaux, on ne trouvait plus une pièce d'étoffe dans les magasins de la ville. La vigilance du gouvernement espagnol parvint à faire cesser cette contrebande dévorante, qui avait duré près de vingt ans. Alors, et même quelque tems auparavant, les armateurs de Liverpool se livrèrent à la traite des noirs, dont les profits avaient compensé, pour ceux de Bristol, depuis la fin du dix-huitième siècle, la perte de quelques-unes de leurs branches de commerce. Ils réussirent si avantageusement dans ces spéculations, aujourd'hui proscrites avec une chaleur tardive, que leurs bénéfices dépassèrent les plus belles espérances : comme ils avaient offert les toiles de Manchester au rabais, ils vendirent les Nègres à des prix beaucoup plus bas que les nations rivales, et même que leurs propres compatriotes, au point que la ville de Bristol envoyait seulement trente-deux bâtimens négriers en Afrique, tandis que Liverpool en expédiait soixante-quatorze pour la même destination; c'est-à-dire la moitié du nombre total envoyé par la Grande-Bretagne. Ainsi les Anglais n'ont eu pitié des Nègres qu'après en avoir peuplé les colonies de toutes les nations.

Telles sont les principales circonstances qui ont fondé le commerce de Liverpool, en la mettant en position de se créer une marine, des capitaux et du crédit. L'impulsion une fois donnée, il ne restait plus qu'à poursuivre avec sagesse, et c'est ce qu'on a fait. Les vaisseaux de tous les peuples accourent aujourd'hui, comme à un rendez-vous, dans ces bassins immenses dont je parlerai tout-à-l'heure, et le fier Anglais jouit avec un juste orgueil de l'hommage que lui rendent les deux mondes. Il semble même que ces brillans succès doivent s'accroître encore : des relations habilement entretenues avec les États-Unis et le nord de l'Europe, le voisinage de l'Irlande, l'établissement des bateaux à vapeur, des négociations entamées avec le Brésil et les républiques naissantes de l'Amérique, les mines de charbon, les filatures du comté, des rapports continuels avec les villes manufacturières du royaume, lui assurent un avenir riant de fortune et de prospérité.

CHAPITRE DIXIÈME.

La ville et la population ont grandi avec le commerce. Le nombre des habitans, qui dépassait à peine dix mille ames en 1720, s'élève en 1823, un siècle après, à plus de cent mille. Alors un seul bassin avait été creusé : on en compte aujourd'hui près de douze, tous revêtus en pierre de taille, chacun d'eux pouvant contenir une petite flotte. Des monumens plus ou moins remarquables se sont élevés : quelques-uns figureraient avec honneur au centre d'une capitale. Des hospices, des établissemens de bienfaisance, des magasins, des quais, des théâtres ont été construits avec une rapidité extraordinaire. La ville possède un jardin botanique, des écoles, des bains, des promenades publiques, un cirque, des marchés et un grand nombre d'églises, dont l'élégante variété mérite une étude particulière. Un tableau, que j'ai sous les yeux, prouve d'une manière plus positive encore, s'il se peut, l'accroissement rapide du commerce de Liverpool : il en résulte que les revenus du port, après avoir été de 30,000 francs de notre monnaie pendant l'année 1760, se montaient à 1,500,000 francs en 1814.

Le climat passe pour être très-favorable, excepté aux poitrinaires, qui sont en très-grande quantité, comme on sait, en Angleterre. Pour constater cette influence, je n'ai pu me procurer qu'un seul recueil nécrologique, et encore remonte-t-il à l'année 1772. La population était de trente-quatre mille quatre cent sept habitans : le nombre des morts ne s'élève qu'à cinq cent seize, dont quatre-vingt-trois de différentes fièvres, trois cent cinquante-huit de phthisie pulmonaire, vingt d'apoplexie, dix-neuf de paralysie ou de ses suites, dix-neuf d'asthme et dix-sept d'hydropisie. Cependant on ne peut se dissimuler que dans une ville exposée aux brusques changemens de température des latitudes d'Irlande, à des vents humides et pluvieux et aux exhalaisons continuelles de tant de foyers de charbon en ignition, la santé ne soit sujette à de faciles altérations. Pendant toute la durée de notre séjour, le tems a été constamment doux et serein : mais le soleil ne nous apparaissait qu'au travers d'un nuage de fumée, tel qu'on le voit lorsqu'une partie de sa lumière est éclipsée ; et cette teinte sombre caractérise les plus beaux jours de toutes les villes d'Angleterre.

En parcourant Liverpool, on n'est pas frappé, comme à Southampton, à Bath, à Worcester, par l'éclat et le luxe des boutiques ; ici, pour me servir d'une expression technique, le commerce se fait en gros, et non pas en détail : le sucre est dans des tonnes, et l'or est en lingots. Les négocians de cette ville ne perdent pas leur tems en étalages : c'est au port et dans les bassins qu'il faut aller chercher les richesses. Les vaisseaux y sont à flot dans tous les tems, et y trouvent toutes les facilités nécessaires pour le radoub et les approvisionnemens. Des magasins immenses (*warehouses*) les environnent, précédés d'un quai assez large pour permettre la libre circulation des matelots, des voitures et des marchandises : il y en a qui contiennent jusqu'à dix étages assez rapprochés les uns des autres, et deux ou trois étages encore au-dessous du sol. Des milliers de poulies sont occupées sans cesse à monter ou à descendre les ballots de laine, de coton, de chanvre, les barils de sucre, d'épices, les bois de teinture, le fer, les grains et les huiles. Plusieurs hangars servent d'entrepôts momentanés dans les tems de pluie ou d'orage. Tout a été prévu avec une prudence admirable, même les moindres accidens. Outre la défense de fumer à bord des bâtimens, d'y tenir de la lumière hors des lanternes, de la poudre à canon, etc., commune à tous les ports, un inspecteur chargé de l'administration de chaque *dock*, juge les débats avec précision et régularité ; des balances énormes sont suspendues de distance en distance pour constater les fraudes, s'il y a lieu. Les vaisseaux sont rangés sur trois lignes : les plus récemment arrivés occupent le bord du quai, où ils doivent subir la visite des préposés de la douane avant d'être déchargés. Les portes des écluses sont revêtues de bronze, hautes de vingt-cinq pieds, ouvertes et fermées par des employés auxquels la garde en est confiée. Enfin, au milieu de cette foule d'objets divers, de charrettes, de brouettes, de cabriolets, d'hommes à pied et à cheval, de matelots de toutes les nations, l'ordre n'est jamais interrompu, et la scène varie à chaque instant. C'est là qu'il faut passer des journées entières en observation, pour se faire une idée exacte du mouvement de tant d'hommes excités par des intérêts souvent contraires, et courant tous à la fortune. Au premier abord, les yeux sont fatigués de cette cohue ; mais peu à peu la scène s'éclaircit, les détails se classent, et l'esprit finit par apercevoir nettement tous les ressorts qui font mouvoir ce grand ensemble.

Le bassin du prince (*prince's dock*) est celui qui présente, de la manière la plus complète, le tableau que je viens d'ébaucher. Il est situé au nord-est de la ville, parallèlement à la rivière, dont il est séparé par un grand quai nommé *la Parade*. De ce quai, la vue domine l'entrée de la rivière, et l'on peut suivre de l'œil l'arrivée et la sortie de tous les bâtimens. Quelquefois, on voit des bateaux à vapeur traîner à la remorque des vaisseaux quatre ou cinq fois plus considérables, et les conduire jusqu'à l'embouchure de la Mersey, où ils trouvent le vent, et mettent à la voile. La colonne de fumée de ces bateaux, la musique des fanfares et les cris des matelots ont dû souvent distraire le philosophe assis sur la grève, méditant l'avenir de la Grande-Bretagne.

Le vieux bassin (*old dock*) est destiné aux vaisseaux des Indes occidentales, aux caboteurs irlandais, et aux navires de la Méditerranée ; celui du *Roi* (*king's dock*) reçoit tous les bâtimens de la Virginie, et ceux qui rapportent le tabac, dont le débarquement ne peut s'effectuer qu'au grand dépôt (*tobacco warehouse*). Il est également ouvert aux vaisseaux de l'Amérique, du Groënland et de la Baltique, auxquels il offre de vastes magasins. Il communique avec le bassin de *la Reine* (*the queen's dock*), qui reçoit comme lui les navires de la Baltique et des Indes occidentales. Quelquefois, un pont léger, à l'imitation de ceux des Hollandais, est jeté sur le canal d'entrée, et il contribue en même tems aux besoins du service et à l'ornement. Il y en a qui ont coûté 500,000 fr. de notre monnaie.

Tous ces bassins sont régis par une administration dont les comptes sont examinés chaque année par des commissaires pris hors de son sein. Malgré leur étendue et leur multiplicité, ils seront bientôt insuffisans, en raison de l'affluence toujours croissante des navires. Ce que je puis assurer, c'est que, lors de notre séjour à Liverpool, nous cherchions en vain dans cette forêt de mâts qui couvre les *docks*, une place vacante pour vingt vaisseaux; et qu'est-ce que vingt vaisseaux dans un port fréquenté par toutes les nations ? Il faut donc recommencer de nouvelles fouilles, ouvrir encore la terre à de nouveaux navires; et déjà ces grands travaux sont entrepris. Nous avons vu descendre dans la vase des pierres de taille préparées avec autant de soin que pour la façade d'un édifice; non loin de là, le ciment sortait en masse demi-liquide, broyé par deux meules, comme la farine s'échappe du moulin. Cette méthode a l'inappréciable avantage de mêler plus intimement et plus également le sable et la chaux, et de produire un ciment indestructible. Elle épargne encore des frais nombreux de main-d'œuvre, surtout dans les constructions nationales; car un seul cheval de rebut, aveugle ou rétif, suffit pour représenter le travail de huit hommes. Ceux qui ont l'habitude d'observer, savent bien que la simplification des procédés devient tôt ou tard une source de richesses, et qu'en ce genre les plus petits détails sont toujours dignes d'intérêt.

En rentrant dans la ville par l'extrémité occidentale de *Dale street*, le premier monument qui frappe le spectateur par la beauté de ses proportions, et par un certain air de grandeur dont le souvenir ne s'efface jamais, l'hôtel de ville (*town-hall*), s'élève, surmonté d'un dôme parfaitement d'accord avec l'ensemble dont il forme en quelque sorte le couronnement. Un vaste portique orné de colonnes corinthiennes fait face à la rue du château (*castle street*), la plus large et la plus brillante de toute la ville. Derrière ce grand monument, qui fut presque entièrement détruit par le feu en 1796, les habitans de Liverpool ont construit la nouvelle bourse, précédée d'une grande cour pavée en dalles, et entourée d'une galerie couverte : c'est le plus bel édifice commercial qui existe en Angleterre; il a coûté cent mille livres sterling (2,500,000 fr.).

Au milieu de la cour, la reconnaissance nationale a consacré à Nelson un monument que sa noble destination n'a pas préservé de l'influence du mauvais goût. Il est appuyé sur un piédestal de forme cylindrique, comme celui de la même statue à Birmingham; l'amiral est debout, entièrement nu, à la manière antique, le pied posé sur un

canon. A sa droite, un matelot lève une hache pour le défendre ou pour le venger, tandis que la Mort sous l'aspect d'un squelette, cachée dans les replis d'un drapeau, lui applique la main, ou plutôt la griffe sur le cœur, et que la Victoire le soutient en lui montrant les cieux. Si l'on ôtait cette figure de la Mort, qui serait mieux placée dans un cabinet d'anatomie, le groupe ne manquerait pas d'effet; encore, ce matelot porte-t-il très-maladroitement sa hache : mais, malgré sa maigre nudité, on a imaginé d'armer l'amiral d'une épée dont la pointe, dirigée vers le ciel, enfile, comme au jeu de bagues, une demi-douzaine de couronnes; c'est la Victoire qui fait pleuvoir ces couronnes. L'inscription seule est très-belle :
« *England expects every man to do his duty.*
« L'Angleterre espère que chacun fera son de-
» voir. » Nelson adressa ces dernières paroles aux équipages de sa flotte, le jour de la bataille de Trafalgar.

En vain nous cherchons sur les murs de la bourse les affiches de spectacles, d'annonces et d'avis divers, si communes à Paris : il est défendu de les placarder ailleurs que sur des pièces de carton, qui sont exposées dans les boutiques des boulangers, des épiciers ou des bouchers; le plus souvent, elles sont attachées sur la poitrine et sur le dos d'un homme qui parcourt les rues, couvert de cette espèce de chasuble : usage peu remarquable en lui-même, mais qui peut faire juger de l'extrême susceptibilité des propriétaires. Ils croiraient leurs droits méconnus, si l'on fesait subir aux murailles de leurs maisons l'outrage de recevoir des affiches, et cette bizarrerie est encore un trait de mœurs d'où l'on doit conclure à quel point, en Angleterre, l'inviolabilité des propriétés est respectée.

On ne s'occupe pas exclusivement du commerce à Liverpool, et l'on trouve dans cette ville une assez grande quantité de bibliothèques et d'établissemens d'instruction publique. Le plus ancien, dont la fondation ne remonte pas au-delà de 1799, se nomme l'*Athénée*. Il contient environ huit à dix mille volumes, la plupart très-précieux, tous les journaux de Londres et des provinces, des cartes géographiques, etc. Il est entretenu par des souscripteurs qui seuls ont le droit d'y entrer ou d'y introduire un ami, pourvu qu'il ne réside point dans la ville.

Le *Lycée*, entouré d'arbres, comme celui d'Athènes auquel il ne ressemble guères, surtout par les briques, est plus moderne que l'*Athénée*. On y prend le café et le thé, sans doute aussi contre les usages d'Athènes, et on y trouve une foule de journaux et de brochures nationales et étrangères. La bibliothèque est située dans une pièce circulaire, ornée de plusieurs bustes anciens et précieux. Elle reçoit le jour par un dôme. On s'y abonne pour une guinée par an. Le nombre des volumes est de plus de dix mille.

La salle de l'union (*the union News room*) a été ainsi appelée parce qu'on en fit l'inauguration le premier janvier 1800, jour où l'union des deux royaumes d'Angleterre et d'Irlande fut solennellement proclamée. C'est une succursale de l'Athénée et du Lycée; mais elle est plus particulièrement consacrée à la lecture des journaux et des ouvrages périodiques.

Le gouvernement n'est pour rien dans tous ces établissemens. Des citoyens se rassemblent, inspirés par le désir de s'instruire, et de procurer à leur ville natale un agrément de plus; ils arrêtent d'un commun accord les frais de construction d'une bibliothèque, et dans moins de quinze ans présentent avec orgueil aux étrangers et à leurs concitoyens un catalogue de vingt mille volumes. C'est ainsi que la liberté encourage les entreprises utiles, augmente la fortune des particuliers, et avec elle les ressources de l'état. Si la volonté d'un shérif ou d'un maire suffisait pour fermer des cercles littéraires, et supprimer arbitrairement des réunions pacifiques, on ne trouverait point en Angleterre cette foule de créations précieuses, qui sont dues à l'industrie nationale noblement abandonnée à son essor; les citoyens, toujours isolés par la crainte ou par la défiance, n'auraient jamais pu mettre en commun leurs lumières et leurs intérêts, et leurs belles fondations auraient succombé à l'intrigue, comme l'enseignement mutuel et tant d'excellentes institutions succombent en France à l'influence des Jésuites.

Les églises, toutes modernes, sont en grand nombre à Liverpool. Une seule, celle de Saint-Jean est bâtie dans le genre gothique pur; les autres se distinguent, en général, par un style simple, élégant et varié, et leur collection lithographique mériterait, je crois, le suffrage des artistes. Je citerai l'église de Saint-Pierre, celles de Saint-Georges, de Saint-Thomas, de Saint-Paul et de Saint-Marc, comme les plus remarquables. La chapelle des presbytériens et des indépendans, la synagogue des Juifs, la salle des méthodistes, plusieurs chapelles catholiques et le *meeting house* des quakers, annoncent une cité tolérante, comme toutes les cités devraient l'être. Aussi Liverpool a-t-elle rarement participé aux guerres furieuses de religion qui ont si long-tems désolé l'Angleterre. Il semble que le bon sens de ses habitans ait suppléé aux connaissances qui rendent les hommes indulgens, et qu'ils aient deviné par instinct le ridicule des discussions théologiques dont il faut espérer que la raison humaine nous a pour toujours affranchis.

Cette tolérance philosophique explique le grand nombre d'établissemens de bienfaisance qui honorent la ville de Liverpool, et qui lui donnent des droits au respect et à l'estime de tous les hommes. L'hôpital général (*the public infirmary*) est ouvert à tous les genres de maladie : on y reçoit, par an, plus de quinze cents malheureux. L'hôpital des marins, attenant au premier, est entretenu par un impôt mensuel de *six pence* (douze sous), qu'un acte du parlement oblige chaque matelot d'acquitter, en sortant du port. Le dispensaire, fondé en 1778, a reçu depuis cette époque environ douze mille malades par année. Il est administré par un président, deux auditeurs, sept médecins, trois chirurgiens et un apothicaire. Tous les jours, à neuf heures et à onze, consultation du médecin; à dix heures, visite du chirurgien. Il y en a toujours un autre qui secourt les malheureux à domicile, plus un pharmacien chargé de leur porter des médicamens.

La maison de santé (*house of recovery*) située dans un local isolé, vaste et commode, est plus spécialement consacrée aux malades atteints d'affections chroniques ou pernicieuses, dont la convalescence lente et difficile exige un air pur, des soins constans et un régime plus délicat que celui des hôpitaux.

Les femmes en couche sont l'objet d'une protection spéciale. Une société connue sous le nom de *Ladies' charity*, la charité des dames, s'occupe de leur faire parvenir à domicile tous les secours nécessaires à leur position. En 1809, on comptait douze cent seize femmes secourues par cette vénérable institution. Le comité se compose de sept gentilshommes (*gentlemen*), c'est-à-dire de sept notables, et de six dames : il est présidé par l'une d'elles. — Un autre comité veille au sort des malheureux noyés, et entretient le long des bassins des bateliers armés de longues perches, dans le but d'offrir quelques chances de salut aux infortunés qui pourraient y tomber. — La société des *Amis des étrangers* honore également Liverpool. Les malheureux de toutes les nations y trouvent un asile, et sont soutenus par la bienfaisance publique. C'est un commencement d'exécution de la grande pensée de Bernardin de Saint-Pierre, qui voulait qu'on leur donnât une patrie dans la nôtre (1).

Mais l'établissement le plus intéressant de cette ville est sans contredit l'École des aveugles (*School of industry for the indigent blind*). On les a trop long-tems regardés comme des êtres inutiles, incapables de se suffire jamais, à charge à eux-mêmes et aux autres. Aussi les voit-on languir sur nos places et dans nos carrefours, en proie à la faim et au froid; heureux lorsqu'il leur reste un guide! Cependant l'expérience a prouvé qu'ils étaient capables d'apprendre un certain nombre d'arts utiles, au moyen desquels ils pourraient pourvoir à leur existence, et se soustraire aux tourmens de l'inaction. C'est dans cette intention qu'on a fondé l'École des aveugles, en 1791. Elle n'était d'abord qu'un simple asile; mais la philanthropie éclairée des fondateurs a donné une base plus large à cette belle institution, qu'on peut citer aujourd'hui pour modèle, et qui a été imitée à Londres, à Édimbourg et à Bristol. Les

---

(1) Voyez les *Vœux d'un Solitaire*, page 245-257, tome XVI; édition in-18, d'Aimé-Martin, 1823. Ce morceau est écrit avec tout le charme qu'on retrouve dans les différens ouvrages du même auteur.

principales occupations des élèves, presque tous aveugles de naissance, consistent à filer, à faire des paniers, des tapis de pied, des draps, des souliers, des cordes, etc., et à apprendre la musique. Plusieurs d'entr'eux ont acquis dans cet art un talent assez distingué pour mériter d'être nommés organistes de cathédrales, et servir de maîtres à leurs jeunes compagnons d'infortune. Depuis la fondation de l'école, on y a admis plus de 350 aveugles des deux sexes; le nombre des hommes est quatre ou cinq fois plus considérable que celui des femmes.

Ainsi tout semble avoir participé dans Liverpool à l'accroissement rapide de cette ville importante, la marine, les monumens, les églises, les établissemens de bienfaisance et d'instruction. Il y existe encore plusieurs sociétés que leur titre modeste ne doit point faire passer sous silence; tels sont le comité pour l'amélioration du sort des prisonniers pour dettes; la société pour le soulagement des pauvres honteux, la société biblique, etc. Le gouvernement est étranger à tout. Je l'ai déjà dit, on ne saurait trop le redire : toutes les fois qu'on laisse agir librement une grande nation, on doit s'attendre à des créations dignes d'elle.

Les théâtres seuls ne répondent point à la grandeur des autres monumens. Le Cirque, la Rotonde, la Salle de musique (*Music hall*), et le Théâtre proprement dit, sont des édifices médiocres, en briques, généralement construits dans de petites dimensions; aucun d'eux ne soutiendrait la comparaison avec nos théâtres des boulevards. Les troupes y sont ambulantes, et ne jouent que pendant la vacance des théâtres de Londres.

Liverpool n'est pas précisément une ville de manufactures, quoiqu'il y en ait beaucoup dans ses murs et aux environs, et que la grande étendue de son commerce extérieur en fasse supposer un plus grand nombre encore. Mais il ne faut pas perdre de vue que les travaux du port et des magasins occupent la presque totalité des ouvriers. On pourrait demander peut-être pourquoi les cotons bruts, étant débarqués à Liverpool et transportés, avec plus ou moins de frais, dans les différens ateliers du comté, pour revenir ensuite, sous formes d'étoffes, de toiles, de bas, au point d'où ils étaient partis, il ne serait pas plus avantageux de les faire fabriquer sur place, et d'économiser les dépenses de ce double transport : mais les habitudes de la classe ouvrière sont entièrement opposées à ces vues; la discipline et l'esprit sédentaire, qui doivent régner dans les manufactures, conviendraient peu à des hommes accoutumés au mouvement d'un port immense, et aux chances de fortune que présente souvent le grand nombre des arrivages. Manchester, malgré son éloignement, est depuis long-tems en possession de fournir la majeure partie des exportations de Liverpool, et il paraît d'autant plus difficile de lui enlever ce privilége, qu'il est appuyé par des considérations locales de la plus grande importance, et par une sorte de réputation, fondée sur la qualité supérieure de ses produits et le prodigieux développement de ses manufactures.

Les chantiers de la marine, ordinairement employés à la construction des bâtimens marchands, ont offert à l'état, pendant la guerre, des vaisseaux de cinquante canons et plusieurs frégates. Depuis le perfectionnement des bateaux à vapeur, Liverpool en envoie dans toutes les mers voisines, en Irlande, en Écosse, dans la Manche, dans la Baltique et même dans la Méditerranée. Le plus beau de tous, celui qui nous a si cruellement ballotés dans le canal de Bristol, l'*Hibernia*, venait des bords de la Mersey.

En quittant, pour la dernière fois, les rivages de ce bras de mer, deux scènes, indifférentes dans un autre tems et dans une autre contrée, m'ont ramené malgré moi vers la France : la vue d'un pavillon tricolore, et le son d'une musique à la fois militaire et champêtre, exécutant les airs de nos plus fameux vaudevilles. Ce pavillon tricolore, parfaitement semblable à l'ancien drapeau français, était arboré sur un vaisseau hollandais; le vent en faisait flotter les mobiles couleurs, tandis que, sur le paquebot voisin, un orchestre de fifres, de chalumeaux, de trompettes et de clarinettes, soutenu d'une grosse caisse et d'un bonnet chinois, jouait le refrain, *C'est l'amour, l'amour, l'amour,* et la walse de *la Garde Nationale de Paris.* Le contraste de ces couleurs, aujourd'hui proscrites, avec le chant folâtre et rapide de nos vaudevilles, ces souvenirs graves, interrompus par des ritournelles légères, l'aspect d'une flotte immense et d'une ville opulente; dans le lointain, la mer d'Irlande; plus près, la côte sombre de Ferry, parsemée de maisons blanches, ces vaisseaux qui vont et qui viennent; ce silence d'une part, et de l'autre, ces images variées du mouvement perpétuel, laissent dans l'ame du voyageur une foule d'impressions profondes qui ne sont pas toujours, malgré leur tristesse, dépourvues de charme et de douceur.

CHAPITRE XI.

ROUTE DE LIVERPOOL A PRESTON. — EMBOUCHURE DE LA RIBBLE. — VILLE DE LANCASTER. — VALLÉE DE KENDAL. —MARCHE DE NUIT DANS LE WESTMORELAND.—PENRITH. CARLISLE. — TROUPES ANGLAISES. — UN DÉJEUNER ANGLAIS. — FRONTIÈRE D'ÉCOSSE.

> « ... Al partir del sol la sombra crece,
> » Y en cayendo su rayo, se levanta
> » La negra oscuridad que el mundo cubre :
> » De do viene el temor que nos espanta
> » Y la medrosa forma en que se ofrece
> » Aquello que la noche nos encubre...
> GARCILASO.

Le comté de Lancaster a reçu de la nature et de la civilisation une surabondance de vie et d'activité qui suffirait à la prospérité de deux royaumes. Il est arrosé par trois grandes rivières, la Mersey, La Ribble et la Loyne ; du côté de la mer, ouvert à la navigation, par l'embouchure de ces trois rivières, et, à l'intérieur, sillonné dans tous les sens par des canaux magnifiques. Ses champs, presque entièrement consacrés à la culture des pommes de terre, produisent aussi du blé et d'excellens pâturages. Les vaches y sont énormes, fécondes, armées de cornes menaçantes, avec l'air frais et indompté que donnent l'aisance et le bon régime; les villes, toutes manufacturières, Manchester, Warrington, Preston, Garstang et Lancaster; les femmes, remarquables par la fraîcheur de leur teint et par la finesse de leur taille. — Après avoir traversé deux fois le canal de Leeds, sur de petits ponts en pierre, dont le calcul serait curieux à faire pour tous les canaux de l'Angleterre, nous entrons dans Ormskirk. Tandis que j'admire l'exactitude des postillons, leur propreté, le soin qu'ils ont de leurs chevaux, la rapidité de leur marche, soutenue comme l'allure la plus tranquille, nous volons déjà sur les bords de la Ribble, et Preston a paru sur une hauteur avec ses maisons rouges, sa verdure et ses tours. La rivière semble l'envelopper dans son cours sinueux, et la quitter à regret pour aller se perdre dans la mer d'Irlande. Le paysage des environs est sévère, couvert de bois touffus, qui s'éclaircissent de tems en tems, pour faire place à une pelouse inclinée dans la vallée avec de vieux chênes à grands bras, des saules pleureurs à longues chevelures : le manoir du gentilhomme est jeté avec négligence dans leurs intervalles. Les Anglais cachent l'art autant qu'ils peuvent dans le dessin des jardins de plaisance : mais

CHAPITRE ONZIÈME. 123

ils ont beau tourmenter et fléchir la ligne droite, en dépit des paraboles, des spirales, et de toutes les courbes géométriques, la main de l'homme paraît toujours. La nature a des traits plus larges, plus hardis, plus sauvages; il est rare qu'elle aligne dans aucun sens, excepté sur le bord des rivières, et les hommes alignent partout. Dans le désordre même, je ne sais quoi de méthodique et d'affecté trahit leur impuissance, et il y a cent fois plus de pittoresque dans la tête chenue d'un sapin des Alpes ou d'Écosse, que dans toutes les plantations de nos jardins.

De Preston à Lancaster, le long du canal qui joint ces deux villes, les villages et les manufactures sont tellement rapprochés qu'on a de la peine à se croire en rase campagne. En entrant dans Garstang, un bruit confus de marteaux et de roues annonce le travail et l'industrie, les habitans sont presque tous couverts du duvet et de la poussière des filatures. Le passage de la voiture les attire aux fenêtres, et il se fait un échange d'observations souvent très-plaisantes entre les voyageurs et ces curieux.

Nous étions dans Lancaster à la chûte du jour. J'avoue que je n'ai pas aperçu sans un peu de trouble, à la lueur du crépuscule, cette ville célèbre dont le nom a servi pendant si long-tems de mot de ralliement, dans les guerres civiles. Toutes les fureurs de la rose rouge et de la rose blanche, avec leurs déplorables épisodes, se sont représentées à ma pensée comme une catastrophe récente; et la ville m'a paru triste. Cependant, il y a du mouvement dans les rues, de l'éclat, de l'affluence dans les boutiques, et un air de propreté qui rappelle Salisbury, Bath et Worcester. Le pont de la Loyne est remarquable par la belle couleur jaune des pierres dont il est bâti, et par son élévation hardie au-dessus de la rivière : on le prendrait pour un belvédère. En le traversant pour gagner la route de Kendal, la ville de Lancaster reparaît, comme par enchantement, sur la rive gauche de la Loyne, qui la réfléchit tout entière. Cette surprise est magique.

Le canal de Preston, que nous avons passé et repassé cinq fois avant sa jonction à la Loyne, se prolonge dans le Westmoreland jusqu'à Kendal, habitée par des quakers et par des tanneurs. La ville est arrosée par la petite rivière Ken, qui coule dans une vallée profonde, et qui emporte dans son cours rapide les immondices des nombreuses tanneries établies sur ses bords. Depuis Kendal jusqu'à Penrith, nous voyageons de nuit dans un pays très-pittoresque. Les plaines ont disparu, nous ne passons plus ni rivières ni canaux; nous cheminons dans des montagnes généralement peu cultivées, et les accidens du terrain, qui est difficile, nous forçent souvent de mettre pied à terre. Pendant un espace d'environ vingt-cinq milles, on ne rencontre que de misérables villages. Il y en a un, au-delà de Gateside, près duquel tous les voyageurs sont descendus; la nuit était très-obscure; nous montions péniblement une côte assez rude, éclairés seulement par les deux énormes flambeaux de la voiture. Un torrent coulait avec fracas sur notre gauche dans un lit de cailloux, et la colline s'élevait presque perpendiculairement devant nous. Nous n'apercevions pas un seul arbre, pas un buisson, pas un abri : tout était noir, profondément noir. De petites sources descendaient sans bruit du sommet de cette colline, traversaient la route presque sans la mouiller, et couraient se jeter dans le torrent. Les voyageurs, enveloppés dans leurs manteaux, les uns en bonnet de nuit, les autres affublés de leurs capottes blanches, gravissaient lentement la hauteur; le froid était très-vif, et les forçait de frapper des pieds et des mains pour se réchauffer. Quelques coups de fouet retentissaient de tems en tems, et se perdaient dans ces longues vallées, après avoir été répétés par un écho d'abord faible, puis tout-à-fait sonore et bruyant. Il semblait que tous les objets, dans cette marche nocturne, eussent pris une teinte romantique, jusqu'à de larges poteaux blanchâtres plantés de distance en distance pour indiquer la route, et qui simulaient de véritables fantômes, lorsque la voiture, en passant devant eux, les éclairait subitement de ses flambeaux. J'ai quelquefois éprouvé dans les Alpes, au milieu de leurs épaisses forêts de sapins, de ces émotions lugubres que le docteur Young appelle des émanations de la nuit; mais elles n'avaient rien de commun avec la sombre tristesse qu'inspirent les vallons du Westmoreland. J'ai cru voir une décoration de la tragédie de Macbeth, et, quoique peu sensible aux horribles beautés de Shakespeare, ici, j'ai dû leur rendre hommage, en les trouvant dans la nature.

Au point du jour, la vue de Penrith nous a tous soulagés de notre promenade dramatique. Cette jolie ville est embaumée par l'odeur des jasmins, des myrtes et des résédas que les habitans cultivent sur leurs fenêtres, avec un soin extrême, comme des amis de la maison. Que n'ont-ils le beau ciel de Nice et de Gênes! mais la providence n'a pas voulu sans doute que le ciel d'un pays libre fût toujours pur, puisqu'elle a mis des brouillards en Écosse, et la fièvre jaune en Amérique. Par une compensation cruelle peut être, elle a fait naître des moines sous les rians ombrages de Valence et de l'Andalousie; elle a permis que la terre de Virgile et d'Horace fût souillée par des Autrichiens, et le tombeau de Léonidas, par des Turcs. Il fallait bien que Dieu donnât quelques consolations aux Espagnols et aux Italiens, puisqu'il leur a toujours refusé le courage d'être libres.

La plaine de Penrith à Carlisle, triste et monotone comme l'esclavage, ne présente aucun point de vue qui puisse nous distraire. Si l'on excepte ses lacs, que nous n'avons pas vus, ce comté de Cumberland est bien stérile pour le voyageur : vingt-huit terribles milles, sans qu'un objet intéressant attire ses regards! les chevaux ont beau avoir des ailes, ils ne vont plus assez vite à notre gré, et tout le tems que nous passons à parcourir cette plaine bourbeuse, nous semble un tems perdu. Le soleil, qui nous a souri jusqu'à ce jour, s'est caché derrière un mur de brouillards; le le froid devient aigu; quelques sapins jetés çà et là nous avertissent de l'approche du nord, et nous soufflons dans nos doigts tandis qu'on cherche l'ombre à Paris. Carlisle, lugubre ville de briques, ne nous offre que ses vieilles tours enfumées et son inutile citadelle. Nous voulons respirer, sortir, aller dans la campagne; mais nous trouvons partout des murs qui nous dérobent la vue de l'Éden, jolie rivière dont le nom poétique est si peu conforme au pays qu'elle arrose.

Pour la première fois, nous rencontrons un corps de troupes anglaises. Ce sont des dragons : ils mènent boire leurs chevaux à l'Éden. Cette cavalerie est superbe; de belles tailles, de l'aisance à cheval, de la vivacité dans les regards : sans leurs vestes rouges, on les prendrait pour des Français. Ceux qui errent dans la ville, ont l'air de s'ennuyer; ils finissent ordinairement par s'adonner à la débauche et à l'ivrognerie ; je ne dis point au vin, car ils n'en boivent pas : mais les soldats trouvent toujours le moyen de s'enivrer, même sans vin. Ils se rouillent dans les garnisons comme leurs armes dans les arsenaux.

Puisqu'il n'y a rien à voir ni à apprendre dans cette vieille ville de guerre, rentrons pour déjeûner. Le jambon à moitié cuit et sucré vient d'être coupé en petites feuilles par des couteaux de Birmingham ou de Sheffield; le rost beaf froid et sanglant a déjà fait le tour de la table ; on apporte les œufs durs, on sert le miel, le beurre et le thé. Pour le lait, on le montre aux convives au fond d'un petit pot de forme élégante, et quand cet échantillon est épuisé, il est rare qu'on le renouvelle. Nous ne devons trouver du lait qu'en

Écosse. Dès que tout le monde est assis, il se fait un profond silence : le déjeûner est une affaire si sérieuse qu'on se garde bien de l'interrompre. Chacun prépare gravement ses *tartines*, composées d'une couche de beurre, recouvertes d'un vernis de miel, alternativement trempées dans l'œuf dur s'il ne résiste pas trop, et dans le thé. Le pain est presque inconnu; de la bière, on n'en sert point; il n'est permis de boire qu'à dîner. Toutes les fois qu'une soif dévorante, augmentée par cette nourriture scorbutique, nous a forcés de demander un verre d'*ale*, on nous a fait payer très-cher le scandale : tous les regards se dirigeaient sur nous; les domestiques hésitaient, la bière n'arrivait jamais, si bien qu'à la fin nous n'osions plus avoir soif. Tels sont les déjeûners anglais : toujours des œufs, du beurre et du thé; les grands le prennent dans des vases d'argent, et le peuple dans la porcelaine. C'est le luxe qui fait la différence.

Les garçons ou la fille (*the maid*) attendent à la porte. Souvent on n'a pas eu le tems de les voir: mais ils vous ont vu; les voyageurs sont comptés avant de s'être mis à table. Il n'y a pas moyen d'éviter ce bras toujours tendu : c'est l'épée de Damoclès. Il m'est arrivé plusieurs fois d'y rêver, et de repousser en dormant cette importune main; mais au réveil, j'étais battu. Fuyons les impôts arbitraires; les chevaux sont tout prêts; et nous touchons aux limites de l'Écosse.

On s'aperçoit bien d'un changement à mesure qu'on avance. Jusqu'à Longtown, la plaine est froide, ouverte et décolorée. Il n'y a plus que des bruyères, des sapins, des tourbières hideuses; c'en est fait de la riante culture du midi de l'Angleterre; plus de vieux chênes, plus de jardins, plus de vertes pelouses : une plaine toute nue; de tems en tems des crevasses dans la terre, et sur le bord de ces crevasses remplies d'une eau noire et fangeuse comme celle du Styx, des monceaux de tourbe taillée en briques; un peu d'avoine clairsemée sur un terrain jaunâtre, et des chaumières misérables. Le cours de l'Esk ranime un instant ce triste paysage; ses eaux limpides roulent sur un fond caillouteux entre deux rives festonnées. Mais il a beau grossir et déborder, sa fureur expire toujours sur des rochers, et ses eaux n'inondent qu'un désert. Longtown est la Palmyre de ce désert qui n'a pas eu de Zénobie. Nous la traversons en courant, et dans quelques minutes, au débouché d'un petit pont, nous lisons sur un poteau : *Scotland.* Salut, noble terre de Wallace, de Bruce et de Robertson, terre classique de la franchise et de l'hospitalité! puissent tes bons habitans conserver toujours l'antique simplicité de leurs pères, et se souvenir que les Français furent jadis leurs frères d'armes!

ÉCOSSE.

CHAPITRE XII.

ENTRÉE EN ÉCOSSE. — VILLAGE DE GRETNA GREEN. — MARIAGES DE CONTREBANDE. — ANNAN. — LE PRÉDICATEUR IRVING.

> « Je voudrais bien faire tout ce qu'ils prêchent, mais ils ne pensent pas que je sache tout ce qu'ils font. »
>
> HENRI IV.

Je ne puis pas me l'expliquer, mais en entrant en Écosse, je me sentais chez un peuple ami. Ces masures chargées plutôt que couvertes d'un chaume inégal et rongé par la mousse; ces enfans vifs et contens, errant nus-pieds autour de leurs huttes percées à jour; ces petites filles, avec leurs yeux bleus, leurs cheveux blonds et leur air d'innocence, m'intéressaient comme des compatriotes. Un sentiment de peine indéfinissable se mêlait au plaisir de les voir, et, malgré moi, je transportais ces figures de Raphaël sous le ciel d'Italie. Cependant rien ne rappelle moins l'Italie que leur sauvage patrie; rien ne ressemble moins aux vallons de Florence et de Tivoli que ces landes stériles. L'image de la pauvreté se montre partout, attriste tout, arrache des larmes. Le fumier entassé à la porte des habitations noyées dans une vase infecte, des chevaux maigres qui partagent l'avoine avec leurs maîtres, des moutons entassés pêle-mêle avec des enfans, une bêche, une charrue, des pierres, de la tourbe, un horizon grisâtre et toujours le même, voilà ce qu'on aperçoit à la frontière de l'Écosse. On se demande s'il n'y a point d'erreur de la part des guides, s'ils vous conduisent véritablement dans la patrie de Walter Scott, ou si cette affreuse avenue n'est que l'entrée des jardins d'Armide; et, tout à coup, un lieu célèbre dans l'histoire des amours rend la supposition vraisemblable : c'est le village de Gretna Green.

Une maison blanche, que sa couleur distingue parfaitement du petit nombre de celles qui l'entourent, a le privilége immémorial de servir de temple à la Cythère écossaise. Le propriétaire, aubergiste et maréchal-ferrant, en est le grand-prêtre; mais ses droits ne sont pas ceux du seigneur. Cet officier grotesque de l'état civil se borne à donner acte aux amans de leur déclaration mutuelle; il enregistre la désobéissance en bon père de famille, et ne demande pas même aux époux de quelle province ils arrivent. Sa boutique ne semblerait devoir s'ouvrir que pour des insensés, et cependant il a plus d'une fois reçu des personnages raisonnables. Quel homme est à l'abri d'un regard, d'un soupir ou d'une larme! et, quand la faiblesse a des temples, faut-il s'étonner qu'on vienne y chercher un asile!

Cet abus est plus grand qu'on ne pense. Il se fait tous les ans près de quatre-vingt mariages à Gretna Green; mariages légaux, mariages indissolubles, pourvu qu'il soit prouvé que l'amante a enlevé son amant, c'est-à-dire qu'elle l'a précédé ou accompagné au rendez-vous. On a cru, grâce à cette condition singulière, inspirer aux jeunes filles l'effroi du déshonneur, en leur imposant la nécessité de faire des avances : mais qui ne sait les ressources et les illusions d'une passion portée à l'extrême, surtout lorsqu'elle trouve dans la tolérance de la loi un motif de se satisfaire! Ne serait-il pas plus simple de supprimer l'abus qui a désolé tant de familles, et qui n'est au fond qu'une chance de plus offerte au libertinage? Et peut-il y avoir de plus grand scandale dans la société que celui d'une fille qui se soustrait impunément à l'autorité paternelle!

Pendant que je faisais ces réflexions (j'en appelle à tous mes compagnons de voyage), une chaise de poste, occupée par un jeune homme et par une jeune personne qui nous avaient suivis depuis Lancaster, abandonne la grande route, et se dirige vers la maison blanche. Le village est isolé dans la plaine, et ne communique point avec une autre route : c'est à Gretna Green qu'il faut s'arrêter, lorsqu'on ne va pas à Dumfries. En effet, nos voyageurs s'arrêtent.... Que vont-ils faire à la maison blanche? Vraiment je n'en sais rien; mais tout le monde le devine.

Pour nous, qui n'avons rien à déclarer au grand-prêtre de Gretna Green, nous continuons notre route vers Dumfries, en riant aux éclats du mariage vrai ou supposé de ces deux fugitifs. — L'embouchure du Solway, semblable à celle de la Mersey, donne quelque physionomie à la contrée, et borne l'horizon au midi; mais combien la différence est grande entre ce bras de mer et le hâvre de Liverpool! ici règne un profond silence; aucun bâtiment ne sillonne la surface de ce joli golfe, et ses eaux brunâtres se brisent jour et nuit sur un rivage solitaire. A peine une barque de pêcheur se montre à de longs intervalles : la côte est presque toujours déserte. L'Annan interrompt pendant quelques heures cette monotonie : elle coule, comme l'Esk, sur un fond pierreux, et ses rives, formées de petites falaises, attestent la fureur de ses débordemens. Le bourg d'Annan ne présente rien de remarquable que sa situation, analogue sous plus d'un rapport à celle de Lancaster; mais elle a donné le jour à un homme qui jouit actuellement d'une grande célébrité en Angleterre, par la nouveauté de sa doctrine, et l'ambition qu'il semble annoncer de devenir chef de secte : je veux parler du prédicateur Édouard Irving. Son histoire est presque entièrement inconnue en France, tandis que nos voisins ont épuisé pour lui toutes les formules de l'admiration, et tous les sarcasmes de l'ironie la plus sanglante. Pour moi, entièrement étranger aux causes qui lui ont valu des admirateurs ou des ennemis, je m'efforcerai de le juger d'après la voix publique et les impressions qu'il m'a laissées de son talent et de sa personne.

M. Irving étudia les mathématiques à l'âge de dix-huit ans à l'école de Dunbar, et il se distingua dans cette branche des sciences qui est généralement cultivée avec zèle par le clergé écossais. Pendant son séjour à l'université d'Édimbourg, il se fit connaître par une chaleur et une énergie remarquables, dans une question de théologie qui devint le sujet de quelques troubles. Bientôt après, il fonda une maison d'éducation à Kirkaldy, dans le Fifeshire, l'abandonna, revint à Édimbourg, suivit les leçons des plus habiles professeurs, et commença à prêcher lui-même dans les différentes églises de la ville. Son imagination ardente le porta à entreprendre un voyage lointain, dont ses amis le détournèrent, et il fut appelé immédiatement après à Glasgow, où ses sermons produisirent une vive impression. Dès lors, voyant croître chaque jour le nombre de ses admirateurs, il put prétendre aux plus brillans succès. Son ambitieuse simplicité lui fesait rechercher les pauvres, étudier leurs goûts, leurs passions et leurs misères, quelquefois partager leur nourriture; au point que plusieurs malheureux le proclamaient hautement comme leur frère. Et bientôt, sa réputation étant parvenue jusqu'à Londres, on voulut absolument l'entendre, on lui aplanit toutes les difficultés : le duc d'York lui-même fut un de ses premiers auditeurs, lors de ses débuts (qu'on me passe le terme) dans la capitale, au mois d'août 1822.

Toutefois, à cette époque même, il était encore si peu connu, que l'église écossaise de Londres (*Caledonian church*) ne comptait pas plus de cinquante assistans à ses sermons, dont la seule annonce suffit aujourd'hui pour attirer la ville entière. On se presse, on s'écrase à la porte du temple; on propose une souscription de trois mille livres sterling pour en construire un plus vaste. Les hautes classes surtout, quoiqu'il leur dise quelquefois des vérités sévères, se montrent les plus empressées à l'entendre, et, pour me servir d'une expression que j'ai souvent entendu répéter à ce sujet, l'aristocratie est devenue sa populace, *the aristocracy are his mob*. Les savans même, dont l'esprit semble le plus à l'abri des séductions de ce genre, accourent en foule autour de lui : c'est un véritable engouement. Talma n'a jamais eu plus de succès dans Oreste. Les manières de M. Irving, sa figure et son débit sont si extraordinaires qu'il faut les compter pour beaucoup dans le succès, indépendamment de la nouveauté de sa doctrine. M. Irving se croit appelé, comme saint Jean-Baptiste, à prêcher la pénitence à tout un peuple, et cette idée domine tellement dans tous ses discours, que la plupart de ses auditeurs en sont persuadés. Son regard imposant (quoiqu'il louche prodigieusement), et sa voix sévère annoncent une grande vigueur d'ame, fortement caractérisée d'ailleurs par la véhémence et l'énergie de son langage. Un organe souple et sonore fait pénétrer à son gré toutes les émotions dans l'auditoire : il est réellement éloquent. Parfaitement versé d'ailleurs dans les connaissances historiques, plein d'imagination, d'abondance et de facilité, on devine aisément qu'il a plus de ressources qu'un autre pour émouvoir avec force. Mais, ce qui le distingue particulièrement, c'est la liberté de ses censures, la franchise de ses éloges, et je ne sais quelle manière large de traiter les questions religieuses. Son style n'est pas sans reproche : il prodigue les métaphores, les images colossales, les figures de toute espèce ; quelquefois cependant il se permet avec avantage des excursions dans le domaine de la littérature et de la philosophie. Quoique sa déclamation sente l'étude, elle n'est pas empreinte d'affectation théâtrale ; on voit qu'il parle avec une sorte de conviction, et on lui en sait gré. Enfin, son éloquence sauvage et poétique, sa dialectique pressante et serrée ont été comparées au *gothique fleuri*, et c'est beaucoup dire en Angleterre.

Dans l'un de ses discours les plus récens, il a fait l'histoire de l'homme sensuel, de l'homme intellectuel, de l'homme moral et de l'homme spirituel, en sacrifiant, comme de raison, au dernier les trois autres. Son tableau du libertin mourant ne vaut pas celui du pécheur dans Massillon ; mais il est dessiné de main de maître, et il y a des traits que Massillon n'aurait pas désavoués. M. Irving a décrit avec charme la vie du poëte errant dans les montagnes, sous les yeux de la nature, toujours brillante et variée ; et, s'il a par momens attaqué violemment la philosophie du dix-huitième siècle, au moins paraît-il d'accord avec elle sur les bases, sur tout ce qui touche au patriotisme et à la philanthropie. Ce prédicateur n'est point un homme ordinaire, et, sauf la partie dogmatique de sa doctrine, que je ne suis pas en état d'apprécier, j'ose assurer qu'il y a du plaisir à l'entendre, et que ses sermons pourront faire époque dans la littérature anglaise, s'il profite des nombreuses critiques qu'il a dû recevoir de ses amis et de ses ennemis.

M. Irving est d'une taille élevée, d'une contenance mâle et austère; il porte de longs cheveux noirs qui prêtent à sa figure une expression remarquable de mélancolie, et à sa physionomie un caractère qu'on n'oublie point.

Je n'en finirais pas si je voulais citer ici les brochures volumineuses qui ont paru pour ou contre lui ; les caricatures plaisantes où il est représenté dans toutes sortes d'attitudes ridicules, un bras au midi, l'autre au nord, un œil au levant, l'autre au couchant : les rues de Londres en étaient tapissées lors de notre séjour, et j'en ai remarqué plusieurs dont le trait spirituel avait fidèlement reproduit la plupart des poses et des gestes familiers à l'orateur.

On s'étonnera peut-être qu'au milieu d'une nation aussi grave et aussi éclairée que l'Angleterre, un enthousiaste, quel qu'il soit, obtienne des suffrages. Je ne me charge point d'expliquer ce phénomène, dont les causes remontent probablement à la réformation ; mais on tomberait dans une grande erreur, si l'on pouvait confondre M. Irving avec les prédicateurs ambulans si répandus en France de nos jours. Son instruction profonde n'a rien de commun avec l'ignorance fanatique de ces moines ; et, quelles que soient mes répugnances pour tous les novateurs religieux, je ne saurais faire à un homme d'un tel mérite l'injure de le comparer à nos convertisseurs. On l'écoute, parce qu'il a du talent, de la chaleur, de l'ame, et que les Anglais recherchent avidement les émotions violentes : mais ses dogmes ne tirent point à conséquence. Ainsi naguères, dans Paris, la foule se pressait aux conférences de l'abbé F***, avant sa bienheureuse exaltation : on aimait sa vivacité, sa diction brillante et pathétique, et jusqu'à l'austérité de ses reproches : on lui trouvait des ressemblances avec Bossuet, dont la tête vénérable était chargée de cheveux blancs comme la sienne : mais sa fortune rapide a bientôt dessillé tous les yeux, et nous avons appris que la vieillesse elle-même et le saint ministère avaient aussi leur prestige, leur art et leur coquetterie.

CHAPITRE XIII.

VILLE DE DUMFRIES. — QUELQUES ABUS. — SINGULIÈRE PHYSIONOMIE DU DÉSERT. — VILLAGE DE MOFFAT. — SOURCES DE LA TWEED ET DE LA CLYDE. — CIMETIÈRE DE LA VALLÉE. — PLATEAU DE LANARK. — ARRIVÉE A GLASGOW.

« Ah ! que ne pouvez-vous voir ces tristes demeures, où la misère confond les âges et les sexes sous les mêmes physionomies ! »
BERNARDIN DE ST.-PIERRE.

Un long chemin, presqu'en ligne droite, mène à Dumfries, capitale du comté, petite ville célèbre dans les romans et dans l'histoire, avec une garnison, un château et un beau pont sur la Nith. Nulle part on ne nous a entourés, examinés, avec une curiosité plus importune : nous étions une nouveauté dans ce pays, où l'on voit rarement des étrangers ; et notre air étranger nous avait trahis. En sortant de la ville, les plaines de tourbe ne reparaissent plus : mais nous entrons dans cette vaste solitude de quinze lieues qui sépare l'Écosse du monde civilisé. On n'aperçoit plus un seul arbre, un sapin, un buisson : le terrain généralement inégal, ressemble aux flots d'une mer agitée, qui se seraient pétrifiés tout à coup, et recouverts d'une couche de gazon plus semblable à la mousse qu'à la verdure des champs anglais. De jolis petits ruisseaux inutiles roulent leurs eaux limpides et solitaires sur un fond de roche nue, qui rappelle les torrens des Alpes ou les gaves des Pyrénées. Si un pareil spectacle ne durait pas trop long-tems, il ne serait pas dépourvu de majesté; mais cette espèce de navigation en pleine terre, cet horizon sans limites, ces collines sans cesse renaissantes, et toujours semblables comme les vagues de la mer, attristent l'imagination jusqu'à l'extrême. On monte, on descend, on marche, on trotte, on galoppe, selon la nature du terrain; on espère toujours voir quelque chose, et on ne voit rien. C'est un désappointement continuel.

Cependant les relais ne manquent point; de distance en distance une chaumière isolée sur la route renferme des greniers, des écuries, des logemens pour les cochers, quelquefois un verre de wisky pour les voyageurs. On s'étonne d'en voir sortir des attelages magnifiques, des chevaux qui rongent le mords avec impatience, et qui brûlent de s'élancer dans la carrière : mais les abus commencent à se multiplier. Les conducteurs moins surveillés, moins exposés à la concurrence, deviennent exigeans et intraitables; ils recueillent sans hésiter, pour un ou deux shellings, des paysans sales et puants, qu'ils installent hardiment à côté des voyageurs; puis vous fendent les oreilles avec leur cornet à bouquin, dont ils aiment à faire retentir le son rauque et lugubre dans le fond des vallées. Quelques-uns montent et descendent à tout moment, sans pitié pour leurs voisins, marchent sur les pieds du public à tort et à travers comme sur le bagage, s'endorment sur nos épaules, se servent de nos bras comme d'une rampe, et ne craignent pas de tendre la main à chaque poste pour qu'on les récompense de tant de services. Le seul moyen de réprimer ces écarts est la résistance; et je la conseille à tous les voyageurs, parce qu'il suffit d'une démonstration énergique pour inspirer le respect.

Entre Dumfries et Lanark, comme une oasis au milieu du désert, le village de Moffat est étendu sur un tapis de verdure, entouré de quelques arbres. L'Annan qui l'arrose, prend sa source dans les environs, rarement fréquentés, malgré leurs eaux minérales. On ne peut se faire une idée exacte de l'aspect que présente ce singulier village de Moffat : de nuit, on le prendrait pour un camp. Un petit nombre d'arbres, qui ne sont pas toujours des sapins, se montrent en vedette fort loin des habitations; puis ils se rapprochent, paraissent plus touffus, et finissent par se grouper comme des corps en observation. Derrière eux, une masse de maisons isolées s'élève au milieu d'un terrain parsemé de cailloux : c'est le camp. La comparaison nous semblait frappante sur les lieux.

Au-delà de ce camp, le désert recommence ou plutôt continue, de manière à faire croire au voyageur qu'il touche aux confins de deux mondes; le seul accident remarquable est le point d'embranchement de la route d'Édimbourg par Linton. Les rayons du soleil tombent languissamment sur d'immenses nappes de gazon rabougri, que la main de l'homme pourrait convertir en riches pâturages, car le sol n'est pas constamment rocailleux; de petits ruisseaux, des sources nombreuses jaillissent de toutes parts; il y a de la terre, elle deviendra féconde lorsqu'on voudra la cultiver. On n'a qu'à planter; toutes ces crêtes lavées par la fonte des neiges, ces collines sillonnées par des ravins se couvriront de verdure et de forêts. Partout où le hasard a fait naître un arbre, sa végétation annonce une terre productive : elle attend des colons. Située sur la route qui réunit deux royaumes, et sous un ciel plus doux que le reste de l'Écosse, elle deviendrait le centre d'un commerce nouveau. Mais l'Angleterre est égoïste; elle fait peu de chose pour l'Écosse et pour l'Irlande. La ligne de démarcation qui sépare les trois royaumes est plus profondément tracée dans les cœurs que sur la carte. La pauvreté écossaise a toujours rassuré les Anglais. Les grands seigneurs ne s'occupent que d'embellir leurs châteaux, et de voyager pour leurs plaisirs; les négocians négligent l'agriculture; rarement ils compromettent leurs capitaux dans des spéculations agricoles. Les professions sont trop généralement héréditaires, comme les titres, pour lesquels les Écossais témoignent toujours une ombrageuse susceptibilité. Le blason est encore une science parmi eux. Ils citent les noms de leurs aïeux avec une emphase souvent très-plaisante; on en voit les portraits rangés avec ordre dans toutes les salles à manger des vieux châteaux. L'aristocratie est dans les cœurs. On parle d'un père qui a partagé son bien à tous ses enfans également, comme d'un insensé; de son testament, comme d'une chose inique. La civilisation n'a pas encore atteint, chez cette nation respectable, une foule d'anciens préjugés partagés par les ames les plus honnêtes et les plus loyales.

La Tweed et la Clyde prennent leur source, à

peu de distance l'une de l'autre, dans les solitudes qui séparent Moffat de Lanark. La Tweed échappe à notre vue; la Clyde dégringole plutôt qu'elle ne coule sur un lit de roche souvent taillé en escalier. Nous suivons avec intérêt le cours de cette rivière historique : ses eaux d'une belle couleur d'azur, parsemées de floccons blancs d'écume, semblent avoir attiré le petit nombre de chaumières qui se montrent de tems en tems sur ses deux rives, avec leur enclos fermé par un petit mur en pierres sèches. Plus loin, quelques pierres sépulcrales cachées sous les sapins, autour d'un obélisque en marbre blanc, annoncent un cimetière, dernier rendez-vous de tous les pâtres qui ont vécu ignorés sur les crêtes de ces montagnes. Reposez en paix, hommes simples et doux, vous qui n'avez jamais connu, dans vos retraites solitaires, les fureurs du fanatisme ou des partis; vous dont la main toujours bienveillante ramena tant de fois le voyageur égaré, reposez en paix dans ce désert, et que la terre vous soit légère! Vous ne vivrez point, il est vrai, dans la mémoire des hommes : mais du moins, une main amie vous a fermé les yeux, et vos enfans viennent souvent pleurer sur la pierre qui vous couvre... Pour nous, qui sait si l'amitié nous doit accorder quelque jour une larme !

A mesure que nous approchons de Lanark, la

terre se revêt de sapins, de bouleaux et de
chênes, et nous distinguons plusieurs châteaux
gothiques sous leurs masses épaisses. La Clyde
commence à couler à plein lit, grossie par les
différens ruisseaux qui descendent des montagnes ; les restes de plusieurs camps romains se
dessinent sur le flanc décharné des collines qui
couronnent les rives ; la rivière elle-même a
changé sa belle couleur d'azur en une teinte jaunâtre, sans perdre sa limpidité. Enfin nous allons
revoir des hommes, et c'est pour nous un grand
plaisir, car nous n'avons aperçu depuis Moffat
que des chaumières, des tombeaux et des ruines.

Lanark, sur un plateau qui domine la Clyde,
est la première ville véritablement écossaise où
nous descendons. Les yeux des femmes sont
armés de longs cils ; leurs cheveux sont arrangés
avec une simplicité pleine de grâce, leur regard est
plein de douceur et de modestie. Faut-il le dire ?
il est presque révoltant de les voir marcher nus-pieds dans les rues, qui ne sont pas ornées de
trottoirs comme celle d'Édimbourg et de Glasgow. Les hommes n'ont rien encore de caractéristique, excepté leur honnête obligeance. Les
gens de l'auberge ne sont plus des Arabes comme
à Liverpool ; le fromage cristallisé de Birmingham a fait place à des gâteaux de riz ou d'avoine

offerts avec cet air de bienveillance qui donne du prix aux moindres choses. Notre régime est redevenu français; la soupe, généralement proscrite ou mal faite en Angleterre, est l'introduction obligée des repas écossais; le bœuf n'est plus sanglant et aromatisé; les *mixtures* sont moins âcres et moins dégoûtantes. Nous rions, nous reprenons notre gaîté, nous saluons ces bons habitans comme des concitoyens. Un excellent père de famille, notre compagnon de voyage depuis Carlisle, s'empresse de nous rendre mille services, nous explique avec complaisance ce qui peut nous surprendre dans les usages ou dans les lieux; il assure que les Français et les Écossais sont toujours frères, et se sont fait partout la guerre malgré eux. Nous remercions cet aimable étranger qui tient à honneur d'être notre compatriote, et qui nous traite comme tels. La foule qui se presse à la porte de l'auberge pour voir passer les voyageurs, n'est point indiscrète ou railleuse; ces bonnes gens ne semblent réunis que pour nous dire adieu.

En sortant de Lanark, il nous a fallu suivre une pente rapide et tournée en spirale, pour descendre jusqu'à la Clyde. Chacune des sinuosités de cette courbe nous amenait un changement de décoration dans le paysage, d'abord large et indéfini au sommet du plateau, puis diversement limité, selon que nous nous approchions plus ou moins du lit de la rivière, encaissée à près de six cents pieds au-dessous de la ville. Des jardins, parfaitement cultivés, sont suspendus de toutes parts aux flancs de la colline, et s'étendent au loin dans le fond de la vallée. La nuit qui tombe les cache à notre vue, et nous dérobe le village d'Hamilton, où nous devons bientôt revenir. Glasgow se reconnaît aux jets de flamme qui sortent de ses fonderies : nous sommes dans Argyle-Street. Un domestique accourt, et demande nos bottes; un autre s'empare de nos manteaux, un troisième de notre valise ; la maîtresse du logis *désire* savoir si nous soupons, et l'homme du cornet à bouquin nous attend au passage pour nous prier de *songer à lui*.

CHAPITRE XIV.

GLASGOW.—CHATEAU DE CARNTYNE. — MM. ROBERT ET HAMILTON GRAY. — ACCUEIL HOSPITALIER QU'ILS NOUS FONT.—BIBLIOTHÈQUE ET JARDIN DU CHATEAU.—SCÈNE TOUCHANTE DE FAMILLE. — PROJETS D'EXCURSIONS.

> Ἐκ δ᾽ ἄρ αὐτοῦ πομφόλυξαν
> Δάκρυα γηραλέων βλεφάρων.
> PINDARE.

Au lever du soleil, nous avions pris la route de Carntyne, traversant à pied les belles rues de Glasgow, sans nous laisser séduire par l'imposant aspect des monumens publics. Il nous tardait d'arriver au sein d'une famille écossaise, où nous devions trouver toutes les douceurs de l'hospitalité la plus affectueuse, toutes les émotions d'un retour dans la patrie. Cependant notre marche était ralentié par la nouveauté des objets qui se multipliaient pour ainsi dire sur notre passage, par ces belles figures de soldats, romains par le costume et la valeur, par ces physionomies charmantes des femmes en robes quadrillées; enfin par je ne sais quel irrésistible sentiment de plaisir, d'admiration et de curiosité. Malgré l'espoir fondé de rencontrer nos aimables hôtes, il nous semblait que nous ne pouvions différer jusqu'au lendemain cette première visite de politesse que doivent toujours des étrangers à une grande ville. Nous nous avancions vers Carntyne, en jetant involontairement nos regards en arrière sur Glasgow, comme on sort d'une vénérable assemblée, sans lui présenter jamais le dos. A deux milles environ de distance sur la route d'Ardries, nous avons aperçu un bois de chênes, d'ormes et d'arbres verts, isolé dans une plaine légèrement inclinée au sud ; nous y avons pénétré sans indication précise, et, après une foule de tours et de détours, un château irrégulier avec une ferme et des jardins s'est dessiné sur la pelouse qui était devant nous : c'est Carntyne, *the seat of Robert Gray, esq.*

La porte s'ouvre : un vieillard d'une haute stature, aux yeux bleus, aux cheveux blancs, à l'air noble, mélancolique et doux, nous demande avec bienveillance qui nous sommes ; et après avoir lu les lettres qui nous recommandaient à son fils, « Messieurs, dit-il, il est absent ; veuillez
» être assez bons pour l'attendre ; il n'est qu'à
» huit lieues d'ici, je vais lui envoyer un esta-
» fette, et vous le verrez avant la fin du jour. En

» attendant, soyez chez vous. » A ces mots, il nous tend la main, nous introduit dans son cabinet, dont il nous fait propriétaires, et il donne les ordres nécessaires pour hâter l'arrivée de son fils.

Nous nous regardions, attendris et confus de cette naïve et simple hospitalité qui semble craindre les *cérémonies* ou l'hésitation, et se dérober à l'embarras d'un remerciement. M. Robert Gray est revenu près de nous, et, après les questions les plus affectueuses sur ses amis de France, ses yeux se sont remplis de larmes, en apprenant que l'un d'eux avait perdu son fils unique. « Je » n'en ai qu'un, aussi, nous disait-il; que devien- » drais-je, s'il n'était plus! Pauvre père!.... Et » qui lui fermera les yeux? Nous en reparlerons » encore. » Et il y revenait sans cesse. Jamais une douleur plus vraie ne se peignit sur un front aussi vénérable. Il semblait que nous ne fussions arrivés que pour lui apporter la tristesse, ou pour lui rappeler d'affligeans souvenirs; et ses tendres regrets sur la mort de sa femme se confondaient avec le chagrin qu'il éprouvait du malheur d'un ami.

Nous étions restés seuls dans son cabinet. Dès qu'on est propriétaire, on veut jouir; et avant quelques heures, j'avais parcouru la bibliothèque.

Ma surprise fut agréable en retrouvant nos grands auteurs français, Molière, Racine, Rousseau, Mme de Sévigné et Corinne dans la patrie d'Oswald. A côté d'eux, Schiller, Goëthe, Shakespeare, Walter Scott, Robert Burns, le Tasse, Hérodote, Homère et Don Quichotte, représentaient les grandes notabilités littéraires, anciennes, étrangères et modernes. De vieux sabres écossais, des portraits de famille, des oiseaux de proie empaillés composaient le reste de l'ameublement, avec quelques cartes détaillées des environs de Glasgow et du comté de Lanark. Racine paraissait bien plus doux à notre oreille choquée de l'accent rude et austère des Calédoniens; et Rousseau, plus vrai, plus pittoresque encore que de coutume. Nous avions sous les yeux des montagnes plus sauvages que les siennes. Qu'aurait-il donc senti sur les rives de la Clyde? Walter Scott est le cygne de cette contrée. Il en a décrit tous les sites, chanté tous les héros, célébré toutes les belles; mais les tendres passions, les mystères du cœur que tant de souvenirs font renaître, quel autre que Jean-Jacques oserait les décrire?

Le jardin, attenant au cabinet, nous appartient également, et nous n'en sommes pas fiers, car c'est une triste chose qu'un jardin écossais. Quelques touffes d'acacias rabougris, des ifs, des lauriers, de petits cyprès sont ramassés en buissons, et réunis par compartimens. On circule au milieu de ce stérile verger sur un gravier mouvant, assez proprement entretenu; on s'assied près d'un orme ou d'un vieux frêne, et l'on cherche en vain les pêchers, les abricotiers et la vigne qui tapissent nos jardins. Point de fleurs, la saison des roses est passée; à peine on trouve sur les rameaux d'un chèvre-feuille un petit nombre de pétales échappés à la rigueur du climat. Le lierre et le jasmin décorent les murailles; mais le lierre n'a pas de fleurs, et le jasmin ne produit en Écosse que des feuilles. Où sont les vergers de Nice, et la végétation orientale de la Méditerranée?

Je songeais à m'en plaindre au jeune M. Gray, notre aimable *Cicerone*, lorsqu'il est arrivé. A peine descendu de cheval, il accourait près de son père, s'inclinait profondément, et lui serrait la main avec une respectueuse tendresse. Le bon vieillard nous a paru tout plein d'une émotion vive, comme s'il éprouvait une grande satisfaction de se voir représenté par un jeune homme dont le caractère, l'âge et les goûts plus rapprochés des nôtres, devaient nous procurer de plus nombreuses jouissances; et dès-lors, tranquille sur ce point, il ne s'est plus occupé que d'embellir tous

CHAPITRE QUATORZIÈME.

nos momens par des soins et des prévenances que le cœur seul peut détailler et reconnaître, et que son grand âge rendait plus touchans encore à nos yeux. Une telle scène et une réception aussi cordiale en disent plus que tous les éloges sur le caractère d'un peuple.

Notre séjour une fois déterminé à Carntyne, où rien ne manque à nos désirs et à nos habitudes, pas même la langue française, nous avons fait avec M. John Gray, qui la parle fort bien, le plan de nos excursions pittoresques et philosophiques. La première est due à Glasgow, au musée de Hunter, aux quais superbes de la Clyde; les autres nous conduiront à Hamilton, au château de Bothwell, à Lanark, aux cataractes de la Clyde, au rocher de Dunbarton, au lac Lomond; et l'inépuisable sollicitude de nos hôtes y mêlera toujours d'agréables soirées, des rencontres heureuses. C'est ainsi qu'en peu de tems, grâce au guide éclairé qui nous en doit faire les honneurs, les habitans et les lieux nous auront été présentés sous leur vrai point de vue; et, pour être intéressans, il nous suffira d'être sincères.

CHAPITRE XV.

VILLE DE GLASGOW. — SON COLLÉGE. — LE MUSÉE DE HUNTER. — M. LE PROFESSEUR TOWERS. — GEORGE SQUARE. — L'ÉGLISE CATHOLIQUE. — LES PONTS. — LES QUAIS. — LE MONUMENT DE NELSON. — LA CATHÉDRALE. — L'HOPITAL. — LE CONVOI DU PAUVRE.

> « An active and industrious population is the stay and support of every well governed community. »
>
> Colquhoun.

La population de Glasgow, qui s'élevait à peine à 12,766 habitans en 1708, et à 66,578 en 1791, présentait un tableau de 147,043 ames en 1821, c'est-à-dire une augmentation de quatre-vingt mille individus en trente ans. Ce développement prodigieux passe tout ce que nous avons appris de Liverpool et d'aucune ville d'Europe. Il faut le bien considérer dans toutes ses conséquences pour s'expliquer l'accroissement rapide des monumens, des manufactures et du commerce de cette grande cité. Les machines que Raynal voulait proscrire comme ennemies du genre humain, se sont multipliées de toute la force de la vapeur qu'on leur a appliquée, et dans trente ans, 80,000 habitans nouveaux sont venus s'asseoir au foyer de la plus étonnante industrie qui fut jamais. Les bords de la Clyde, trop long-tems ravagés par les discordes civiles ou religieuses, ont reproduit les merveilles de Birmingham et de Manchester, sans rien perdre de ce charme poétique attaché au souvenir de tant de héros et de tant d'infortunes. C'est un privilége de cette ville, que l'aspect de son activité présente n'ait pas diminué le prestige de sa physionomie passée. La cathédrale et le collége, vieilles fondations du moyen âge, qui se montrait souvent raisonnable malgré ses travers, obtiennent toujours la même vénération des habitans, les mêmes hommages du voyageur.

La porte du collége, seule, est une curiosité : sa voûte est noire, informe, écrasée, surmontée d'armoiries sculptées en relief, et coloriées, le comble du mauvais goût ; mais ce goût caractérise tout un âge. Avant de pénétrer dans l'intérieur, j'ai mesuré d'un œil respectueux la façade de l'édifice, et la longueur de *high street*, comme dans une forteresse célèbre on examine avec attention les ouvrages avancés. La première cour est digne de la porte ; les murailles sont si noires, si fatiguées par le tems, qu'on en éprouve un sentiment de tristesse profonde, sévère, indéfinissable. Le silence est absolu. On se regarde avec un étonnement mêlé de terreur, et, quoiqu'on ait la vue du ciel, on est près de se croire dans un souterrain. Je n'avais éprouvé qu'une fois, en visitant le vieux monastère de Cimiès, dans les environs de Nice, cette émotion religieuse qui ressemble à une vive impression de froid, et que les Italiens appellent *raccapriccio*. C'est dans les salles qui entourent la cour obscure, que les professeurs donnent leurs leçons, généralement suivies par une foule d'étudians libres et cependant fort assidus. On compte au moins vingt chaires occupées par des hommes d'un talent très-distingué, entièrement voués à leur état, lequel, pour le dire en passant, est beaucoup plus honoré qu'en France. Il en est quelques-uns dont le traitement s'élève à plus de 30,000 francs de notre monnaie: mais dans cette contrée, toute imbue de préjugés nobiliaires, la première aristocratie est celle du talent. Un professeur de l'université de Glasgow marche l'égal des grands seigneurs, parce que ses connaissances sont utiles au pays, et que la fortune n'y sauve personne du mépris attaché à l'ignorance et à la nullité.

Le docteur Towers, professeur d'accouchemens, m'a conduit dans la grande salle de réunion, où plusieurs de ses collègues, assis autour d'une longue table chargée de journaux et de brochures littéraires, m'ont accueilli avec cette bienveillance affectueuse et simple qui caractérise les Écossais. L'un d'eux, le plus âgé de tous, enveloppé dans son *plaid*, lisait la *revue d'Édimbourg*, en secouant sa tête octogénaire : il s'est empressé auprès de nous de la manière la plus aimable, et lorsque le docteur Towers eut prononcé la formule ordinaire de présentation : M. B., jeune voyageur étranger, « Oui, Monsieur, me dit en Anglais ce » respectable vieillard, nous sommes tous voya- » geurs; il faut nous bien recevoir ici-bas; car nous » devons tous nous revoir ailleurs, un peu plus tôt, » un peu plus tard. » Ces laborieux philosophes passent ainsi leur vie au milieu des douceurs de l'étude, sans être jamais troublés par les misères du présent et les inquiétudes de l'avenir.

La grande salle de réunion est entourée de plusieurs portraits et de deux tableaux détestables, l'un par le coloris, qui ressemble à une tapisserie chinoise, l'autre par le dessin, qui est d'un très-mauvais goût. Ce dernier représente le martyre de Sainte Agathe. On y voit le bourreau coupant le sein de cette vierge avec un horrible instrument qui ressemble à une faucille de moissonneur, et la Sainte n'a pas l'air d'être émue. Les spectateurs sont sans physionomie et le fond sans couleur. Quelques portraits d'hommes célèbres décorent plus convenablement l'enceinte du sanctuaire: tel est celui du fameux Buchanan, du baron Napier, inventeur des logarithmes, et de Hunter, fondateur du musée.

Le musée, bâtiment isolé, de construction moderne, s'élève dans la partie la plus reculée du collége, précédé d'une belle cour. C'est le Saint des Saints, et comme le tabernacle de ce temple dédié aux sciences. Il renferme tout ce que le collége possède de plus précieux, la bibliothèque, le cabinet d'histoire naturelle, la collection anatomique et les meilleurs tableaux. Les médailles, qu'on m'a dit être en grand nombre et fort précieuses, ne peuvent être vues qu'en présence de trois professeurs et sous la surveillance de deux autres, raison pour laquelle on les voit très-rarement. Cette réunion d'objets si divers dans un même local, quoiqu'il soit très-élégant, ne suppose pas une grande richesse, et présente quelques inconvéniens surtout pour les dames, qui sont obligées de traverser la galerie anatomique avec ses sujets peu orthodoxes, avant d'arriver à la collection des oiseaux.

C'est au célèbre chirurgien Hunter que le muséum de Glasgow doit son existence et ses belles pièces anatomiques. Aussi est-il fort riche en monstruosités de toute espèce et en préparations d'une délicatesse extraordinaire : le cabinet de l'École de Médecine de Paris n'offre rien de plus parfait en ce genre. Au reste, si l'on excepte les travaux de Hunter, pas un seul squelette complet; pas un système d'organes n'est représenté, même en cire. On dirait que ce qui appartient au musée n'est que le fragment d'une riche collection échappée à quelque grand désastre. J'en exprimais mon étonnement au professeur Cooper : « Monsieur, me dit-il, on dissèque rarement en » Angleterre, et il n'est point aisé d'imiter avec » exactitude ce qu'on est forcé d'examiner furti- » vement. Il semble que les travaux anatomiques » soient ici une mauvaise action. Vous le voyez, » nous ne manquons pas de préjugés; mais qu'y » faire? on a beau vanter nos lumières, nous » avons plus de pitié pour les morts que pour les » vivans ».

La galerie d'histoire naturelle est riche en oiseaux et en coquillages, dont plusieurs manquent certainement à notre beau musée du Jardin des Plantes. La bibliothèque, grillée et disposée avec le plus grand soin, consiste surtout en livres de mathématiques et de physique; elle ne possède pas de manuscrit intéressant. J'ai vu sur une table, sous verre, une lettre de Wasinghton, et une autre de la main de Franklin, datée de Passy, 1784. Quels hommes! et quel empire ils ont fondé par leur courage et leur sagesse!

Nous avons eu beaucoup à nous louer dans cette longue visite, de l'infatigable complaisance du docteur Towers et des autres professeurs attachés à l'établissement. C'est une distinction honorable pour ceux qui cultivent les sciences et les arts, que de les trouver, presque partout, exempts de ces préjugés qui séparent et isolent les nations au détriment des individus, comme si les hommes n'avaient pas toujours quelque chose à gagner, en se communiquant leurs pensées, et en multipliant les rapports qui peuvent les unir et les éclairer. En rentrant dans la ville neuve par George street, le voyageur est conduit dans George square, où le patriotisme des habitans a élevé une statue de bronze au général Moore, tué en Espagne, sous les murs de la Corogne, pendant la première guerre de l'indépendance. Ce quartier est magnifique; toutes les rues sont coupées à angles droits, larges, aérées, ornées de larges trottoirs et de maisons d'un bel effet. Les églises, qui se montrent de tems en tems au débouché des rues, disposées avec symétrie, donnent une couleur toute orientale à la ville, par l'élégance svelte de leurs flèches : on les prendrait pour des minarets ou pour des obélisques. Leurs étages, formés de cubes superposés les uns aux autres, se perdent dans les airs par une dégradation insensible et pleine de hardiesse ; on serait tenté de croire qu'ils sont appuyés sur une tige mobile, tant leurs bases sont étroites et légères. Rien ne leur ressemble en Angleterre, et dans le reste de l'Écosse.

L'église catholique, citée comme un chef-d'œuvre de gothique moderne, est due au zèle pieux du petit nombre de catholiques établis à Glasgow. On m'a assuré, qu'à l'époque de sa construction, les partisans de cette religion, qui sont tous en général très-pauvres et très-misérables, se privaient du nécessaire pour remplir les souscriptions. Je ne sais si l'on trouverait une pareille ferveur en France ; mais on en peut conclure que le despotisme des religions dominantes donnera toujours de l'énergie aux religions persécutées.

L'esprit absorbé dans les réflexions douloureuses qu'inspire le souvenir ou le spectacle de l'intolérance, je suis arrivé sur les bords de la Clyde, par la rue de la Jamaïque. Du haut de *New-Bridge* (le Pont-Neuf), au-dessous duquel la rivière forme une petite cataracte, la vue est réellement enchanteresse, et l'on se sent une émotion nouvelle, plus vive, plus profonde que toutes celles qu'on a éprouvées. Le faubourg, situé sur la rive opposée, se déploie magnifiquement en arrière d'un quai, ou plutôt d'une large pelouse, souvent couverte de troupeaux, tandis que, près du quai voisin, une flotte innombrable de petits bâtimens se joue sur les eaux de la Clyde, déjà traversée par deux ponts. Le plus léger de ces deux ponts, ouvert seulement aux gens de pied, ressemble de loin à un arc-en-ciel; il est soutenu, comme par autant de cariatides, sur des têtes de pilotis, qui sortent un à un du sein de la rivière.

En arrière du pont, une immense pelouse, appelée *the green*, s'étend sur la rive droite de la Clyde. C'est au milieu de ce champ de verdure qu'on a construit l'obélisque de Nelson (1), frappé par la foudre en 1810, d'une manière si singulière, que le sommet du monument paraissait menacer de sa chûte les ouvriers qui tenteraient d'établir des échafaudages pour le relever. Il demeura dans cet état pendant dix ans, sans qu'on osât en approcher, et il n'a été réparé qu'en 1820. Son isolement lui donne un caractère très-imposant, auquel rien ne saurait être comparé, si ce

---

(1) Il a cent cinquante pieds d'élévation.

n'est peut-être celui du même monument situé sur Calton Hill, à Édimbourg. La Clyde, en coulant à deux cents pas de cette superbe colonne, ajoute encore à son effet tout le prestige de ses eaux. Il s'élève dans l'ame du spectateur un mouvement inexprimable d'admiration, lorsqu'il associe par la méditation ces idées de grandeur, de gloire et de simplicité champêtre, que font naître tour-à-tour l'aspect du monument, le souvenir du héros et la solitude du lieu.

La cathédrale seule (*High church*), dans un autre genre, réveille des émotions aussi sublimes. Elle est située presque hors de la ville, sur une éminence qui la domine tout entière; entourée de tombeaux, sans avenue, sans issue ou dégagement d'aucune espèce; on dirait qu'une fois entré, l'on n'en doit plus sortir, comme si le Dante eût écrit sur la porte : « Lasciate ogni speranza, » voi ch'entrate. » Ce bâtiment lugubre du douzième siècle se ressent encore de son origine féodale. De toutes parts, on n'y voit que des emblèmes funèbres, des inscriptions gravées par la douleur ou par l'orgueil, des pierres tumulaires, des colonnes de deuil, des sarcophages usés par le tems; ses murailles noires sont parsemées de larmes blanches, et son pavé tout couvert de vains noms, que l'indifférence des hommes dédaigne même de relire. Je ne connais pas de plus énergique avertissement de la fragilité des choses humaines. Les débris de huit siècles reposent dans ces murs ou près de leur enceinte, et tous les jours de nouveaux oubliés viennent rejoindre la foule de ceux dont on ne parle plus, et les pierres sont tellement pressées que l'œil peut les compter à peine! Il n'y a plus de place pour planter un seul arbre, pour cultiver une fleur, pour attacher une guirlande : il ne reste que du marbre, insensible comme la génération présente sur les générations passées....

La sombre majesté de ce temple accable l'imagination. Les vivans semblent l'avoir abandonné aux morts. On ne le répare plus; un liquide visqueux découle de ses murailles écorchées; une odeur semi-cadavéreuse infecte l'air qu'on y respire, et le jour douteux qui l'éclaire ressemble à la lueur d'une lampe sépulcrale. L'absence de l'orgue augmente la nudité de l'édifice et la tristesse du silence. Les voûtes latérales de la nef du centre soutiennent trois voûtes accouplées qui sont surchargées de quatre autres, et celles-ci s'enfoncent brusquement dans le cintre supérieur de la cathédrale, de manière à laisser croire qu'elle s'est affaissée sur elle-même, accablée par le poids des années. Je ne pourrai jamais peindre avec des mots le caractère pathétique de cette basilique presbytérienne; mais j'ose assurer que son aspect, joint aux souvenirs de l'histoire, inspire plus de véritables et de solides réflexions, sur le moyen âge de l'Écosse, que toutes les fictions des romanciers modernes.

La fantaisie nous ayant pris de monter jusqu'au sommet de la flèche, et de jouir du panorama de la ville, le premier objet qui nous a frappés est la fumée des manufactures, et malheureusement celui-là nous dérobait tous les autres : mais le vent, qui souffle ordinairement avec violence dans ces latitudes, a bientôt soulevé le voile, et la cité de Glasgow s'est développée devant nous sur un terrain inégal, enfoncé, dominé par quelques collines d'une hauteur médiocre : nous étions rentrés dans le domaine de la vie, pour me servir de l'expression d'un voyageur que je serai bientôt forcé de réfuter (1). De cette position élevée, rien n'échappait à nos regards, et M. Gray nous décrivait sa ville natale avec une complaisance et des détails qui honorent son cœur et ses talens. Je ne pouvais me lasser de contempler ce superbe tableau d'une des plus industrieuses villes de l'uni-

---

(1) M. Charles Nodier.

vers; et les tristes méditations sur le néant des choses de ce monde avaient fait place à des pensées plus consolantes, lorsque nous sommes descendus à l'Hôpital royal (*Royal infirmary*).

Cet hôpital, situé en face de la métropole, devrait plutôt s'appeler un palais; c'est un des plus beaux édifices de Glasgow. Mais l'intérieur ne répond point au luxe d'architecture qu'on admire au-dehors. Il semble n'avoir été construit que pour les yeux. On traverse une belle pelouse, un beau vestibule; on monte par de beaux escaliers, et l'on s'étonne de ne trouver que des lits malpropres, épars sans ordre dans des salles généralement trop basses; souvent un simple matelas sans paillasse; des draps suspects, et jamais de rideaux. Rien n'annonce une administration vigilante et régulière. Je ne sais de quelle manière se fait le service intérieur; mais ce que j'ai vu n'en donne pas une idée très-brillante. L'amphithéâtre d'opérations est situé dans la partie la plus élevée de l'hôpital; il est petit, étroit, et parfaitement éclairé. On devrait avoir plus de soin, ce me semble, d'enlever les caillots de sang qui restent sur le parquet ou sur les tables : la vue du sang produit toujours une impression fâcheuse sur l'esprit des malades, et il est dans les devoirs du médecin de dérober aux yeux des malheureux qui souffrent, les objets

CHAPITRE QUINZIÈME.

qui pourraient inutilement agraver leurs inquiétudes ou multiplier leurs répugnances. L'Hôpital royal de Glasgow n'est pas exempt de cet esprit d'ostentation, qui trop souvent désenchante l'admirateur le plus sincère. C'est un grand malheur, sans doute ; mais rien n'est parfait sur cette terre.

J'aime beaucoup la simplicité de ce convoi du pauvre que nous rencontrons dans Duke Street. Quatre hommes, très-décemment vêtus de noir, portent sur un brancard le cadavre recouvert d'un drap funèbre; les parens et les amis du défunt, également vêtus de noir, et tous d'une propreté parfaite, portant de larges crêpes à leurs chapeaux, et leurs chapeaux sur leurs têtes, suivent le corps en silence : il n'y a ni prêtres, ni chants, ni flambeaux, et cependant ce grouppe d'hommes en deuil n'est pas sans majesté. La simplicité convient dans les grandes circonstances de la vie humaine, surtout au moment suprême où l'homme entre dans l'éternité. De quoi servent ces psalmodies mercenaires dont la stupide indifférence ne dissimule point la monotonie? Pourquoi tous ces impôts sur la désolation des familles? La douleur d'un père, d'un fils ou d'un époux n'a-t-elle pas besoin, plutôt, du silence et de la solitude, quand la mort les réduit à la cruelle épreuve d'une séparation irrévocable?

CHAPITRE XVI.

ENVIRONS DE GLASGOW. — CHATEAU DE BOTHWELL. — PALAIS ET GALERIE DU DUC DE HAMILTON. — CATARACTES DE LA CLYDE. — ÉTABLISSEMENT DU NEW LANARK.

« ..... Lanark far o'erlooks the neighb'ring fields
And deep sunk wooded dells of winding Clyde. »
GRIND.

Nous avons repris la route de Lanark, pour visiter les cataractes de la Clyde et la galerie du duc de Hamilton. En remontant la rivière, le château de Bothwell, le doyen des châteaux écossais, nous a frappés d'étonnement par la singulière disposition de ses ruines rougeâtres; elles sont entretenues, dans leur pittoresque nudité, avec autant de vénération que les madones les plus lucratives de l'Italie. La pelouse, tout à l'entour, est verte, propre et tondue comme les boulingrins d'un *square :* elle s'étend jusqu'au bords de la Clyde, dont les eaux semblent se plaire à réfléchir des ruines. Quelques chênes énormes, presqu'aussi anciens que le château, s'élèvent sur le penchant de la colline, et couvrent de leurs immenses rameaux les allées du parc de lord Douglas. Mais cet amas de ruines, au milieu d'une propriété toute moderne, détruit le charme au point de laisser le spectateur sans émotion; il faut ne s'arrêter qu'un instant, et se hâter de fuir, si l'on veut conserver de Bothwell un souvenir digne de sa célébrité historique. Pour peu qu'on examine avec détail, le luxe aristocratique de ce domaine seigneurial éteint tout sentiment d'illusion ; on croit avoir vu une antiquité, et on ne se souvient plus que d'une vieillerie.

Le château de Chatellerault, assez près de celui de Bothwell, est un monument de la vanité des ducs de Hamilton. L'un de leurs ancêtres ayant possédé jadis en France une principauté de ce nom, ses successeurs ont voulu immortaliser le souvenir de cette jouissance féodale. Ils se sont avisés en 1730, après quatre ou cinq cents ans d'oubli, de bâtir un nouveau Chatellerault sur le plan de l'ancien, auquel personne ne songeait plus. Qui sait si quelque descendant de nos marquis de la Terre-Sainte ne fera pas construire un jour, sur les bords de la Seine, le château de Bethléem ou de Nazareth, en commémoration des exploits de ses aïeux? Indépendamment de Bothwell, les lords Douglas possédaient encore une habitation fort intéressante, qui n'existe plus, et dont les anciens voyageurs parlent tous avec éloge. On assure, dans le pays, que cette propriété fut brûlée par les soins d'une lady Douglas qui avait inutilement essayé de déterminer son époux à s'établir à la ville. On cite comme une preuve de sa participation à cet incendie, la précaution qu'elle avait prise, peu de jours avant le désastre, d'envoyer à Édimbourg sa vaisselle et ses objets les plus précieux. Voilà un château bâti, et un autre brûlé, dans des intentions bien philosophiques.

Le palais de Hamilton termine cette série de châteaux célèbres que la Clyde arrose de ses eaux. Son architecture est indigne du nom qu'il porte; mais sa situation au milieu d'un champ de gazon illimité, la beauté des arbres du parc, et son admirable horizon de montagnes, demandent grâce pour des défauts qui tiennent au goût du tems et du pays. La galerie de peinture a été vingt fois décrite et avec des opinions très-différentes (1). Elle renferme plusieurs objets de curiosité, espèces de reliques du moyen âge et des tems modernes, dont les Anglais se montrent fort avides. Ce qui nous a frappés davantage, nous Français,

---

(1) Voyez le *Voyage de Gilpin en Écosse,* et celui de *M. Simond en Angleterre.*

c'est le berceau de la reine Élisabeth, amie intéressée de Henri IV, et meurtrière jalouse de Marie Stuart (1). Ce petit lit antique, de forme carrée, avec ses quatre colonnes en bois d'ébène surmontées de pommes d'ivoire, transporte sur-le-champ le spectateur à trois siècles de distance; il se sent je ne sais quel besoin involontaire d'imprimer une secousse au berceau d'une des plus puissantes reines qui aient régné sur aucun peuple : mais ce mouvement d'orgueil est bientôt réprimé par la vue d'un autre objet exposé non loin de là, dans la même galerie. C'est le portrait en pied de Napoléon, par David. La ressemblance est étonnante. Le prince est debout, en uniforme, près d'une table de travail; il a passé la nuit; les bougies sont mourantes, la pendule marque quatre heures et demie du matin; la carte d'Europe est encore ouverte devant lui, ses yeux

---

(1) Par une circonstance singulière, le château de Hamilton, où le berceau d'Élisabeth est si religieusement conservé, servit d'asile à Marie Stuart après son évasion de la tour du lac Leven. Elle y fut accompagnée par lord Douglas, lord Leaton et par un ancêtre des ducs actuels de Hamilton. On sait comment la bataille de Langside mit fin aux espérances de cette malheureuse princesse, et la haine d'Élisabeth, à ses jours.

sont fatigués de la mesurer.... et aujourd'hui, il est enterré au pied d'un saule, en Afrique. Ces deux grandes destinées ont quelque chose de si éclatant et de si sombre à la fois, que la pensée humaine en est déconcertée. On est forcé de se recueillir en soi-même, et de s'orienter au hasard comme ceux qui passent tout à coup d'une vive lumière dans une obscurité profonde; car de semblables phénomènes dépassent la portée de notre intelligence. Aussi, les autres sujets de la galerie perdent-ils leur charme devant ces brillantes images : le Daniel dans la fosse aux lions, de Rubens, les portraits de Vandyck et les tableaux d'église du Poussin ne sont plus que de vulgaires ouvrages dont nous laissons l'analyse aux connaisseurs. On est pressé d'ailleurs de se soustraire à l'effrayante volubilité d'élocution de la femme qui est chargée d'énumérer tous ces chefs-d'œuvre : elle ne fait grâce d'aucun détail, d'aucun nom, d'aucune draperie; et si dans ce déluge de mots l'esprit a pu trouver le sujet de quelques réflexions, une nouvelle énumération le ramène à d'autres pensées, ou plutôt le fatigue sans profit.

Le duc de Hamilton habite rarement son palais. Ce seigneur, dont les manières et la politesse sont toutes françaises, semble avoir adopté la France pour patrie, et Paris pour séjour habituel.

Ses enfans parlent notre langue, et les Anglais, mécontens de la partialité de leur père pour un pays rival, l'accusent, sans doute avec un peu d'aigreur, d'avoir oublié la sienne. C'est un crime de lèse-patrie à leurs yeux que de fuir les brouillards du comté de Lanark pour les rives plaisantes de la Seine. Mais, de bonne foi, peut-on exiger qu'un propriétaire aussi riche que le duc de Hamilton consente à s'enfermer dans un château isolé, au lieu de vivre au sein de la capitale de tous les plaisirs! où sont les hommes capables d'un tel patriotisme? Personne ne doute que les beautés de l'Ecosse ne soient très-pittoresques; cependant en hiver elles ont trop de ressemblance avec celles de la Russie, pour être préférées aux charmes de la société de Paris. Il faut être jeune pour se plaire au spectacle souvent triste et sévère des solitudes écossaises : la jeunesse aime à rêver, mais l'âge mûr cherche les distractions.

Depuis le village de Hamilton, patrie de l'illustre médecin Cullen, jusqu'à Lanark, théâtre des premiers exploits de Wallace, la Clyde ne doit plus qu'à elle-même l'attrait qui conduit le voyageur sur ses rives; les châteaux on fait place à des habitations plus modestes, à des usines, à des fermes, à des manufactures ; et la rivière, au lieu de couler comme à Bothwell sur un fond de roche, se précipite en cataractes immenses. La vallée devient plus profonde et plus sauvage ; la route, tracée à mi-côte, est ombragée par de grands arbres, arrosée par des milliers de ruisseaux qui descendent en murmurant dans l'abîme de la Clyde. Lorsqu'on pénètre dans les larges sillons que leur lit a creusés, la voûte céleste paraît s'élever brusquement, telle qu'on la voit du fond d'un puits ou d'une mine ; l'horizon décroît tout à coup et s'obscurcit ; et cette illusion rappelle la sombre horreur des bois sacrés. A Lanark, où nous avons éprouvé quelques difficultés pour trouver des chevaux, à cause du dimanche, la belle vue des montagnes nous est rendue ; nous planons sur tout le cours de la rivière, après avoir lentement parcouru une longue spirale qui mène au sommet du plateau. Cette portion de route ressemble à l'escalier d'une tour gothique : on ne cesse de tourner sur soi-même sans rien voir, jusqu'à ce qu'on parvienne sur le faîte, d'où l'on voit tout. A peine attelés, les chevaux nous ont emportés à deux milles de la ville, dans un sentier connu de *maint touriste*, et nous avons mis pied à terre. Le tems était pluvieux, le sol humide : nous rencontrions avec étonnement des Ecossaises fraîches et robustes, marchant nus-pieds sur le gazon, avec un parapluie, un chapeau de paille ou d'étoffe, et des gants. Elles allaient à l'office à Lanark : chacune d'elles portait son livre de prières sous le bras, selon l'usage du pays, circonstance qui aura sans doute échappé à M. Charles Nodier pendant sa *promenade en Écosse*, lorsqu'il a cru s'apercevoir que, dans ce pays, presque *personne ne savait lire* (1).

Mais déjà un bruit lointain s'entend dans la vallée; ce bruit augmente, et semble venir d'un souterrain : nous approchons de Stonebyres, la première chûte de la Clyde. A travers une forêt d'ormes, de noyers et de chênes, et par un chemin hérissé de genêts et de buis, nos guides nous conduisent au bord du précipice, le plus beau précipice du monde. Un nuage d'écume blanchâtre s'élève au-dessus de lui, et tout à coup la cataracte elle-même, jaune et semblable à de la limonade, s'élance comme un trait. Au premier aspect, on recule d'effroi; l'œil ose à peine sonder cette immense profondeur; mais peu à peu on s'avance, on examine, on se familiarise, et l'admiration ne se lasse pas un instant. M. Gray parle d'une

---

(1) Voyez cet ouvrage, page 154. Le même auteur prétend que presque tout le monde, en Écosse, a eu la petite-vérole. Nous verrons, plus bas, ce qu'il faut penser de cette assertion, qui sera démentie par des faits positifs.

seconde et d'une troisième cataractes; la dernière surtout, *corra-lyn*, l'emporte sur les autres par ses magnifiques dépendances. En effet, le paysage reprend de la sévérité; les sapins se mêlent parmi les ormes et les frênes; la couleur des bois se rembrunit, les rochers sont plus noirs, et leurs saillies plus prononcées, le bruit devient plus sourd et plus terrible; prolongé par l'écho des montagnes, il imite les roulemens du tonnerre; il fait trembler le sol où nous marchons, et nos voix ne sont plus entendues. Un sentier frayé par des enfans et des curieux couronne la crête de cet abîme : le vent y pousse avec violence des floccons écumeux qui se jouent dans les airs comme la neige; et derrière eux, une masse énorme, lisse, brillante, s'élance avec la rapidité de l'éclair; c'est la Clyde. Son lit est très-étroit dans cette partie, et l'on dirait qu'elle se resserre pour jaillir avec plus de force : aussi passe-t-elle plus prompte que la foudre. Une branche que nous avons jetée sur l'eau dans ce trajet, a disparu sur-le-champ à nos yeux. La rivière se développe alors comme une gerbe sur le rocher inférieur, qui la rejette écumante et furieuse au fond de la vallée. C'est là que la nature a creusé un bassin pour la recevoir : il est de forme circulaire, et ses bords sont taillés à la hauteur de cent cinquante pieds. Des frênes attachés au rocher laissent pendre leurs branches au-dessus de ce cratère d'où s'exhalent sans cesse des nuages de vapeur; tandis que les chênes, plus vigoureux, avancent leurs rameaux de chaque rive, et forment sur la Clyde un berceau de verdure.

Les heures s'écoulent aussi rapides que les eaux devant cet admirable spectacle. On n'en peut plus détacher ses regards, dès qu'une fois ils y sont fixés; on veut descendre jusqu'au fond du cratère, le danger n'est compté pour rien; on se confie au plus léger buisson, et l'un de nous a manqué payer de la vie cette excusable témérité. Un instant, j'ai cru le voir englouti pour jamais dans le gouffre de Rob-Roy, et suspendu comme lui aux fragiles tiges d'un lierre, j'ai senti que mes genoux tremblans se dérobaient sous moi. Nous nous sommes soutenus par une sorte d'instinct machinal, et ce n'est qu'en arrivant au lit de la rivière que nous avons pu mesurer de sang-froid toute la profondeur de cet abîme. Les crêtes des deux rochers nous ont paru s'incliner l'une vers l'autre, et les vieux sapins qui les couronnent, leur donnaient une physionomie singulièrement originale. Le propriétaire de la cataracte a fait bâtir un petit observatoire assis sur la pente du roc : on y déjeûne en présence de la Clyde, dont l'image, réfléchie par des glaces, produit la plus étonnante illusion; et ce raffinement est un charme de plus, dans un lieu dont les beautés sauvages semblent fuir la civilisation.

M. Gray partageait nos sentimens. Moins imprudent que nous, il s'était arrêté au sommet du précipice, et contemplait la belle Corra-lyn en silence. Je l'examinais comme lui avec une curiosité insatiable, satisfait d'éprouver des émotions que la jouissance n'altère point, et de sentir que ces émotions viennent du cœur. C'est le cœur qui nous rend sensibles aux beautés de la nature, et qui, selon le lord Kaims, leur imprime ce caractère de grandeur ordinairement si rare ou si peu durable dans les passions. Plus on revoit une scène majestueuse, plus on éprouve d'admiration pour elle; et, quoique cette impression vive dispose ordinairement à la gaîté, j'avoue qu'il s'y mêle toujours un sentiment de tristesse indéfinissable, et pourtant agréable. Il pleuvait. Il a fallu remonter en voiture, et rentrer dans Lanark sans pouvoir visiter encore, à cause du dimanche, l'établissement du philantrope Owen au New-Lanark. L'histoire de cette fondation manufacturière est assez généralement connue pour qu'il suffise de l'indiquer. On sait avec quelle rare promptitude elle a prospéré; plus de quatre mille ouvriers y ont trouvé du travail et des moyens d'instruction; la morale y est prêchée sans appareil et sans terreurs : elle a porté ses fruits. Une simple filature de coton est devenue en peu d'années le centre d'une ville de commerce, qui sera peut-être un jour la rivale de Glasgow. Sa situation est des plus heureuses, la Clyde coule au pied de ses murs; le charbon de terre sort des mines qui l'entourent, et sa route, une des plus belles de l'Écosse, conduit à Édimbourg, à Carlisle, à Kendal et à Lancaster. La façade des bâtimens est colossale. On la voit, sur la rive opposée, se déployer dans tous les sens par quatre étages de vingt-cinq fenêtres, ce qui donne un ensemble de quatre cents fenêtres pour chaque corps-de-logis isolé. Les manufactures de la vallée de Darnétal et de Déville dans notre département de la Seine-Inférieure, quoique peut-être plus avantageusement situées, n'approchent pas de cette magnificence : mais on pourra tout espérer du patriotisme de nos fabricans, lorsque le système des douanes et des prohibitions aura été modifié d'une manière plus conforme aux progrès des arts et aux véritables intérêts des nations.

CHAPITRE XVII.

SÉJOUR A CARNTYNE. — JOURNAUX ANGLAIS. — DINERS. — BOXEURS. — VARIÉTÉS SUR LA VILLE DE GLASGOW. — MINES DE CHARBON.

« Giusto è che un re non sol, ma che s'onori
Ciò che appartiengli e ciò ch' egli mangia e bee,
Ciò che ha indosso e d'intorno, e dentro e fuori,
Ciò che v'entra e che n'esce, e uscir ne dee. »

CASTI.

Tous les voyageurs qui ont séjourné quelque tems en Écosse, se souviennent avec reconnaissance de l'hospitalité qu'ils y ont reçue. Habitués à la politesse stérile de nos contrées méridionales, la noble et affectueuse simplicité des Écossais a dû les toucher profondément. Pour nous, le souvenir de Carntyne sera toujours au rang de nos plus doux souvenirs. Un vieillard vénérable, accablé par l'âge et les chagrins, devenu tout à coup actif et gai pour recevoir de jeunes hôtes; cet air de fête qui a régné dans un château solitaire, à l'arrivée de deux Français; ces tendres soins prodigués avec une sollicitude de tous les momens, ont laissé dans nos cœurs une impression qui ne s'effacera jamais. Il semblait que nous fussions, aux yeux de M. Gray, comme des enfans attendus au foyer paternel, après une expédition lointaine. Son sourire encourageait toutes nos observations, approuvait tous nos projets et jusqu'à nos étourderies. Il voulait, disait-il, nous familiariser avec le wisky, et le gâteau national écossais; il partageait à pied quelques-unes de nos promenades, et mêlait toujours des réflexions d'un grand sens à la vivacité de nos discussions. Sa tolérance me semblait principalement admirable. Il parlait sans passion de tout ce qui agite les hommes au tems où nous vivons, et cependant il était facile de s'apercevoir que son ame était tendre et passionnée. Le tems et l'expérience avaient formé sa philosophie : le malheur y avait ajouté la bienveillance.

Nous vivions heureux près de lui comme on vit au sein de sa famille; et quelquefois dans les soirées, qui sont toujours longues en Ecosse, nous parcourions les ouvrages des grands écrivains de la nation. Parmi eux, le poète Robert Burns (1),

---

(1) Les Français versés dans la littérature anglaise liront avec intérêt son épitaphe :

Consign'd to earth, here rests the lifeless clay,
Which once a vital spark from heav'n inspir'd :
The lamp of genius shone full bright its day,
Then left the world to mourn its light retir'd.
   While shines that splendid orb that gilds the spheres,
While mountain streams descend to swell the main,
While changeful seasons mark the rolling years,
Thy fame, o Burns ! let Scotia still retain.

mort dans l'indigence à Dumfries en 1796, marche l'égal des auteurs les plus célèbres. Son style harmonieux et simple est empreint de cette mélancolie naturelle au malheur, et mêlé de locutions écossaises qui le rendent cher au pays, mais difficile aux étrangers. Robert Burns a chanté les plaisirs des bergers, les beautés de l'Écosse, les infortunes de Marie Stuart, que ses concitoyens appellent encore la reine Marie (*the queen Mary*) comme si elle était présente, et que 250 ans n'eussent point passé sur sa tombe. Après lui Walter Scott occupe le premier rang dans toutes les bibliothèques, ou plutôt il le partage ; comment les Écossais seraient-ils insensibles à l'historien de Waverley, des Puritains, de Robroy, de la dame du Lac et de la prison d'Édimbourg ? Les poésies de lord Byron ne sont pas élevées au rang de ces créations patriotiques ; soit préjugé national, soit répugnance honorable de la part de ces hommes scrupuleux, à reconnaître le talent où l'on a pu contester la vertu (1).

J'ai eu l'occasion de parcourir également des ouvrages d'un autre genre, des relations, des journaux, des brochures, qui sont presque tou-

---

(1) La mort de lord Byron, qui jette un si grand éclat sur sa vie, dissipera, sans doute, ces préventions.

jours l'expression de la société, et dont on peut tirer, ce me semble, quelques conséquences pour ou contre le caractère d'une nation. Le plus plaisant de tous, et il était à sa troisième édition, renfermait l'histoire du voyage de George IV, en Écosse, vers la fin de 1821. On sait avec quelle grotesque exactitude les cérémonies du couronnement de ce prince ont été racontées à l'Europe, au moment où la décence publique venait d'être si maladroitement offensée par les détails du procès de la reine : mais on n'avait point égalé en bouffonnerie l'histoire très-sérieuse du *Voyage en Écosse*. Cet écrit, imprimé à Édimbourg, chez Oliver et Boyd, et tiré à plus de dix mille exemplaires, a été dévoré avec une avidité vraiment surprenante. Les éditeurs y ont joint une carte très-étendue, représentant le plan de la salle dans laquelle les magistrats d'Édimbourg régalèrent sa gracieuse Majesté (*his gracious Majesty*). La place du prince, de chaque plat et de chaque convive est exactement indiquée dans ce chef-d'œuvre de topographie gastronomique; je l'ai examiné avec le plus grand soin, et peut-être mes lecteurs me sauront gré de leur en donner une idée.

Le roi d'Angleterre se trouvait un peu plus élevé que les autres convives, à la partie convexe du fer à cheval; à sa droite, on avait placé un *potage à la Reine* et un *sauté de grouses aux truffes;* à sa gauche, un plat de boudins également *à la Reine,* et des *escalopes de poulets à l'essence* (1). Plus loin, et toutefois à peu de distance de sa Majesté, s'élevaient des *choux-fleurs à la Béchamel,* et une *grouse braisée avec une sauce à la Macédoine.* Vers la fin du repas, on entonna des chants patriotiques, *le God save the King* et le *Rule Britannia :* le roi, qui avait paru boire, *avec une bienveillance spéciale,* du vin de Champagne et de Constance, se leva, chanta et battit la mesure, en frappant des pieds et des mains, *de la manière la plus gracieuse.* Après le dîner, il y eut bal et présentation. Ici, le croira-t-on, l'auteur a consacré près de quarante pages in-8° petit-texte, à la description du costume de toutes les dames, en les désignant par leurs noms et prénoms. On pourra juger du talent d'observation répandu dans cet ouvrage par une seule citation :

« *Lady Margaret Grant of Grant.* — Elle por-
» tait une toque richement bordée d'or et sur-
» montée de plumes disposées de manière à for-
» mer un superbe panache; sur le devant, un

---

(1) Je déclare que les noms de ces plats sont textuellement extraits de l'ouvrage; et je dois ajouter, pour l'honneur de la cuisine française, qu'ils étaient écrits en toutes lettres, en *français,* sur la carte gastronomique citée.

» ornement de bijoux d'Écosse, d'une couleur
» analogue aux garnitures d'or de l'habillement;
» un *jupon* richement brodé en lames d'or, avec
» des rouleaux de satin blanc, couverts de filets
» et de paillettes d'or; le *corps* et les manches
» brodés en lames d'or et garnis d'une guirlande
» d'or; la robe satin vert-pré, doublée de satin
» blanc, magnifiquement ornée d'une guirlande
» et de glands en or; *un tour de gorge*, et des man-
» chettes doubles en superbe point de Bruxelles,
» des bracelets, des chaînes, des agraffes, des col-
» liers, des boucles d'oreilles ornées de riches
» pierres écossaises; le tout monté sur or. »

Telle est la complaisance du peuple anglais, de ce peuple sérieux, libre et fier, que de pareils détails ont trouvé grâce devant lui. Les journaux ne le cèdent point aux brochures. Les querelles de ménage et les combats de boxeurs y sont rapportés avec une fidélité scrupuleuse. Une des feuilles de Liverpool contenait la description d'un combat de ce genre, partagée en plusieurs sections : la première était consacrée aux coups de poing sur l'œil; la seconde aux contusions sur la mâchoire, la troisième aux blessures faites sur le nez. Quatre ou cinq sections forment une espèce d'acte, après lequel les spectateurs se reposent, et le plus maltraité des boxeurs se frotte, s'il y a lieu, les tempes avec du vinaigre. Bientôt les athlètes sont aux prises; le second acte commence; mais il finit à la première scène, attendu que l'un des combattans a reçu dès l'abord un violent coup de poing dans la poitrine, et s'est évanoui. Les témoins exigent alors une suspension d'armes, afin que la lutte continue avec loyauté.

Au troisième acte, on peut supposer, à cause de la faiblesse du champion renversé, que le dénoûment approche. Mais, soit colère, ou feinte, comme l'illustre frère des Horaces, soit par un sentiment d'honneur, comme le pensent les juges du camp, le combattant à demi vaincu s'élance sur son adversaire, la tête basse et portée en avant, et il l'atteint si rudement à l'extrémité inférieure de la poitrine, que dans toute la foule on crie victoire. Les parieurs déconcertés se regardent, et le peuple-roi attend avec impatience le signal d'une nouvelle attaque, lorsque le malheureux athlète, à peine remis du coup, se précipite rouge de sang et de colère, enveloppe son rival de ses bras nerveux, et le force à demander grâce. On applaudit à cette superbe péripétie, on frappe des pieds, l'air retentit de cris de joie; on annonce que le vainqueur est né à Salisbury, et la pièce finit au quatrième acte; les Anglais, comme on sait, n'ayant pas sur l'art dramatique les principes d'Horace et de Boileau.

Une autre fois, c'est l'effroyable tableau d'une

famille assassinée, avec des circonstances capables d'émouvoir les cœurs les plus insensibles. On a soin d'imprimer ces horreurs en gros caractères, et de les terminer par trois ou quatre points d'exclamation.

M. Brougham, membre du Parlement, si connu par sa défense de la reine, est venu à Glasgow pendant notre séjour. On lui a offert un dîner de cérémonie, auquel se trouvaient plus de trois cents souscripteurs; plusieurs toasts ont été portés. Le lendemain, tous les journaux ont raconté le dîner, dont la description occupait quatre énormes colonnes; et, ces détails n'ayant pas paru suffisans, on imagina de publier, quelques jours après, un long supplément que j'ai vu affiché dans les rues. Ces faiblesses prouvent que les peuples les plus éclairés ont leurs ridicules, comme les plus ignorans; comme les Espagnols ont leur *baise-mains*, comme nous avons des *petits-levers* et des *grands-couchers*.

Cependant au milieu de ces livres ou de ces articles absurdes, on rencontre souvent des écrits d'une grande sagesse, des recherches d'une profonde sagacité. La statistique, cette branche importante de l'économie politique, qui représente en quelque sorte l'état civil des nations, a été cultivée avec succès par plusieurs Écossais. M. James

Cleland, directeur des travaux publics de Glasgow, a publié à ce sujet des tables qui pourraient servir de modèle parmi nous. Les mouvemens de de la population, les naissances et les décès, les maladies régnantes, les progrès des arts, les inventions utiles, y sont présentés avec ordre et exactitude. Le lecteur y trouve sur-le-champ et sans effort, la solution de toutes les questions qui intéressent la prospérité publique. Il apprend que dans une ville où M. Charles Nodier a cru voir tous les visages ravagés par la petite-vérole, le nombre des enfans au-dessous de dix ans morts de cette maladie, n'avait été que de vingt-huit en 1810, sur une population qui s'élevait alors à cent dix mille quatre cent soixante ames; et, qu'en 1817, dans un pays, où selon le même voyageur, *presque personne ne sait lire*, on comptait à Glasgow seulement, cent quarante-quatre établissemens d'instruction publique, ouverts à seize mille sept cent quatre-vingt-dix-neuf étudians de toutes les classes.

M. Cleland a présenté un résumé des délits commis à Glasgow pendant le mois de janvier 1821, et passibles de simples peines correctionnelles ou municipales. Ce tableau peut faire juger des mœurs et des habitudes d'une grande ville avec plus de certitude que des récits trop souvent défigurés.

On s'étonnerait en France, par exemple, de voir un watchman (un homme de la police) puni pour avoir été *insolent* dans ses fonctions; quinze marchands condamnés pour avoir laissé leurs magasins ouverts jusqu'à une heure du matin, dans la nuit du samedi au dimanche; et soixante-neuf ivrognes pour avoir été ramassés dans les rues; mais ces petites circonstances caractérisent un peuple, des lois, une administration tout entière, et dès-lors elles ne sont pas à dédaigner.

On trouve encore dans les tables statistiques de M. Cleland une observation fort remarquable du docteur Robert Watt, au sujet de la vaccine. Pendant trente ans, à dater de 1783, ce médecin a fait un relevé des enfans morts de la petite-vérole et de ceux qui ont succombé à la rougeole, d'où il résulte que pendant les sept années qui précédèrent l'introduction de la vaccine, il ne périt pas moins de deux mille cent quatre enfans de la première de ces maladies, et seulement deux cent dix-sept de la seconde; tandis que dans la période de sept ans qui a suivi la vaccine, sept cent quatre-vingt-quinze seulement moururent de la petite-vérole, et onze cent quatre-vingt-dix-huit de la rougeole. On a cru pouvoir en conclure que l'intensité de l'une de ces affections avait augmenté en raison inverse de l'autre; mais cette conséquence admissible peut-être à Glasgow par des considérations tirées du climat ou des habitudes, n'a pas été confirmée par l'expérience dans le reste de l'Europe, et ne peut servir d'argument aux adversaires de la vaccine. J'ai cité seulement l'observation du docteur Watt pour faire voir qu'en Angleterre, dans toutes les professions, chaque citoyen ne se borne point aux détails du moment et de l'économie privée, mais qu'il rattache continuellement son instruction et ses moyens à l'intérêt de la patrie et au bien de l'humanité.

On sait l'innombrable quantité de mines de charbon qui entourent la ville de Glasgow; ce sont elles qui fournissent des alimens à la combustion perpétuelle dont cette ville est le foyer principal. Une population immense habite ces demeures souterraines, source de tant de richesses et de prospérité. Pour la connaître, il faut l'aller trouver chez elle, et descendre dans les mines (*coal pit*). Ce voyage exige une toilette particulière. On est obligé de s'envelopper la tête comme un turc, de s'affubler d'une large veste de bure écossaise, et de recouvrir ses jambes, déjà vêtues, d'une paire de bas de laine imperméables, afin d'échapper à l'eau, qui s'élève quelquefois à un pied dans les galeries. Le puits est ordinairement creusé sur quatre faces, à une profondeur qui varie depuis trois cents jusqu'à dix-huit cents pieds (1). On y descend dans des paniers carrés, suspendus à un cylindre horizontal, mis en mouvement par des chevaux, au moyen de roues et de poulies de renvoi. Chaque voyageur est armé d'une torche, et ne se sent pas transporté sans quelque surprise dans les entrailles de la terre, avec une aussi incroyable rapidité. A moitié chemin, nous avons rencontré un premier étage ; tous les mineurs étaient rangés en ligne à l'ouverture de la galerie ; ils tenaient à la main leurs pointerolles, et portaient sur le milieu du front, suspendue à la visière de leurs casques aplatis, une petite lampe, qu'avec un peu d'imagination on pourrait comparer à l'œil des Cyclopes, ou aux aigrettes scintillantes des diables de Milton. Ils nous ont salués de trois acclamations, auxquelles on a l'habitude de répondre par des shellings, et ils criaient encore, lorsque nous avons mis pied à terre à quatre cents pieds, environ, au-dessous du niveau de la Clyde.

C'est là que nous avons trouvé le corps d'armée.

---

(1) Les fameuses mines de Sunderland près de New-Castle, descendent jusqu'à 1900 pieds au-dessous de la mer, dont le murmure s'entend, dit-on, dans ces cavités.

Les travailleurs, après le salut d'usage, se sont rendus à leurs postes respectifs, au premier commandement du maître mineur. Nous avon remarqué parmi eux beaucoup de jeunes gens, et surtout un grand nombre d'enfans de l'âge de dix à quinze ans. Ils n'ont pour tout vêtement qu'une pièce de cuir ou une peau de mouton qui s'attache à la ceinture, et ne tombe pas au-dessous du genou ; les bras, les jambes et une partie de la poitrine restent à découvert. A peine ils étaient à l'ouvrage, que, de toutes parts, nous avons vu arriver des cargaisons de charbon sur de petites voitures à quatre roues, traînées par les enfans ; dans un instant, celles-ci étaient dételées, vidées, et les paniers s'élevaient, avec une étonnante régularité, jusqu'à l'ouverture de la mine. Pendant ce tems, nous entendions retentir dans le fond des galeries les coups mesurés de plus de cent marteaux ; les masses de houille, attaquées dans tous les sens, se détachaient avec des craquemens affreux de leurs couches basaltiques. — La plupart des ouvriers sont obligés de se tenir assis pendant toute la durée du travail, à cause du peu d'élévation des tranchées, souvent très-difficiles à poursuivre entre deux masses de rochers. Les galeries de roulage sont armées dans toute leur étendue de deux tiges de fer parallèles, qui tiennent lieu de pavé aux voitures. Les eaux, quoiqu'il en reste toujours assez pour nuire à la santé des mineurs, sortent à grands flots du foyer des travaux, au moyen d'une pompe à feu de la force de vingt-cinq chevaux. La lampe de sûreté, due au génie de Davy, n'est employée que dans les fouilles dangereuses, où l'action des ventilateurs n'est pas suffisamment établie.

C'est un spectacle imposant et bizarre que celui des galeries d'une mine. Ces cyclopes, qui vont et qui viennent, éclairés par la mêche qui brûle sur leur front; ces enfans tout noirs, tout nus et bien portans, ces hommes ensevelis pendant une partie de leur vie, inspirent des émotions qu'on ne retrouve que dans les catacombes. Au-dessus d'eux, il n'y a point de voûte, mais un rocher noirâtre, distillant un liquide épais, semblable à du goudron: on ne sait sur quoi ce rocher est appuyé, et les réflexions qu'on peut faire en ce lieu, sur les règles de la statique, ne sont pas de nature à rassurer le voyageur. Les détours continuels des galeries, qui se croisent, forment un véritable labyrinthe, dans lequel on est souvent obligé de marcher sur ses mains, à la façon des quadrupèdes; et, lorsque enfin, revenu à la nacelle, on se dispose à remonter vers la lumière, la force d'ascension est si vive, qu'on se croit lancé comme un projectile. — Les travailleurs reçoivent quatre shellings par jour.

CHAPITRE XVIII.

VOYAGE A DUNBARTON. — COURS DE LA CLYDE. — EMBOUCHURE DE LA LEVEN. — SOIRÉE AU CHATEAU DE COCHMEY. — CLAIR DE LUNE.

> « Je lègue l'opprobre de ma mort à la maison régnante d'Angleterre. »
> *Napoléon.*

La Clyde, à quelques milles de Glasgow, se développe avec toute la majesté d'un bras de mer. Ses bords cessent d'être escarpés et sauvages, comme aux environs de Lanark : elle commence à appartenir tout entière à la civilisation. Des flottes nombreuses en sillonnent jour et nuit les eaux limpides, et ce mouvement n'est interrompu que dans la saison des glaces.

Il y a quelque chose de bien poétique dans l'atmosphère qui plane sur cette belle rivière. On voit quelquefois se former à l'horizon de gros nuages d'un blanc pâle, séparés par de légères couches rougeâtres; insensiblement ils s'avancent en se précipitant les uns sur les autres, et ils couvrent toute l'étendue du ciel. Tantôt des points très-noirs paraissent comme des îles au milieu des masses blanches ; tantôt ces masses elles-mêmes prennent une teinte azurée, et se balancent sur la Clyde sous mille formes bizarres, réellement comparables à des êtres animés. Je ne m'étonne point que la mythologie d'Ossian ait pris naissance dans cette contrée pittoresque ; rien n'agit plus singulièrement sur les ames, que l'aspect sans cesse varié des atmosphères de l'Écosse. Je dis singulièrement, faute de trouver une expression qui rende plus exactement ma pensée. Ce n'est point, en effet, une émotion vive ou tendre que ces changemens continuels de décoration inspirent au spectateur ; c'est plutôt un sentiment d'étonnement et de surprise. Il n'est pas invraisemblable qu'un peuple doué de beaucoup d'imagination, à force d'observer ces régions aériennes, leur ait supposé une destination conforme à ses sentimens, en les assignant pour séjour aux mânes de ses aïeux. Peut-être alors devons-nous aux brouillards de la Clyde les beaux chants d'Ossian et les célestes figures de ses vierges, créées par le génie de Girodet.

Tout est magique pour le voyageur sur ces rives fertiles. Tandis que ses regards se perdent sur le cours de la rivière, à sa droite, presqu'au sommet des collines, il aperçoit avec admiration des vaisseaux élevés de plus de cent cinquante pieds au-dessus de sa tête. Leurs voiles blanches, gonflées par le vent, semblent voler au milieu des sapins épars çà et là près des bords du canal qui unit le Forth à la Clyde, la mer du Nord à celle d'Irlande : ce canal, qui passe au-dessus de plusieurs vallées, quelquefois sur des aqueducs de 2 et 300 pieds de longueur, porte des bâtimens larges de 15 à 20 pieds, et tirant plus de 8 pieds d'eau. Il se décharge dans la Clyde près de Dunbarton, après avoir arrosé trente-cinq milles de pays.

Le château de Dunbarton est le plus effroyable manoir qui soit sorti des mains de la tyrannie du moyen âge. Assis sur les deux cimes inégales d'un rocher, qui s'élève en pain de sucre au milieu de la rivière, et séparé en deux places fortes par un précipice de 150 pieds, rien ne lui a manqué de ce qui pouvait inspirer aux peuples une terreur profonde. Sa fondation remonte aux tems de Wallace, qui fit bâtir la fameuse tour carrée, située dans l'intervalle des deux rochers. C'est là qu'on résolut un instant d'enfermer Napoléon. Tout le monde sait que, lorsque la Sainte-Alliance, depuis vingt ans en travail, eut accouché d'une victoire, effrayée de son prisonnier, elle se hâta de le confier aux Anglais : ceux-ci avaient songé d'abord à l'enterrer tout vif à Dunbarton ; mais ils réfléchirent que sa présence gênerait la navigation de la Clyde, et, comme il eût été odieux de le tuer en Europe, on trouva plus commode de le faire mourir en Afrique. Nous avons su, depuis, quelle terrible conformité régnait entre Dunbarton et Sainte-Hélène!

Une petite chaussée, quelquefois submergée par la rivière, rattache le fort au continent. Au midi, plongeant sur le cours de la Clyde, on aperçoit des batteries, et, à travers leurs embrasures, les habits rouges des Écossais, qui les défendent seulement, je pense, des injures du tems. Ces vieux créneaux, bâtis pour un autre siècle, forment un contraste aussi frappant avec le costume moderne des soldats, que le nom de Wallace avec celui de Napoléon. — Quelles pensées seraient donc venues assaillir cet illustre captif, lorsqu'il aurait mesuré du regard les champs parcourus par Wallace, et que le vent d'Irlande lui aurait apporté les grandes images des enfans d'Ossian!

On peut bien pardonner à un Français d'avoir un moment arrêté ses pas devant une forteresse destinée à devenir célèbre dans l'histoire de son pays. Et puis, ce rocher basaltique était le Balclutha d'Ossian; de là, peut-être, les ames des héros s'élançaient dans le sein des nuages; de là, par un attrait plein de douceur encore, elles veillaient au salut de leur patrie. Je l'avoue, j'aime cet élysée de la Calédonie; je le préfère à celui des anciens. On n'y descend point par une affreuse ouverture; il n'y a ni Styx, ni Cocyte à traverser, ni barque fatale à passer avec Caron : tout y fait naître, au contraire, des idées riantes; ces harpes, ces vierges, ces doux balancemens au milieu des nuages, ce soleil d'automne qui les éclaire, et jusqu'au frémissement du vent qui les agite : il semble que l'homme prenne son vol vers la divinité. Et qu'y a-t-il de plus séduisant dans l'avenir, que l'espoir de protéger encore du haut des cieux les amis qu'on a laissés sur la terre!

La Leven, fille du lac Lomond, selon l'expression du poète Smollett, enterré sur ses bords, se jette dans la Clyde au pied du fort de Dunbarton. Cette jolie petite rivière a souvent été comparée au Cydnus à cause de la pureté de ses eaux et de la fraîcheur dangereuse de ses ombrages.

La terre est ici plus boisée que les environs de Lanark, et même que ceux d'Édimbourg. Les collines sont plus pittoresques; leurs formes ne sont point arrondies et couvertes de lichens, comme dans le reste de l'Écosse; elles présentent des saillies nues, irrégulières, tranchantes. Le sol paraît avoir été travaillé par des volcans; j'ai même retrouvé des corniches et des chapiteaux métal-

çans, entièrement semblables aux magnifiques perspectives des Alpes maritimes. Cependant, la route est toujours praticable, toujours unie, toujours belle : heureuse et singulière destinée de ce pays, de posséder à la fois les beautés des Alpes, les routes de l'Angleterre et la navigation de la Clyde! Et quels prodiges ne devons-nous pas attendre d'un peuple simple, industrieux et éclairé, quand il a reçu de la nature d'aussi grands avantages! C'est à un Écossais, M. Henri Bell, qu'on doit l'introduction des bateaux à vapeur en Europe. Le premier qui fut lancé avec succès, en 1812, se nommait *la Comète*, de Glasgow. Depuis ce tems, et malgré plusieurs revers, l'entrepreneur n'a pas interrompu ses constructions, et l'on comptait en avril 1823, trente-trois bâtimens à vapeur employés au service des postes ou au commerce, entre Glasgow et Liverpool, l'Irlande et le nord.

Un usage touchant caractérise les navigateurs écossais. Quand leurs vaisseaux arrivent d'un voyage de long cours, si la traversée a été heureuse, si personne n'a péri, les matelots ont l'habitude de pavoiser leurs mâts, en signe de joie; mais si au contraire, ils ont essuyé des malheurs, ils mettent le pavillon en berne, et retirent leurs flammes du mât de perroquet : on sait d'avance par le moyen de ces signaux quel est l'état de l'équipage; le rivage se couvre de leurs parens, de leurs amis, d'armateurs, de négocians; et le débarquement devient, selon les événemens, une véritable fête ou une cérémonie funèbre.

Nous avons fini la journée au château de Coch-mey, au sein d'une famille alliée de M. Gray. Il y a dans l'accueil des Écossais un ton si parfait de bienveillance et de délicatesse, qu'on se sent tout d'abord un penchant involontaire à les aimer. Chez eux, rien d'affecté, rien de fier ou de prétentieux; un étranger est un ami. On lui fait sans doute avec luxe les honneurs de la maison; mais c'est le cœur qui les fait; la vanité du gentilhomme se montre rarement, l'orgueil encore moins. Il y avait à Cochmey une réunion de charmantes Écossaises, excellentes musiciennes, qui nous ont joué les airs chéris des montagnards, et donné un échantillon de leurs danses. Ces danses sont d'une vivacité extrême, tandis que les chants, presque toujours tristes et lents, paraissent empreints d'une langueur voisine de la monotonie. Toutefois, ce royaume, qui n'a jamais produit de grands compositeurs, est le pays du monde où l'on cultive le plus la musique, où cet art excite le plus de transports et d'enthousiasme. Nous en aurons bientôt des preuves convaincantes à York. Il est peu de maisons qui ne possèdent un de ces longs clavecins, dont le son large et plein comme les roulemens harmonieux de l'orgue, dispose l'ame aux émotions religieuses.

On nous a demandé beaucoup de nouvelles de France, et du sort des Françaises, et de leurs grâces tant vantées. Hélas! le sort des Écossaises est bien différent du leur. L'abominable droit d'aînesse est pour la plupart d'entr'elles un arrêt d'exil irrévocable. Aussi voit-on en Angleterre beaucoup de femmes que cette loi fatale condamne pour toujours au célibat, passer leurs jours dans la solitude et le silence, rêvant le bonheur d'être mères, et mille autres délices qui ne perdent rien à être imaginées. Leur vie s'éteint sans avoir brillé, rarement sans avoir été utile ; et, quoique le monde les repousse, quoique jamais peut-être un cœur ami n'ait battu près du leur, elles sont restées bonnes et tendres pour l'infortune, indulgentes et calmes envers l'injustice des hommes et les rigueurs du sort. C'est pour elles surtout que l'étude a des charmes, que les beaux-arts ont des consolations : à force de cultiver leur esprit, et d'occuper leurs loisirs par des talens ou des lectures, elles se sont élevées au-dessus des misères de l'existence ; elles ont vécu dans un monde meilleur, aimable, idéal, romanesque ; et lorsqu'elles ont écrit, nous leur avons dû ces peintures trop souvent flattées d'une société qu'elles jugeaient d'après leur ame.

Quelquefois l'amitié fraternelle sème des fleurs dans leur carrière, et les dédommage, par une tendresse pure et sans orages, des illusions qui coûtent si souvent le repos. J'ai vu des frères attentifs auprès de leurs sœurs comme de jeunes époux auprès de leur compagne; et cette douce intimité les consolait des ennuis d'un isolement si dangereux au printems de la vie, quand le cœur a besoin de s'épancher sans cesse. Ce n'était point comme membres déshérités d'une même famille qu'ils partageaient leurs peines : malgré l'absurdité du droit d'aînesse, ils ne voient point d'un œil d'envie la fortune de leur père accumulée sur une seule tête; ils sont tellement pénétrés du préjugé nobiliaire, que cette iniquité leur semble une chose naturelle. Tant il est vrai que les plus grands abus acquièrent avec le tems une telle autorité, que la sagesse des réformateurs trouve toujours, lorsqu'il s'agit de les détruire, de grands obstacles dans ceux mêmes qui en étaient les victimes!

Pendant que nos aimables hôtesses dansaient le pas des montagnes, je m'étais glissé dans l'embrasure d'une fenêtre de leur château gothique, et mes regards s'étendaient sur tout le cours de la Clyde, alors éclairée par les rayons de la lune. Le rocher de Dunbarton s'élevait au milieu de ses eaux comme une pyramide noire; dans le lointain, quelques vaisseaux immobiles attendaient le retour de la marée, tandis que, près de nous, de vieux sapins étendaient leurs longues ombres sur le penchant des collines. Malgré la clarté de la lune, les étoiles se détachaient avec éclat de la voûte céleste; l'air paraissait chargé d'une vapeur mobile et bleuâtre : le silence de la campagne, et l'absence du vent, si commun dans ces contrées, ajoutaient encore leur charme à la sombre harmonie de cette belle nuit, dont nos climats ne peuvent retracer qu'une imparfaite image. Tout entier à une aussi grande scène, je repassais dans mon esprit les annales de l'Écosse, ses héros, ses historiens, ses poètes et sa riante mythologie. De quelle profonde allégresse, dans ce moment d'extase, le son d'une harpe eût rempli mon cœur! Je prêtais l'oreille avec avidité, je croyais entendre le bruit d'un concert angélique; un sentiment indéfinissable dominait tout mon être : jamais la nature ne m'avait paru si sublime et la Providence plus présente. Oui, tu dis vrai, Platon; l'homme a reçu quelque chose du ciel : il n'y a pas de climat pour l'athéisme!

CHAPITRE XIX.

LAC LOMOND. — BEN LOMOND. — CHATEAU DE BALLOCH. —
VIE DE CHATEAU. — CARACTÈRE DES ÉCOSSAISES.

> « In all her length far winding lay,
> With promontory, creek and bay,
> And islands that, empurpled bright,
> Floated amid the livelier light. »
> WALTER SCOTT.

Si le lac Lomond était situé sous le ciel d'Italie, c'est dans une de ses îles que je voudrais finir mes jours. Sa vue m'a rappelé tous les souvenirs de la Méditerranée ; son archipel m'a semblé une image des Cyclades au sein de la mer Égée ; le paysage d'alentour une superbe imitation des Alpes ; l'ensemble, un des plus beaux chefs-d'œuvre de la nature. Les anciens Écossais l'appelaient le *Lyncalidor*. En arrivant sur ses bords, j'ai été frappé de leur physionomie originale ; j'ai senti qu'il était impossible d'en retracer le magnifique spectacle avec les expressions qui nous servent à peindre nos fleuves, nos rochers, nos campagnes. L'horizon du lac n'a point de limites vers le nord ; sa tête se cache dans le sein des montagnes, ses flancs sont inégalement recouverts par des masses d'arbres vertes, noires ou bleues, que le soleil varie à chaque instant, pour le désespoir des peintres. Ses îles, véritables échantillons des différens climats du monde, sont tantôt couronnées de hautes futaies, tantôt hérissées de rochers, couvertes d'un gazon uni comme du velours, parsemées de bocages rians ou d'un gravier stérile. Il y en a de grandes, de petites, de plates, d'escarpées, d'habitées, de désertes. Quelquefois, elles sont assez rapprochées pour que l'écho répète successivement dans chacune d'elles les aboiemens des chiens, les cris de l'oiseau de proie, ou les coups de fusil du chasseur; ailleurs, elles sont tellement éloignées qu'on peut les prendre pour de petits continens. A mesure qu'on s'enfonce vers le nord, les rives se rapprochent, et le lac présente l'aspect d'une belle rivière. Puis viennent les phénomènes : les îles qui flottent, les ondes qui bouillonnent, les côtes qui se retirent, s'avancent, se relèvent, s'abaissent comme pour multiplier les illusions et les surprises du voyageur. C'en dut être une terrible que celle de l'agitation éprouvée par le lac en 1755, au même jour et à la même heure que Lisbonne tombait, renversée par un tremblement de terre! On dit que de cinq en cinq minutes ses eaux se soulevaient, ébranlées par une force inconnue, et que ce mouvement étrange continua pendant plusieurs heures : ainsi, tandis que le ciel frappait une ville du midi, la nature avertissait les habitans du nord.

Il semble même que jadis cette terre septentrionale a subi des bouleversemens analogues à ceux dont les eaux du lac ressentirent alors le contre-coup. Ces montagnes sont tellement irrégulières, ces éboulemens tellement pittoresques qu'on doit les regarder comme le résultat d'une grande catastrophe. Les rochers, généralement basaltiques depuis le Ben Lomond jusqu'aux sommets des collines Grampiennes (*Grampians hills*), où Galgacus attendit Agricola, attestent partout l'action dévorante des volcans. La solitude du lieu s'agrandit et devient tout-à-fait imposante quand la pensée de l'homme y médite sur les révolutions qui en ont changé la face ; et certes, il n'est pas de plus digne hommage à la divinité que cette admiration muette qu'excite la contemplation de ses œuvres, quand la langue des hommes n'a plus de termes pour les dépeindre.

Le Ben Lomond, surnommé le roi des montagnes, élève sa tête majestueuse au-dessus du lac, des îles, des forêts et des nuages. Quand le soleil l'éclaire de ses rayons, et que les montagnes voisines se sont débarrassées peu à peu de leur enveloppe nébuleuse, il paraît comme un phare au milieu de cette immensité. C'est le point le plus élevé de toute l'Écosse. Tous les auteurs ont décrit la majesté de ses formes, la beauté de ses vues, l'éclat argenté des ruisseaux qui coulent à ses pieds, la vapeur bleuâtre qui couronne ses hauteurs, et jusqu'à la mousse qui en facilite les approches. Il fallait bien que la nature, après avoir produit la merveille du lac, créât aussi un belvédère pour en jouir. Malheureusement, les beaux jours sont très-rares dans ces latitudes. Le tems, habituellement pluvieux et froid, ne permet qu'à de longs intervalles la jouissance du belvédère : il est couvert de neige pendant une partie de l'année, et de brouillards pendant tout le reste. Peu de voyageurs ont été assez heureux pour rapporter de ces hauteurs une image riante. Il y a je ne sais quoi de triste et d'incertain dans les tableaux de la terre d'Écosse. Quoique les routes soient aussi bien entretenues qu'aux environs de Londres, on ne laisse pas de rencontrer dans les villages la misère avec toutes ses horreurs. Toutes les fois que je me rappelle les grandes scènes de la nature dans ce pays, je ne puis m'empêcher de songer aussi à la tourbe, aux gâteaux d'avoine, aux pieds nus qui ont si douloureusement frappé mes regards : je voudrais un sort plus heureux pour un peuple qui a tant de vertus; je voudrais un lit plus commode pour des vieillards qui ont tant d'enfans; je voudrais une chaussure pour des enfans qui ont tant de charmes. La fortune, à part les manufactures, semble se concentrer dans les châteaux. Il est encore des seigneurs qui possèdent huit à dix lieues quarrées de terrain souvent perdues pour l'agriculture, et sacrifiées au stérile plaisir d'un point de vue artificiel, tandis que la nature en a prodigué sans frais de si magnifiques. L'aristocratie pèse encore sur la pauvre Écosse : l'aisance ne pénètre qu'avec peine dans les campagnes. Mais le ciel en a dédommagé les habitans par des goûts simples, par des habitudes sévères, par l'amour de la liberté, seul bien dont la possession console de l'absence des autres. Que de fois, en voyant de jeunes filles qui conduisaient leurs troupeaux dans des pâturages marécageux où leurs pieds demeuraient enfoncés tout le jour, j'ai désiré que le soleil du midi pût luire sur ces aimables créatures !

Alors ma pensée me ramenait vers les Alpes, aux lieux de mon enfance, dans les montagnes du comté de Nice. Les oliviers de Gilette et de Monaco remplaçaient tout à coup les bouleaux, les sapins et les chênes du Ben Lomond; le myrte et le jasmin succédaient à l'épaisse et monotone verdure du lierre ; les grenades, les figues, les raisins de mille couleurs, à la stérilité des jardins écossais. J'aurais voulu donner ces productions à l'Écosse, et rendre en échange au comté de Nice, les arts, les sciences, la liberté civile et religieuse, que j'en crois exilées pour long-tems.

Les créations de l'industrie humaine commencent néanmoins à triompher de l'isolement de ces montagnes et de ces lacs. On vient d'établir sur le lac Lomond des bateaux à vapeur qui le parcourent tous les jours d'une extrémité à l'autre, et qui touchent aux principales îles. Le trajet est fort commode, et se fait en douze heures. Ordinairement le bateau suit l'une des deux rives, et revient par l'autre. La longueur du lac est de vingt-huit milles anglais, sa largeur de neuf à dix ; sa profondeur moyenne de six cents pieds. Tout porte à croire qu'avant dix ans cette partie de l'Écosse aura changé de face, et que les environs du Ben Lomond seront beaucoup plus fréquentés par les minéralogistes, les botanistes et les poètes. Déjà le docteur Hooker de Glasgow y a fait des découvertes précieuses qui ont enrichi la Flore Écossaise ; avant lui Crawford avait trouvé dans le comté d'Argyle la strontiane, réactif chimique très-employé dans nos laboratoires ; et l'on sait comment le lac Lomond a inspiré Walter Scott.

Nos naturalistes et nos poètes s'empresseront de visiter une terre vierge qui offre tant de chances de gloire pour les uns et de sujets d'inspiration pour les autres; où toutes les routes sont entretenues, tous les lacs navigables, et toutes les habitations autant d'asiles sans cesse ouverts à l'hospitalité.

Le château de Balloch est bâti à mi-côte dans une espèce de presqu'île formée par la jonction du lac et de la Leven. Nous y avons été reçus par M. Buchanan, membre du Parlement, l'un des plus riches propriétaires de la contrée. L'édifice, de loin, nous semblait un gothique très-ancien : en approchant, nous avons vu qu'il venait à peine d'être fini. Rien n'y manquait toutefois pour l'illusion; ni les tours, ni les tourelles, ni les créneaux, ni même le lierre planté avant les fondemens, et qui déjà couvrait les murs avec sa complaisance accoutumée. On nous a introduits sur des tapis magnifiques dans un vaste salon meublé à l'orientale, tout entouré de sophas, de bergères et de lits de repos, comme si la vie n'était chez les riches qu'un long sommeil; des ouvrages de luxe, des journaux, des caricatures, des relations de voyages, lecture favorite des Anglais, étaient négligemment répandus sur les tables. Après le déjeuner, M. Buchanan nous a fait passer dans son cabinet, dont la moitié est consacrée à sa bibliothèque, et l'autre moitié à une collection d'antiquités, de vieilleries ou d'objets précieux. Le premier qui a frappé nos yeux par sa forme bizarre et sa longueur démesurée, est une épée énorme, qu'on nous a assuré avoir appartenu à Rob-Roy, ou plutôt à un géant, car elle a près de cinq pieds, et j'avais beaucoup de peine à la soulever ; de vieux sabres et des armes à feu lui servaient de cortége, avec des coquillages et quelques petits tableaux. M. Buchanan, voyant que ces tableaux n'attiraient pas toute notre attention, nous a conduits mystérieusement auprès d'un portrait de Napoléon d'une ressemblance médiocre, mais d'un coloris remarquable. Au bas du portrait, sous verre, une mèche de cheveux était attachée à un petit ruban : ces cheveux, nous a-t-il dit, venaient de Sainte-Hélène... Nous avons gardé un profond silence. Je n'ai jamais pu m'expliquer l'enthousiasme de toute une nation pour un prisonnier dont elle s'est chargée, d'accord avec les feux du tropique, d'abréger la captivité. M. Buchanan est du parti des ministres, d'ailleurs le plus simple et le plus affable des hommes. Il semble comme étranger à sa fortune, et malgré ma défiance naturelle pour la simplicité aristocratique, je n'ai pu surprendre en lui un seul mouvement de hauteur et d'intolérance. Il nous a fait la description des tours et des terrasses de son château avec toute la candeur d'un bourgeois et l'exactitude d'un architecte; car c'est lui qui en a donné le plan, et ce plan lui fait honneur. Les quatre tours principales sont occupées par des escaliers en spirale qui conduisent au sommet de chacune d'elles : la vue s'étend de là sur le lac, sur la Leven, et sur les châteaux voisins, lesquels sont tous isolés, comme celui de Balloch, au milieu d'une grande plaine de verdure.

Il est une époque de la vie où tous les objets nouveaux exercent sur notre imagination une vive influence. Leur souvenir y reste gravé en traits ineffaçables, surtout quand il rappelle des sites presque uniques au monde, et des réceptions dignes du tems d'Astrée. Ma vue est encore attachée sur ces collines parsemées de petits sentiers qui serpentent dans leurs mousses, sur cette surface limpide et calme du lac Lomond, sur la Leven et tous les manoirs d'alentour; j'admire cette nation, dont les citoyens ont fait de la vie champêtre le premier des besoins, et des réunions de famille le premier des plaisirs, en vivant toujours au milieu de la leur, et ne donnant aux affaires publiques que le tems qu'ils ne peuvent leur refuser. Le père, toujours au milieu de ses

enfans, les instruit souvent lui-même, et préside
à leur éducation ; et les filles apprennent de leurs
mères les vertus du ménage, l'économie, la discrétion, la modestie qu'on ne saurait acquérir à
l'école du monde. Aussi n'est-il point étonnant
qu'un pays où les mœurs domestiques sont si régulières, ait produit des caractères de femmes
dignes de l'antiquité. Tout le monde connaît le
sublime dévouement de lady Russel, épouse de
l'illustre lord Russel, qui périt sous Charles II,
pour s'être opposé aux envahissemens du pouvoir
royal. Son mari lui rendit un hommage que la
postérité a confirmé, en la choisissant pour défenseur. Elle résista avec le plus grand courage à l'indignation que fit naître en elle la perversité de ses
juges. Après la condamnation du noble lord, elle
soutint sa fermeté avec une si admirable constance,
qu'en la quittant pour aller à l'échafaud, il s'é-
cria : « Maintenant la douleur de la mort est
» passée. » Il n'est pas jusqu'aux maîtresses des rois
qui n'aient relevé la dignité de leur sexe dans
plusieurs grandes circonstances. Il suffira de citer
Anne de Bouleyn, et cette infortunée Jeanne Gray
si touchante et si belle qu'elle fut sur le point de
désarmer ses bourreaux.

Lorsqu'on a partagé quelque tems leur demeure,
on comprend mieux dans ses rapports avec les

femmes la vie des Écossais, et celle des Anglais, qui n'en diffère pas beaucoup. Tous ces traits d'indifférence ou de brutalité qu'on leur attribue, sont des suppositions mensongères. A dire vrai, ils regardent les femmes comme des mortelles, et ils ne font point avec elles un abus de ces expressions que l'excès de notre galanterie a pour ainsi dire consacrées : il n'y a chez eux de *divin* que Dieu, et il n'est pas encore du bon ton d'*adorer* les créatures. Les femmes n'entendent pas vanter à chaque instant les *roses* de leur teint; mais en revanche, elles obtiennent un hommage plus durable et plus vrai, celui qui est dû aux qualités du cœur. Ainsi l'on voit avec plaisir, en Écosse, que la simplicité des mœurs, l'amour du travail et de l'instruction, l'hospitalité, les vertus sociales, et les femmes, qui embellissent tout, sont en harmonie avec les beautés de la nature, et que le souvenir des habitans ne pourra jamais altérer, comme en d'autres contrées, le charme des souvenirs du pays.

CHAPITRE XX.

DERNIÈRE VISITE A GLASGOW. — LE CÉLIBATAIRE ET LE MARI. — ADIEUX A CARNTYNE.

> « Farewell then for ever, ye wilds!
> We bid you a lasting adieu,
> Though memory incessant recall
> These scenes we no longer must view.
>
> *Anonyme.*

Je sens que je m'éloigne à regret de Carntyne, et je voudrais finir ici l'exposé rapide de notre voyage. Il est des idées sur lesquelles on aime à se reposer comme sous le toit paternel. La grandeur, les monumens, les travaux des hommes ont sans doute beaucoup d'attraits dans la jeunesse : mais ce qui parle au cœur en a bien plus encore à cet âge. Volney s'est trouvé plus heureux dans un couvent de Druzes, et sous la tente de quelques bons Arabes, qu'au milieu de l'agitation du Caire et des ruines de Palmyre. Son style devient plus touchant et plus tendre lorsqu'il retrace les scènes de l'hospitalité, que lorsqu'il exprime avec tout l'éclat de la poésie ses imposantes méditations sur la chûte des empires. Au moment de partir pour Édimbourg, et d'aller, comme lui, m'asseoir pendant quelques jours au foyer d'une ville célèbre, je voudrais repasser tous mes souvenirs, et prolonger mes adieux aux solitudes de l'Écosse. Je suis tenté de redescendre dans les mines de charbon, et d'aller revoir le lac Lomond, le roc de Dunbarton, les aimables habitans du château de Cochmey, les cataractes magnifiques de la Clyde. Je cherche à me former une image fidèle de ces belles créations de la nature, avant de pénétrer dans l'Athènes du nord, où je serai captivé par tant de chefs-d'œuvre des arts.

 Hier, j'ai parcouru pour la dernière fois la ville de Glasgow, et j'ai salué les rives de la Clyde avec leurs minarets élégans et leurs édifices modernes, bâtis sur des fondemens gothiques. Je suivais de l'œil, le long des superbes trottoirs d'Argyle street, les femmes en robes quadrillées de mille couleurs, et ces flots de soldats écossais qui se pressaient sous les arcades de *Tontine room*, au pied de la statue équestre de Guillaume III. Il y a là un point de vue comparable à celui de la rue de Tolède à Naples, ou d'Oxford street à Londres. La variété des costumes, la beauté des constructions, la richesse des magasins amuse, étonne, éblouit; et par-dessus tout, l'idée consolante que cette splendeur est due à l'esprit de tolérance et de liberté, suffit pour exalter le voyageur. J'admire avec quelle légèreté les Écossaises parcourent, nu-pieds, des rues immenses, et il me semble que mes yeux s'accoutument déjà à ce spectacle, qui m'a si désagréablement frappé dans les campagnes. Après tout, il n'y a que la classe inférieure du peuple qui persiste à conserver, je ne sais pourquoi, l'usage étrange dont je parle, et l'on peut croire que bientôt les pieds nus seront pour les Écossais eux-mêmes un objet de curiosité, comme les jupons des Highlanders le sont depuis long-tems pour les étrangers. La civilisation trouve moins de résistance dans les traditions de la féodalité écossaise que dans celles de l'Angleterre : on y renonce de bonne grâce à un abus et à un ridicule, quoiqu'ils soient vieux; et c'est par là que ce peuple se rapproche de nous.

Nous avons eu souvent pour convive à Carntyne un homme de trente-cinq à quarante ans, attaché à M. Gray, qui lui a confié l'exploitation de ses mines de charbon. Ce célibataire de profession, car il n'en a point d'autre, possède près de quarante mille livres de rente, et, malgré l'extrême régularité de ses mœurs, il ne saurait se résoudre à la vie conjugale : le célibat est sa passion. Il se promène le matin dans les bois, dans les mines, dans les manufactures ; et le soir dans les manufactures, dans les mines, dans les bois. Sa vie s'écoule uniforme et paisible; rarement tourmenté par la pensée, plus rarement encore par les passions, il boit, il mange, il marche, il dort, sans inquiétude du présent et sans regrets du passé. Pour l'avenir, il n'y songe guères : à ses yeux, l'avenir ne doit être qu'une fidèle répétition du présent. Il connaît à merveille les montagnes voisines et les rives de la Clyde depuis Lanark jusqu'à Greenock; il sait le prix de la houille et le nombre des navires qui mouillent à Glasgow chaque semaine; mais les doux chants de Robert Burns n'ont jamais fait battre son cœur, et les monts d'alentour n'ont présenté à son imagination que des carrières de charbon. Sa physionomie n'est pas dépourvue d'agrément, mais elle manque d'expression, et il raconte l'histoire, comme un auteur voulait qu'on l'écrivît, sans chaleur, sans religion et sans patrie, c'est-à-dire sans intérêt. Il y a chez cet homme, d'une humeur fort douce, des traits de caractère qui manquent au Bonnard de notre Delavigne, et que fesait ressortir, dans toute leur naïveté, la profonde sensibilité de M. Robert Gray.

Je me rappelle avec une vive émotion les épanchemens de l'excellent vieillard. Ses regrets sur la mort de sa femme étaient si touchans et si vrais,

CHAPITRE VINGTIÈME.

que j'avais fini par la pleurer avec lui, sans l'avoir jamais connue. Il me parlait des pierres sépulcrales qui se pressent autour de la cathédrale de Glasgow avec un saisissement inexprimable : cette épouse chérie repose là, près de ses pères. Depuis ce tems, M. Gray n'a pu supporter l'aspect de l'antique édifice : il lui semble que la flèche de de cette église est le sommet de l'obélisque funèbre élevé à l'amie de son cœur. La douleur remplit tous les momens de sa vie qui ne sont point consacrés à son fils. Dans son sourire même, je ne sais quoi de triste et de pénible trahit sa pensée dominante. Ainsi, comme l'a dit Mme de Staël avec son éloquence accoutumée, « La
» durée des regrets causés par la perte de ceux
» qu'on aime, absorbe souvent dans ce pays la
» vie des personnes qui les ont éprouvés; et l'ho-
» norable constance qui lutte contre l'instabilité
» de ce monde, élève les sentimens du cœur au
» rang des choses éternelles. »

Lorsqu'il a fallu partir, j'ai cru que nos ames s'allaient briser : nous avions déjà pris racine sur ce sol bienveillant de l'hospitalité. Nous nous sommes dit adieu du geste et de la pensée, et le soir même, nous étions dans *Mac Gregor's hôtel, Prince's street*, à Édimbourg.

CHAPITRE XXI.

ROUTE DE GLASGOW A ÉDIMBOURG. — TABLEAU DE LA VIEILLE VILLE. — LA CATHÉDRALE. — LE CHATEAU. — LE COLLÉGE. — HOLYROOD.

> Dic hospes, postquàm externas lustraveris oras,
> Hæc cernens, oculis credis an ipse tuis?
> J. Johnson.

A quelques lieues de Glasgow, la route est si triste, le paysage si nu et si monotone, que je me croyais encore dans le désert, entre Moffat et Lanark. De petits lacs isolés de distance en distance sur une plaine de tourbe, des collines basses et mal cultivées nous semblaient les limites de quelqu'empire sauvage. Le tems était affreux, et nous recevions sur les hauteurs de l'*outside*, de ces torrens de pluie qui refroidissent le zèle des plus ardens observateurs, lorsque le vent, après avoir soufflé toute la journée du nord-est, s'est dissipé soudain; un rayon de soleil a lui sur Édimbourg, pendant que nous traversions les jolis villages qui lui servent d'avenue, et la ville était toute rayonnante des feux du couchant à notre arrivée dans Prince's street. Depuis long-tems nous apercevions au-dessus des cimes des arbres la pyramide svelte et brillante qu'on nomme le Château : derrière lui, les rochers de Salisbury (*Salisbury craigs*) élevaient leur tête pittoresque et décharnée. La ville n'a paru qu'après avoir été annoncée par ces collines célèbres, qui ne sont point déparées, comme celle de Montmartre, par des guinguettes et des moulins à vent.

Édimbourg est partagée en deux villes distinctes par une prairie vaste et profonde, qui fut jadis un lac. La vieille ville, toute gothique, toute noire, s'élève en amphithéâtre sur une éminence à pente douce, couronnée d'une foule de vieux clochers très-bizarres; ses rues sont généralement étroites, sales, plus ou moins escarpées : on pourrait l'appeler le quartier féodal. La ville neuve, fille de la civilisation, est riche, élégante et somptueuse comme elle. On est frappé de l'air de grandeur qui y règne. Elle est toute bâtie en pierres de taille; ses trottoirs sont larges comme des rues, ses édifices réguliers comme des palais. Un pont hardi, jeté d'un bord à l'autre de l'ancien lac, réunit ces deux cités. Les comptoirs, le collége, l'industrie, les hôpitaux, les marchés, le château qui protège et menace tout cela, sont dans la vieille ville. Les belles églises, les belles rues, les grandes places, les hôtels, et Calton hill, avec le monument de Nelson, se trouvent dans la ville nouvelle. Un grand village, réuni à ces deux villes par une chaussée de plus d'un mille de longueur, leur sert de communication avec la mer : c'est le faubourg de Leith, ou plutôt le Pirée, car Édimbourg a des ressemblances frappantes avec Athènes.

En y entrant par la route de Glasgow, mes regards ont été étonnés de sa magnificence. Nous suivions la rue du Prince (*Prince's street*), qui domine ce grand fossé appelé *North Loch*, le Lac du Nord. Le château, perché sur un roc de 380 pieds d'élévation, formait de ce côté un précipice épouvantable; la cathédrale, dédiée à saint Gilles, se faisait remarquer au-dessus des plus hautes maisons, par son clocher terminé en couronne; plus près, l'église Saint-Jean, véritable chef-d'œuvre de gothique moderne, fraîche, propre et toute neuve, paraissait sortir du moule, et avoir été déposée provisoirement sur le gazon de la prairie. A l'extrémité orientale de la rue, on apercevait de loin sur Calton hill la colonne de Nelson et la place de Waterloo; mais ces différens objets sont séparés par de si grands espaces, que leurs proportions en acquièrent un effet surprenant. Rien de semblable ne se retrouve, je pense, dans aucune ville d'Europe, et ce tableau m'a fait

CHAPITRE VINGT-ET-UNIÈME.

une telle impression, que je pourrais le peindre de mémoire, si j'étais peintre.

Fidèles au respect dû à l'âge, nous avons traversé le pont du Lac, pour examiner d'abord la vieille ville, en laissant à l'angle du pont, dans la nouvelle, la salle de spectacle, qui ne vaut pas la peine d'être nommée. Tout à coup la scène a changé. Au silence de la ville neuve ont succédé le bruit et le mouvement d'une cité populeuse. Les boutiques sont rapprochées les unes des autres, la foule circule dans tous les sens, les plaids, les robes quadrillées sont très-nombreuses, les physionomies sont plus caractérisées, plus écossaises qu'à Glasgow, où le commerce attire un grand nombre d'Anglais du midi. Les maisons de cette vieille Édimbourg sont fort remarquables par leur hauteur et par leur physionomie délabrée; il en est quelques-unes, tout près du château, qu'on croirait bâties par des barbares, tant leur construction est extravagante, incommode et mal entendue. Elles se soutiennent mutuellement par leur propre masse; mais j'en ai vu de si inclinées, que la chûte d'une seule suffirait probablement pour entraîner celle de beaucoup d'autres. C'est là vraiment qu'on peut reconnaître surtout l'ancienne Écosse, les rues tortueuses et les petits soupiraux des maisons du moyen âge, sans avoir besoin de lire la date de leur construction, qui est écrite sur la porte de quelques-unes d'elles. Aucun plan, aucun ordre ne se fait sentir ; on a bâti à droite, à gauche, en haut, en bas, suivant le hasard, le caprice ou la nature du terrain; et il est résulté de cette insouciance, que plusieurs rues sont véritablement *à cheval* les unes sur les autres. De tems en tems un arc de voûte réunit les deux extrémités d'une rue supérieure, traversée par une rue inférieure; de telle sorte que les voitures, dans celle qui est la plus élevée, passent au-dessus des toits de la rue la plus basse.

Lorsqu'on est arrivé au pied des murs de la cathédrale, on rencontre presque sur le même point la bourse, la banque, la bibliothèque des avocats, l'hôtel et la place du Parlement, avec une mauvaise statue équestre de Charles II. Tous ces monumens ne sont pas dignes d'un grand intérêt. Le château communique avec la rue Haute (*High street*) par une jetée entièrement dégarnie, sur laquelle plongent toutes ses batteries. Nous l'avons visité dans le plus grand détail. C'était le *Castrum alatum* des Romains. Aujourd'hui, on peut le regarder comme une petite ville de guerre isolée sur son rocher. Le chemin qui conduit à la plate-forme du sommet est une spirale à pente assez douce pour permettre la circulation des voitures et du matériel nécessaire à l'artillerie. Une simple palissade, défendue par quelques pièces d'un petit calibre, en interdit l'entrée. A mesure qu'on s'élève, le spectacle devient plus formidable : on rencontre des pyramides de boulets, des pièces de dix-huit et de vingt-quatre, des magasins, des réservoirs, des barraques, une chapelle même, pour prier Dieu au milieu de tout cet appareil de destruction. Ce château, dont l'origine se perd dans la nuit des tems, a servi, selon les événemens, de résidence ou de prison aux rois d'Écosse. La reine Marie y est accouchée en 1566, d'un fils qui fut depuis roi d'Angleterre sous le nom de Jacques Ier. Pendant les dernières guerres, on y avait renfermé beaucoup de prisonniers français. En regardant la ville par une des embrasures de la forteresse, il est impossible de n'être pas effrayé de cette puissance de destruction : il suffirait qu'un parti de furieux s'en emparât, pour qu'il dépendît d'eux de renverser tous les palais, toutes les colonnes, tous les édifices d'Édimbourg; rien ne pourrait échapper aux ravages des batteries, dont les feux s'étendent jusqu'à la mer : et ces tristes réflexions ôtent tout le plaisir de la vue.

Deux monumens très-intéressans nous restent à visiter dans la ville vieille, le collége et le palais d'Holyrood. Le collége, consacré aux différens cours de l'université, sera fort beau, si on l'achève; mais le plan en est gigantesque. On n'en voit encore que la façade, qui est d'un très-bon goût. Les dispositions intérieures ont été changées et renouvelées plusieurs fois par suite de rivalités sans cesse renaissantes entre les architectes, les magistrats ou les entrepreneurs. Malgré ces tergiversations sur un pareil objet, qui étonnent dans une ville toute littéraire, l'université d'Édimbourg n'en a pas moins répandu un vif éclat, grâce au talent de ses illustres maîtres ou de leurs élèves. C'est là qu'ont brillé tour-à-tour Cullen et Monro dans la médecine, Hume et Robertson dans l'histoire, Dugald-Stewart dans la philosophie, et Walter-Scott dans le genre qu'il a créé. La foule des gens de mérite est si grande dans cette capitale, qu'il faudrait un volume pour les citer et les apprécier tous exactement. Ses journaux scientifiques ou littéraires sont connus de l'Europe entière par la profondeur de leurs pensées, la finesse de leurs aperçus, et la grâce spirituelle de leurs critiques. S'il en est qui se soient écartés de la modération que devraient conserver toujours les gens de lettres, on doit attribuer ces écarts bien moins à l'absence de goût et de jugement, qu'à l'influence des préjugés nationaux dont les Anglais ont quelque peine à se défendre. La *Revue d'Édimbourg*, son *Annual Register* sont depuis long-tems en possession de l'estime générale. Leur succès n'a pas peu contribué aux progrès de l'industrie et des lumières dans l'Athènes du Nord. Elle avait six imprimeries en 1763; elle en compte aujourd'hui quarante-cinq.

Mme de Staël a fort bien observé que, cette ville n'étant pas aussi absorbée que Londres par les affaires publiques, et ne renfermant pas une telle réunion de fortunes et de luxe, les intérêts philosophiques et littéraires ont dû y tenir plus de place. On y accourt de toute l'Europe et de l'Amérique pour se former à l'étude des sciences et des lettres, qui n'est pas gênée ni pervertie comme ailleurs, par l'intolérance, l'hypocrisie et le despotisme. Les chaires de droit, d'histoire et de philosophie, dont l'enseignement a besoin de tant de liberté, ne sont point à la discrétion du pouvoir; et, quand elles le seraient, je doute que le gouvernement anglais s'avisât jamais d'usurper le monopole de la pensée, et de chercher un appui dans cet odieux système. Il est persuadé que le plus sûr moyen de s'aliéner les cœurs, serait d'outrager l'opinion par le scandale d'une influence oppressive sur l'instruction publique. Les étudians ne sont pas assujétis à des formalités vexatoires, abusives, décourageantes; on les laisse libres de suivre leur impulsion naturelle, et jusqu'ici le succès a toujours répondu à cette noble confiance.

La bibliothèque et le musée du collége sont encore au-dessous de sa vieille réputation. On dirait que leur perfectionnement a souffert des retards apportés à l'achèvement de l'édifice. La ville de Glasgow m'a semblé plus riche sous ce rapport. Au reste, les collections particulières suppléent avec avantage, par leur multiplicité, à l'imperfection de ces deux établissemens publics.

Holyrood est situé dans la partie la plus orientale de la ville, à l'extrémité d'une vieille et longue rue appelée *Canongate*, au pied de Salisbury craigs (1). Ce palais, jadis consacré à la résidence des rois d'Écosse, porte encore sur ses murs l'empreinte des dissensions qui ont désolé le pays à tant d'époques. Il fut brûlé en grande partie par les soldats de Cromwell, réparé à la restauration de Charles II; puis, ravagé une seconde fois, lors de l'expédition du Prétendant, par des soldats anglais qui s'amusèrent à bar-

---

(1) Salisbury craigs est le nom d'un rocher fort élevé qui domine la ville d'Édimbourg.

bouiller tous les portraits des rois d'Écosse. C'est un vaste bâtiment, d'une forme à peu près carrée, dont la façade antérieure, longue d'environ cent cinquante pieds, est flanquée de quatre énormes tours rondes, sans grâce et sans élégance. La partie postérieure est construite dans un style différent du reste ; et cependant, cet ensemble formé d'élémens dissemblables n'est pas sans effet. Les souvenirs y jouent d'ailleurs un grand rôle. C'est là que dorment les ossemens de plusieurs rois ; c'est là qu'a vécu Marie Stuart, dont les malheurs, les amours et les faiblesses ont immortalisé la mémoire. Jamais reine n'a laissé après elle des traces plus vivantes de son passage ; jamais peuple n'a recueilli avec plus de soin les souvenirs fugitifs d'une existence. Toute l'Écosse est pleine du nom de Marie ; Bothwell, le lac Leven, Hamilton, Glasgow, Langside, Édimbourg, Holyrood se souviennent d'elle comme la France du bon Henri, auquel je ne lui ferai pas l'honneur de la comparer. C'est surtout à Holyrood qu'elle semble vivre encore : on vous montre son lit, ses fauteuils, sa corbeille à ouvrage et sa boîte de toilette. Dans une chambre voisine, le sang de son amant Rizzio n'a pu s'effacer du plancher ; il est là comme témoin perpétuel d'une scène tragique. Les poètes ont dit qu'il demandait vengeance ;

mais la postérité ne se charge point de venger les favoris des rois, et moins encore ceux des reines. Toutefois, on ne peut se défendre d'une vive émotion, en apercevant sous mille costumes, dans les galeries, l'image riante et gracieuse de cette princesse infortunée ; et dans un coin, la figure maigre et sinistre de Darnley, qui lui ravit son amant. L'histoire est là toute en action : le lieu de la scène, les portraits ressemblans des acteurs, leurs meubles, leurs vêtemens, rien n'y manque, pas même le sang.... Il y a de quoi pardonner aux Anglais leur vénération pour les petites choses, puisqu'elles rappellent si fortement les grandes.

La cour intérieure du palais d'Holyrood est entourée d'une galerie couverte, noircie par le tems. Le nom de *Monsieur* se lit encore au-dessus d'une porte ; c'est celle de l'appartement occupé par M. le comte d'Artois et les princes de la famille des Bourbons, pendant leur séjour en Écosse. Tout autour étaient devant leurs yeux les portraits des Stuarts et ceux des maîtresses de Charles II, contraste qui peut faire naître de sérieuses méditations sur la vanité des choses humaines !

Les ruines de la chapelle d'Holyrood se voient en arrière du palais, à l'extrême limite de la ville.

On est assez généralement d'accord sur le mérite de ces restes, qui sont d'une triste et douloureuse beauté. Sous ce rapport, ils ne pouvaient être mieux à leur place qu'auprès d'un château dépositaire de tant d'infortunes. Il y avait naguère, en 1802, dans le jardin, deux arbres qu'on disait plantés par Marie Stuart; l'un d'eux portait encore des feuilles, et paraissait fort sain; l'autre n'en portait plus; mais son squelette était encore debout. Aujourd'hui, l'herbe croît au pied des murs de la chapelle, et les colonnes qui avaient résisté au tems disparaissent à leur tour.

MM. Bouton et Daguerre en ont exposé au Diorama de Paris une représentation parfaite, à laquelle on ne saurait faire que le reproche d'être un peu flattée. Outre que la nuit est très-propice au dessin du gothique, ces habiles artistes ont sagement pensé que, sans ce prestige, la physionomie du lieu aurait perdu tous ses charmes. La lune a été avec raison appelée l'astre des ruines. En visitant ce bel ouvrage, j'ai entendu plusieurs personnes se plaindre de ce que le ciel était trop bleu; ces personnes avaient tort. Si quelque chose est admirable dans le tableau, c'est la couleur locale, c'est le ciel des nuits d'Écosse transporté parmi nous. Le Diorama est une découverte précieuse qu'on ne saurait trop encourager; car elle ne peut que faire honneur au pays qui l'a vue naître.

CHAPITRE XXII.

VILLE NEUVE. — GEORGE STREET. — ÉGLISES D'ÉCOSSE. — MAISON DE SIR WALTER SCOTT. — CALTON HILL. — EAU DE LEITH.

> « Matre pulchrâ filia pulchrior. »
> HORACE.

La ville neuve, ou du moins la grande portion de cette ville, actuellement terminée, peut être considérée comme un parallélogramme de quatre mille pieds de long, sur onze cents de largeur. Ses deux plus longues bases, formées par *Prince's street* et *Queen's street*, dominent d'un côté le lac du Nord, ou la vaste prairie dont nous avons parlé; de l'autre, les édifices d'une seconde ville neuve qui s'élève au-dessous de la première. La rue Georges, parallèle aux deux autres, est terminée d'un côté, au couchant, par la place Charlotte, et au levant, par la place Saint-André, ornée du monument de lord Melville. C'est cette rue qui excite principalement l'admiration des étrangers. Sa largeur est de cent quinze pieds, sa longueur de près d'un mille; mais ces grandes dimensions sont fatigantes, et je ne les cite avec exactitude que pour donner une idée positive du luxe qui s'est introduit depuis un demi-siècle dans les constructions anglaises. Malheureusement, la population semble fuir ces rues somptueuses, dont le pavé, tout en dalles immenses, paraît aussi intact qu'une statue sortant de l'atelier du sculpteur. On ne voit personne aux fenêtres de ces superbes palais, et les portes, qui en sont constamment fermées, pourraient faire croire que la ville vient d'être ravagée par une épidémie. Cette solitude est surtout frappante le dimanche, si religieusement observé, comme on sait, en Écosse. Il nous est arrivé d'y marcher pendant plus d'une heure sans rencontrer personne. Tout le monde est enfermé ce jour-là dans les temples ou dans l'intérieur des maisons, tandis qu'en France, dans nos cités et dans nos villages, la foule se précipite au-dehors, entraînée par un mouvement irrésistible.

Aussi n'avons-nous pas manqué d'entrer dans plusieurs églises, puisque là seulement nous pouvions trouver réunie la population tout entière. Nous y avons remarqué une décence et un recueillement auxquels nos yeux n'étaient pas accoutumés. Nulle part le son de l'orgue ne se fesait entendre, et c'est dommage ; point d'ornemens, point de cérémonies, personne entre Dieu et les hommes. De tems en tems, quelques hymnes suivis d'un profond silence s'élevaient jusqu'à lui : tous les assistans y prenaient part, et du mélange de mille voix résultait une harmonie douce, paisible, sans éclats, sans monotonie, assurément préférable à l'insipide accompagnement de nos *serpens* d'Église. Une propreté remarquable règne dans chaque temple; des tapis y sont étendus, des foyers nombreux y sont entretenus pendant l'hiver, pour préserver la santé des citoyens; car Dieu ne veut pas sans doute qu'il y ait du danger à lui rendre hommage, et qu'un temple consacré à son culte devienne pernicieux à ceux qui le fréquentent. Il est des églises où plusieurs sectes se rassemblent à la même heure pour adorer l'Éternel, chacune suivant ses principes; image touchante et respectable de l'union qui doit régner un jour parmi les hommes, quand l'expérience et les lumières les auront suffisamment dégoûtés du fanatisme et de l'intolérance. Après l'office, je me suis tenu pendant quelque tems sur le perron de l'église Saint-Georges pour voir sortir les fidèles : les physionomies sont encore pensives et recueillies; les filles accompagnent leurs mères; de grands laquais assis à la porte s'emparent de la bible de leurs maîtres, et font signe aux cochers d'avancer; la foule s'écoule lentement et en silence. Toutefois une élégance un peu fastueuse se fait remarquer dans les costumes ; les robes de satin sont trop nombreuses. Dans un lieu où tout doit respirer la modestie, où tout annonce la plus incontestable égalité, celle des hommes devant Dieu, peut-être la richesse devrait se couvrir de quelques voiles : la vanité reprend bientôt ses droits dans le monde.

Les belles rues de la ville neuve sont un instant ranimées par la foule qui tout-à-l'heure inondait les temples ; mais après quelques minutes, tout rentre promptement dans le silence accoutumé. Le monument de lord Melville, un instant environné, reparaît bientôt dans tout son isolement au milieu des bosquets du square ; sa statue, que je cherche des yeux, n'est pas encore placée au sommet de la colonne : on dit qu'elle est dans les ateliers d'un sculpteur célèbre, à Lanark. Une nation qui sait honorer ainsi la mémoire de ses grands citoyens, ne doit jamais désespérer de son salut ni de sa gloire.

Sir Walter Scott demeure près de là, dans Castle street, n° 39. La maison de cet illustre écrivain nous intéressait plus que tous les palais de la ville neuve. Quand les étrangers visitaient Athènes, ils couraient voir tout d'abord Socrate et Platon : notre première visite était due à l'auteur des Puritains et de Waverley; mais il venait de partir pour la campagne. Nous n'avons pas eu besoin de guides pour trouver sa maison, et, quoique tout le monde la connaisse, le nom du maître est modestement écrit sur la porte : *sir Walter Scott, baronet*. Au premier coup de la sonnette que nous avons agitée d'une main émue, une femme est accourue, fidèle gardienne de la demeure du poète; son air honnête et doux nous a semblé d'un bon augure, car j'ai souvent entendu dire qu'on pouvait juger sans erreur de l'accueil du maître par celui des domestiques. Elle nous a introduits dans le salon de réception avec un sourire de remercîment et de joie pour cet hommage que nous venions de si loin rendre à son maître; elle a répondu à toutes nos questions avec une sagacité et un à-propos remarquables, comme si elle prenait sa part de notre visite à sir Walter Scott. Un volume de Guy Mannering était ouvert sur la table au milieu d'une foule de papiers qu'il nous en a coûté beaucoup de respecter : sur le revers de l'un d'eux, nous avons exprimé le regret que nous causait l'absence de l'auteur. La bonne servante nous engageait vivement à faire le voyage d'Abbotsford, où nous devions trouver sir Walter Scott au sein de sa famille, dans un charmant hermitage. « Allez, Messieurs, disait-elle;

» mon maître est toujours enchanté de recevoir
» des Français : vous lui ferez plaisir, et vous
» verrez que ses filles parlent aussi bien votre
» langue que la leur. » Le projet était séduisant,
mais le tems nous manquait. Toujours l'homme
est retenu sur la terre par quelques motifs de dépendance; et les plaisirs de l'ame ne sont pas plus
exempts de mélange que les jouissances du cœur.
 La ville nous a paru plus déserte en sortant de
la maison déserte de sir Walter Scott. Les belles
églises de Saint-André, de Saint-Paul, de Saint-
Georges, l'hôtel des Archives, l'un des édifices
les plus remarquables d'Édimbourg, le cirque
royal et la place de Moray ont perdu quelque
chose de leur prestige à nos yeux; et, pour retrouver des émotions dignes d'Édimbourg, il a fallu
monter sur Calton hill, et nous remettre en présence de tous ses monumens. Calton hill s'élève
sur une base plus large que le château, et sa vue
embrasse un horizon bien plus étendu. La ville
entière se dessine au-dessous de lui comme sur
un plan; vers le nord, on aperçoit les montagnes
du Fifeshire, au levant l'embouchure du Forth,
qui ne manque pas de ressemblance avec celle
de la Seine au Hâvre; au midi, le Bridewell ou la
nouvelle prison, qui n'a plus rien de commun

avec l'ancienne, et le vieux faubourg de Canongate terminé par le palais d'Holyrood. Tous ces objets saillans sont accompagnés d'une telle variété d'objets secondaires que la vue en est éblouie. Le vent, qui souffle sans cesse avec une violence extrême dans ces parages, débarrasse la ville des nuages de fumée qui tendent à l'envelopper jour et nuit, et ce phénomène est un privilége qui garantit pour long-tems la fraîcheur et la conservation de ses monumens.

Calton hill est un des plus beaux sites du monde. Ces montagnes qui se perdent dans les nues, ce golfe qui s'avance dans les terres, cet horizon qui ne finit point, ces deux villes si différentes par leur construction, cette citadelle unique, ce lac desséché, cette chaussée de Leith qui rappelle Athènes, forment assurément la plus étonnante réunion d'objets qu'on puisse voir. La colonne de Nelson apparaît au-dessus de tout, comme la récompense d'une gloire qui domine toutes les autres, celle d'avoir sauvé son pays. L'observatoire occupe sur le penchant de la colline la portion qui regarde le nord, et l'on parle beaucoup depuis quelque tems d'élever au sommet du plateau un monument national sur le plan du Parthénon d'Athènes; de nombreuses souscriptions sont déjà ouvertes à cet effet : mais on n'est pas encore d'accord sur la destination du nouvel édifice.

Toute cette vaste enceinte est entourée par un torrent qui se jette dans la mer près de Leith, et qui porte le nom du faubourg; *Water of Leith*. La nature, si prodigue pour Édimbourg de beautés pittoresques, n'a pas voulu que ce ruisseau fût indigne d'elle : elle lui a donné un cachet d'originalité qui en fait un des objets les plus intéressans pour le voyageur. Son lit est creusé au fond d'une petite vallée qui semble créée pour lui seul; ses bords, tantôt escarpés, tantôt gracieusement évasés, sont parsemés de pavillons, de jolis temples, de troupeaux, de maisons de campagne; lui-même se précipite en petites cascades, roule paisiblement sur un fond de cailloux, s'arrête quelquefois pour arroser des jardins, pour animer des manufactures, et finit sa course en bouillonnant, après avoir passé sous une infinité de petits ponts en bois ou en pierre, d'une ou de plusieurs arches. À mesure qu'on approche de son embouchure, on remarque beaucoup de nouveaux édifices qui s'élèvent, et qui formeront bientôt de larges rues, des places circulaires et demi-circulaires, connues sous le nom de *croissans*, formes antiques et élégantes pour lesquelles les

Anglais témoignent beaucoup de prédilection. Lorsque ce plan immense sera terminé, lorsque les deux côtés de la grande chaussée de Leith se seront couverts de monumens, dont les fondemens sont déjà jetés, la ville d'Édimbourg n'aura plus de rivale en Europe. Fière de ses trois collines, réunie à la mer par une suite de palais, bornée au couchant par un torrent mille fois plus limpide et plus gai que le Tibre, et au midi, par une des plus magnifiques plaines qu'ait pu embellir la main des hommes, rien ne lui manquera des beautés de Rome et d'Athènes. Et si elle n'a point, comme ces deux illustres métropoles, des souvenirs dignes de traverser les siècles, il lui restera du moins les traditions du moyen âge, et la gloire d'avoir enfanté presqu'instantanément une foule de grands hommes, l'honneur de la littérature et des arts.

CHAPITRE XXIII.

FAUBOURG ET PORT DE LEITH.—EMBOUCHURE DU FORTH.— RETOUR A ÉDIMBOURG. — LES HOPITAUX. — SALISBURY-CRAIGS ET ARTHUR'S SEAT.—LE MARCHÉ AUX POISSONS.— LES SOLDATS ÉCOSSAIS.

> « Je sentais, tout en me fesant petit, je ne sais quoi qui m'élevait l'ame, et je restai là plusieurs heures dans une contemplation ravissante. »
> J. J. Rousseau.

Leith est le port d'Édimbourg ; mais, comme Édimbourg est une ville de littérateurs ou de rentiers, comme on n'y vient surtout que pour s'amuser ou pour s'instruire, le mouvement du port n'a rien de cette brûlante activité qui anime ceux de Liverpool, de Bristol et de Glasgow. Les bâtimens n'y amènent guères que le charbon et les denrées nécessaires à la consommation de la ville, et son commerce ne s'étend qu'aux ports de la Baltique ou de la Hollande. Les manufactures de papier, de savon et de glaces, et les rafineries de sucre situées dans le voisinage, forment la base principale des exportations. Les rues de Leith sont sales, étroites, irrégulières ; les mai-

sons se ressentent encore de la simplicité sauvage
des pêcheurs qui les ont bâties. Le port est garanti par une jetée en pierres de médiocre apparence, et ses bassins ne sont pas comparables à
ceux des autres ports de l'Angleterre. Cependant
la vue des côtes voisines, le superbe coup d'œil
de l'embouchure du Forth et la beauté de ses
rivages y attirent constamment une foule de curieux. C'est là qu'arrivent tous les bateaux à vapeur qui communiquent avec Londres, là que les
habitans d'Édimbourg viennent prendre les bains
de mer; enfin, ce qui est plus intéressant encore
pour nous Français, c'est là qu'ont abordé nos
flottes dans le tems où les Écossais étaient nos
frères, suivaient nos modes, et partageaient nos
affections ou nos ressentimens. Nous avons longtems erré sur ce rivage tout plein de souvenirs,
cherchant partout si nous n'en trouverions pas
quelques traces : mais nous n'avons vu sur la rive
déserte qu'un grouppe de jeunes filles qui se baignaient, et qui ont disparu à notre approche. L'eau
du golfe n'est pas limpide, quoique le ciel soit
sans nuages, et la grève caillouteuse : le Forth,
en descendant des montagnes pluvieuses du comté
de Stirling, entraîne dans sa course une grande
quantité de terres jaunâtres qui troublent la couleur de ses eaux.

CHAPITRE VINGT-TROISIÈME.

On montre encore avec une emphase ridicule, dans ce faubourg de Leith, la place où débarqua Georges IV, lors de son voyage en Écosse, en 1821. On n'oublie point le tapis de velours écarlate sur lequel sa Majesté daigna mettre le pied, l'honneur qu'il fit aux magistrats de leur rendre les clefs de la ville, les innombrables échafauds élevés de toutes parts pour voir passer le cortége, les fanfares et les coups de canon qui ont retenti à son arrivée. Toutes ces fadaises remplissent des volumes, et ressemblent aux détails d'une réception de baise-mains à la cour d'Espagne. Les magistrats de ce peuple libre ont poussé l'ivresse jusqu'au point de voter une statue équestre au roi, qui leur avait serré la main. Ne rions pas... nous avons poussé plus loin l'esprit de délire et de servilité ; nous avons vu des Françaises agiter leurs mouchoirs en signe d'allégresse, pendant que des hordes de Cosaques souillaient la capitale du monde civilisé ; nous les avons vues se précipiter au-devant d'eux, et panser leurs blessures, tandis que nos soldats mourans imploraient en vain des secours prodigués à ces barbares ! Hélas ! notre vie se passe à rougir chaque jour des folies de la veille, en attendant celles du lendemain.

Ces tristes souvenirs s'accordent fort bien avec

les émotions qui nous attendaient dans les hôpitaux d'Édimbourg. Jamais peut-être, en aucun lieu du monde, la magnificence des monumens de ce genre, n'a couvert de plus déplorables misères. Je les ai tous parcourus, et, sans vouloir, ce qu'à Dieu ne plaise, accuser la mémoire de leurs vénérables fondateurs, il m'a semblé qu'on avait partout sacrifié le bien-être des malades à la vanité nationale. L'Infirmerie royale, la Maison des fous, l'hospice de la Maternité, les hôpitaux d'Heriot et de Gillespies sont de superbes édifices; mais que le sort de leurs malheureux habitans est loin de répondre à ce luxe d'architecture! Malgré leurs riches dotations, leurs vastes pelouses, et même un certain appareil de soins et de propreté, que de défauts à reprendre, et de vides à remplir! que ces lits sont durs et rapprochés les uns des autres! que ces couvertures sont légères! que cette nourriture est grossière et pesante! quel chaos règne encore dans ces laboratoires! Un seul de tous les hôpitaux, celui de la Trinité, possède une bibliothèque; idée heureuse, si le choix des livres répondait aux goûts et aux besoins de la classe indigente; mais ce sont de vieux ouvrages plus propres à figurer dans une abbaye que dans un hospice, et personne ne les lit. Que j'aurais de choses à dire sur ce sujet, sans offenser la philanthropie écossaise! J'espère que le tems, qui a si rapidement embelli Édimbourg, fera naître à leur tour des changemens favorables au sort de l'humanité souffrante; l'honneur de la soulager sera compté pour quelque chose de plus que le pouvoir de la tenir captive, et les infortunés cesseront de servir de matière aux essais trop souvent hardis d'une science dangereuse, quand elle n'est pas éclairée par la philosophie.

Comme je finissais ma visite aux hôpitaux, le soleil approchait du couchant, et dorait de ses derniers rayons les cimes d'Arthur seat et de Salisbury craigs. Ces hauteurs s'élevaient au-dessus de nos têtes, semblables à deux cônes immenses; nous les avons gravies en suivant un sentier taillé dans le roc, dont la base présente des couches irrégulières de porphyre, de basalte et de granit. On rencontre de tems en tems des cristallisations de toute beauté, surtout près d'Arthur seat. Mais la plus intéressante de toutes ces beautés n'appartient point à la minéralogie : c'est la vue d'Édimbourg dans tout son ensemble, avec son couronnement admirable de montagnes. En arrivant par le sentier d'Holyrood, on ne peut retenir un cri de surprise. Salisbury craigs s'avance si hardiment au-dessus de la ville, et cette roche

Tarpéienne est taillée si à propos, qu'en s'asseyant sur la pelouse dont sa tête est couverte, la vue plonge dans l'enceinte des rues et des cours intérieures. Aucun mouvement n'échappe aux yeux enchantés, ni les voiles que le vent tourmente du côté de la rade, ni les nuages de fumée qu'il chasse devant lui du côté de la ville, ni les reflets du soleil qui brille sur les armes des sentinelles du château. Holyrood avec ses murs tout noirs, et sa chapelle en ruines; les colonnes de Nelson et de Melville; la cathédrale et sa flèche bizarre; le bel hôpital d'Heriot; les majestueux alignemens de Prince's street et de Canongate, avec les clochers élancés de leurs églises; le contraste de deux villes séparées par une vallée de gazon; tous ces objets réunis, et éclairés par un soleil d'Italie, formaient le panorama le plus ravissant qui puisse exalter l'imagination d'un poète. Nous y avons passé plus d'une heure dans une contemplation muette, mêlée d'attendrissement et de volupté.

On croirait difficilement qu'Édimbourg compte à peine cent quarante mille ames, en voyant l'étendue qu'elle occupe; mais il ne faut pas oublier que chaque famille habite ordinairement une maison tout entière, excepté dans quelques quartiers de la vieille ville, et dans les environs des principaux marchés.

CHAPITRE VINGT-TROISIÈME.

Ces marchés sont pourvus de poissons et de gibier avec tant d'abondance et de variété, que les amateurs d'histoire naturelle s'y rendent en foule pour en étudier les différentes espèces. On y remarque surtout des oiseaux aquatiques fort curieux et très-délicats, qui reviennent tous les ans se faire prendre par milliers autour d'un rocher, près du *Frith of forth*. Je n'ai vu nulle part une aussi incroyable variété de poissons : on dirait que toutes les tribus de l'empire des eaux se sont donné rendez-vous sur cette place. Aussi, les marchandes de poissons d'Édimbourg, chaque jour consultées, ont-elles fini par se croire des naturalistes, et par s'en arroger l'importance ; prétentions qui donnent souvent lieu à des scènes très-plaisantes.

Les soldats, qui s'ennuyent ici plus qu'ailleurs, rôdent quelquefois autour des marchés pour étudier l'histoire naturelle, comme nous voyons les nôtres s'installer devant les boutiques d'oiseleurs dans l'attitude d'une méditation profonde. Ils se promènent deux à deux par petits pelotons, avec un certain ensemble qui nous les représente assez bien tels qu'ils doivent être dans les rangs : de grandes plumes noires tombent avec grâce sur leur tête, et leur uniforme, entièrement quadrillé, ne manque pas d'élégance et de noblesse. Je n'aime pas le tablier, ou plutôt le sac de peau, qu'ils portent suspendu à la ceinture : il a l'air d'embarrasser leur marche, et il ne tranche pas assez avec le reste du costume. Le genou n'est point couvert, les jambes le sont à peine par les cordons des brodequins, ordinairement rouges ou jaunes. Ces troupes sont les seules qui nous aient résisté, à nombre égal, sur le champ de bataille, et qui aient conservé de la modestie après la victoire. J'ai toujours entendu leurs officiers parler avec respect de nos braves : les ames généreuses n'ont pas besoin d'effort pour être justes.

CHAPITRE XXIV.

DES HIGHLANDERS OU HABITANS DES HAUTES-TERRES D'ÉCOSSE. — DES ANCIENNES TRIBUS OU CLANS. — DE LEURS CHEFS. — MANIÈRE DE COMBATTRE. — TRAITS DE DÉVOUEMENT. — COSTUME. — MŒURS. — BARDES. — CROYANCES. — MARIAGES. — SUPERSTITIONS. — EXPÉDITION DU PRÉTENDANT. — ALTÉRATION DES ANCIENNES MŒURS. — SES CAUSES ET SES RÉSULTATS.

> «...... 'Tis wonderful
> That an invisible instinct should frame them
> To loyalty unlearned ; honour unthaught ;
> Civility not seen from others. »
> SHAKSPEARE.

Je ne veux point quitter l'Écosse sans offrir aux anciens habitans de ses Hautes-Terres l'hommage d'un souvenir. J'ai consulté avec soin leurs traditions, les auteurs qui ont écrit leur histoire, les relations des voyageurs qui les ont visités ; j'ai recueilli à Glasgow et à Édimbourg tous les documens qui pouvaient compléter le tableau de leur vieille existence, dont je ne présente ici qu'une imparfaite esquisse. Si mes lecteurs y trouvent quelque charme, tout l'honneur en est dû à Pennant, au docteur Johnson, à Gilpin, à M. Grant, et surtout au colonel David Stewart; eux seuls ont bien étudié et bien décrit les mœurs des montagnards.

La partie septentrionale de l'Écosse, connue sous le nom de *Highlands* ou Hautes-Terres, peut être regardée comme une île séparée de la Grande-Bretagne par le canal qui unit le Forth à la Clyde. Ses limites maritimes sont hérissées de rochers, de falaises, de cristallisations énormes, et généralement échancrées par des bras de mer. Le pays est assis sur des masses de granit rouge et bleu, de basalte et de concrétions volcaniques. Il est coupé dans l'intérieur par des précipices, des gorges et des vallées profondes; par des canaux et des lacs. Isolés, en quelque sorte, du reste du monde, les habitans de cette contrée pittoresque ont conservé les habitudes et les mœurs des anciens âges; toujours indépendans, toujours hospitaliers comme leurs pères, on les a vus réaliser, en quelque sorte, pendant une longue suite de siècles, la plupart des fictions poétiques de l'antiquité. Leur langue âpre et sauvage, leur costume, leurs goûts simples, leur amour du sol natal les ont constamment soustraits à l'empire de la civilisation; et cependant ils n'ont jamais été des barbares. La contemplation de la nature, la vue d'un ciel triste et nébuleux, le besoin de vivre concentrés au sein de leurs familles, et je ne sais quelle tendance à la mélancolie, ont entretenu en eux des sentimens de bienveillance mutuelle qu'ils étendaient aux étrangers, même en les méprisant. Il n'y a pas jusqu'à leurs exercices, leurs jeux, leurs préjugés et leurs superstitions qui ne soient empreints d'un caractère d'originalité fort remarquable. On dit que les Celtes sont leurs aïeux; mais rien ne prouve qu'ils descendent de ces peuples, pas même la langue, le *Gaëlic*, qui semble plutôt avoir une origine orientale : il serait plus exact de les comparer aux Basques, dont ils ont la vivacité, la sobriété et la souplesse.

Ils se sont partagés de bonne heure en tribus ou *clans*, sous des chefs différens, auxquels ils étaient très-attachés. Cette division, qui remonte jusqu'à l'époque de leur conquête par Agricola(1), explique presque tous les phénomènes de leur existence politique. Chaque tribu, séparée par un vallon, par un lac ou par un bras de mer, et retran-

---

(1) « *Nunc per principes factionibus et studiis trahuntur : nec aliud adversùs validissimas gentes pro nobis utilius, quàm quòd in commune non consulunt. Rarus duabus tribusve civitatibus ad propulsandum commune periculum conventus : ità, dùm singuli pugnant, universi vincuntur.* »

TACITE, AGRICOLA, XII.

chée derrière ses limites naturelles, n'avait souvent aucun rapport avec les tribus voisines, excepté dans le cas où il fallait se réunir pour la défense du territoire : si l'une d'elles venait à succomber, les autres ne se regardaient pas comme engagées dans le malheur de la tribu vaincue. Il en résultait quelquefois des haines terribles et d'inflexibles ressentimens. Les chefs, descendans des premiers conducteurs, véritables patriarches, soutenus par l'amitié d'un peuple libre, fier et crédule, présidaient le conseil des anciens ; et, si la guerre y était décidée, on la déclarait sur-le-champ par un enlèvement général des troupeaux de l'ennemi : un ordre du chef pour ravager les pâturages était équivalent à des lettres de marque. On se précipitait en désordre contre des masses sans ordre ; on s'abordait, on se mêlait, on fesait des prodiges de valeur. La ruse, la fraude et l'artifice, sévèrement proscrits dans les querelles d'individus, devenaient des moyens légitimes dans les guerres de *clans*. Les petites tribus, ou celles qui avaient perdu leurs chefs, passaient dans les rangs des plus grandes et sous leurs ordres, mais seulement pendant la durée des hostilités. Les traités qui les suivaient peuvent être regardés quelquefois comme des chefs-d'œuvre de prudence et de sagacité.

CHAPITRE VINGT-QUATRIÈME.

Au milieu de la fureur des combats, tous les guerriers se soutenaient comme des frères ; tous exposaient leur vie pour défendre celle de leur chef, qu'ils aimaient comme un père. Celui-ci n'était distingué par aucun costume particulier ; il portait seulement un panache sur son bonnet, et marchait ordinairement accompagné des musiciens. Les récompenses et les honneurs se distribuaient dans son château ; il y jugeait tous les différends, et l'on avait tant de confiance en sa justice ou tant de crainte de sa vengeance, que jamais on n'appelait de ses décisions. En admettant même qu'elles fussent erronées, il y avait encore quelque chose à gagner pour les plaideurs, puisque, du moins, les procès étaient jugés sur-le-champ, et que les parties s'en retournaient contentes. Rien de moins exact pourtant que de supposer, dans tous les cas, aux chefs de *clans* une autorité illimitée (1) : leurs dispositions les

---

(1) Je viens de lire, et je ne puis m'empêcher de citer un fait atroce raconté par M. Ch. Dupin dans son excellent ouvrage sur la Grande-Bretagne, tome VI. Il me paraît devoir entrer de droit dans le tableau de ces mœurs singulières.

« A quelque distance de l'habitation de Mac-Donnell,
» je découvris un monument qui me fit reculer d'horreur ;
» en voici le sujet : Il y a plus de deux cents ans, une famille

plus prononcés étaient toujours modifiées par les anciens de la tribu, dont ils suivaient les conseils dans les mesures de quelqu'importance.

Le dévouement à son chef est la première vertu du Highlander. A la bataille d'Inverkeithing, entre les royalistes et les troupes de Cromwell,

---

» noble avait fait éprouver quelques injustices à plusieurs de
» ses vassaux; sept d'entr'eux se réunirent, et massacrèrent
» cette famille, ou du moins toutes les probabilités les indi-
» quèrent comme auteurs de l'assassinat. Aussitôt le Laird
» dans le clan duquel s'était commis le crime, envoya ses
» satellites, avec l'ordre pur et simple d'aller chercher les
» têtes des prévenus. Ils trouvèrent ces malheureux réfugiés
» dans une caverne, les y décapitèrent, portèrent leurs têtes
» à la fontaine voisine de Glengarry, pour les y laver, et, les
» ayant rendues *présentables*, les offrirent au seigneur, qui
» les avait demandées.

» Sur cette petite fontaine, au bord du lac Oich, s'élève
» une pyramide quadrangulaire, dont l'aiguille tronquée porte
» sept têtes encore palpitantes des spasmes du supplice. Po-
» sées en cercle sur le faîte de la pyramide, elles offrent de
» toutes parts leurs faces hideuses. Leurs cheveux hérissés
» sur leurs crânes sont empoignés par une énorme main,
» qui tient un glaive d'où dégoutte du sang. Sur les quatre
» côtés de la pyramide, est écrite en français, en anglais, en
» latin, en gaëlic (idiome des montagnards), l'inscription
» qui sert d'explication au monument des cannibales. Quand
» je le visitai, il fesait une tempête affreuse, et la pluie

cinq cents partisans du Laird de Maclean furent tués sur le champ de bataille. Dans la chaleur de l'affaire, sept frères de la tribu sacrifièrent leur vie pour leur commandant, sir Hector Maclean. Pressé de tous côtés par l'ennemi, il fut défendu avec énergie par ces hommes intrépides : à mesure que l'un des frères succombait,

---

» tombait par torrens ; néanmoins, je descendis de cheval, » et copiai littéralement cette inscription, que je traduis mot » à mot :

« *En mémoire de la grande et prompte vengeance qui dirigea, selon le cours rapide de la justice féodale, les ordres de lord Mac-Donnell et Aross, pour atteindre les auteurs de l'horrible assassinat de la famille Keppoch, une branche du puissant et illustre Clan dont sa seigneurie était le chef, ce monument est érigé par le colonel Mac-Donnell Glengarry, son successeur et représentant, l'an du Seigneur, 1812. Les têtes des sept meurtriers furent portées aux pieds du noble chef, dans le château de Glengarry, après avoir été lavées dans cette fontaine : depuis cet événement, qui eut lieu dans les premières années du XVI*e* siècle, elle a toujours été désignée sous le nom de* Fontaine des Têtes. »

On savait bien, sans doute, que la justice féodale du XVI*e* siècle était expéditive, et nous n'avions pas besoin d'aller en Écosse pour en trouver des exemples ; mais c'est un grand outrage à la morale publique que l'érection du monument de *la Fontaine des Sept Têtes, l'an du Seigneur* 1812, dans la patrie de Hume et de Robertson !

il s'en présentait un autre pour le couvrir de son corps, en criant : « *Another for Hector*, un autre pour Hector. » Ce mot est devenu par la suite le cri des montagnards dans les pressans dangers.

Après la malheureuse expédition du prétendant, le gouvernement royal le poursuivit avec acharnement, et mit sa tête à prix. Un jeune homme appelé Mackenzie, qui avait une ressemblance frappante avec ce prince, fut pris pour lui, et, loin de se faire reconnaître, il s'écria, tout percé de coups : « *Villains, you have killed your prince*, misérables, vous avez tué votre maître! » Les soldats ne reconnurent leur méprise qu'en portant sa tête dans la ville voisine, où ils venaient demander la récompense de trente mille livres sterling, promise à l'assassin.

Les réactions ne cessaient point depuis la bataille de Culloden. Mais, tandis que les chefs qui avaient pris part à la guerre étaient recherchés et punis avec une rigueur inouie, les Highlanders rivalisaient de dévouement et de grandeur d'ame pour les sauver. Le colonel Macpherson de Cluny fut nourri dans une grotte pendant dix ans par des paysans de sa tribu. L'un d'eux, qui connaissait sa retraite, refusa les offres les plus séduisantes plutôt que de le trahir. « Que ferai-je, » disait-il, de l'argent que vous m'offrez? un

» gentilhomme pourrait le prendre, et s'en aller
» ensuite à Londres ou à Édimbourg, afin d'é-
» chapper dans le sein des plaisirs à l'horreur du
» remords; mais moi, si je fesais ce que vous dites,
» je n'oserais plus rester dans mon pays; personne
» ne voudrait plus me parler, et l'on me fuirait
» dans les rues comme un infâme ». Un autre,
bien informé de l'asile de quelques proscrits,
puisqu'il était chargé de leur porter des vivres,
se promenait un jour dans les environs, lorsqu'il
aperçut deux dames qu'à leur mine il jugea bien
disposées pour ces infortunés. Il les conduisit auprès d'eux; celles-ci, reconnaissantes d'un si grand
service, lui offrirent une gratification de cinq
shellings (1). A la vue de cette somme, le paysan
épouvanté se couvrit la figure de ses deux mains,
et s'évanouit. Il se crut environné de traîtres, et
on eut beaucoup de peine à lui persuader que son
dévouement méritait une récompense.

Chez un peuple aussi singulier, l'art militaire
ne devait pas ressembler à la tactique du reste
de l'Europe; ses armes n'étaient pas non plus les
mêmes. Ils portaient un long coutelas au côté
gauche; à droite, une espèce de dague, dont ils

---

(1) Six francs de notre monnaie.

ne se servaient qu'au fort de la mêlée. Plus tard, ils s'armèrent d'un fusil et d'une paire de pistolets. Quand ces armes à feu leur manquaient, ils les remplaçaient par une lance, au bout de laquelle, selon les circonstances, ils adaptaient une faulx retournée pour repousser la cavalerie : c'est ainsi qu'en 1745, les troupes du prince Édouard battirent l'armée anglaise, à Preston pans. Ces montagnards s'élancèrent à grands cris sur l'ennemi étonné, et l'eurent bientôt mis en déroute. En 1546 une affaire s'était donnée, dans laquelle les deux partis avaient combattu en chemise : on l'appela pour cette raison *battle of the shirts*, la bataille des chemises.

Dans les attaques plus régulières, chaque clan est rangée par régiment, chaque famille par compagnie. L'armée s'ébranle brusquement avec un certain ordre, au son des cornemuses, au pas de course, ou pour mieux dire au petit trot ; on fait une décharge de mousqueterie de fort près, et par conséquent très-meurtrière ; puis on met le sabre à la main, et l'on termine par des coups de pistolets. Ce fut selon ce système que les Highlanders combattirent à Culloden ; mais le secret de leurs manœuvres était connu : les Anglais se mirent en potence sur leur flanc, et les déconcertèrent par un feu terrible.

CHAPITRE VINGT-QUATRIÈME.

Le costume de la nation a contribué beaucoup plus qu'on ne pense à son isolement et à son indépendance. Il semble tenir à la fois de la pompe asiatique et de la légèreté européenne. L'étoffe dont les paysans se servent, porte le nom de *tartan*. C'est une espèce de serge quadrillée dont le tissu fin et serré préserve le soldat des injures d'un climat très-variable, sans le fatiguer jamais. L'arrangement des couleurs distingue les tribus, les familles et les districts : les Macdonald, les Campbell, les Mackenzie étaient facilement reconnus dans l'armée lorsqu'ils déployaient leurs manteaux. Ces manteaux ou *plaids*, attachés au-dessus des épaules par une large agrafe, descendent jusqu'aux pieds, et peuvent envelopper le corps d'une manière complète, pour le garantir de la pluie ou de l'humidité des nuits. Quand le tems est beau, les soldats se contentent de les rouler autour de leur poitrine, comme les nôtres font de leurs capotes. Une veste d'étoffe verte, rouge ou bleue couvre le buste; le reste du corps jusqu'aux genoux n'est défendu que par le petit jupon si connu des Parisiens en 1815. Le genou, qu'ils ont ordinairement très-bien fait, demeure exposé à l'air dans toutes les saisons, sans aucun danger pour les individus; la chaussure consiste en un brodequin attaché autour des jambes par une infinité de rubans de diverses couleurs. Le bonnet a de la ressemblance avec une toque de magistrat ; les gentilshommes y mettaient une plume. Ce costume, également commode pour le guerrier, le chasseur et le berger, a toujours été cher aux Écossais : il les distinguait de l'habitant des Basses-Terres, et leur rappelait sans cesse de rians souvenirs d'indépendance et de gloire.

Chaque peuple a eu les siens ; chaque peuple se dessine dans l'histoire avec des traits plus ou moins caractéristiques. Les Orientaux, dans leurs heures paresseuses, s'amusent d'un récit, d'un conte, d'une anecdote : nous leur devons le joli drame de Joseph, l'histoire de Tobie, celles de Daniel, d'Esther et des Machabées, qui seraient des nouvelles pleines d'intérêt, quand même l'Écriture n'en aurait pas garanti l'authenticité. Les Écossais, plus belliqueux, ont préféré des chants sévères aux idylles de l'Orient ; ils ont voulu que la poésie devînt la terreur des lâches et la récompense des héros. Les Bardes récitaient les chants d'Ossian, d'Ullin ou d'Oran, rappelaient les exploits des aïeux, et maudissaient la mémoire des perfides. Leurs traditions tenaient lieu de bibliothèques ; ils étaient comme les annales vivantes de toute une tribu, comme les dépositaires sacrés de toutes les renommées. Pendant les combats, ils excitaient le courage des guerriers ; après la victoire, ils louaient les morts, et rendaient le dernier hommage à leur cendre. Les musiciens joignaient leurs accords à ces solennités funèbres; on ne plaignait que les vivans d'avoir perdu leurs frères; car ces frères venaient de remonter au séjour de l'immortalité, et se reposaient des peines de ce monde dans un monde meilleur. Ainsi, l'espoir de revivre dans le cœur de ses amis enfantait des prodiges, et fesait de la contemplation de la mort comme une occupation pleine de charmes.

Ce qu'ils craignaient surtout, c'était de mourir sur la terre étrangère sans qu'une main chérie soutînt leur main défaillante, et leur fermât les yeux. Une femme de 91 ans, d'une santé parfaite, et en possession de toutes ses facultés morales, était venue à Perth, où ses affaires l'appelaient près de sa fille, abandonnant pour quelques jours son habitation, qui n'était qu'à peu de milles de Dunkeld. Deux jours après son arrivée, elle eut une légère attaque de fièvre; vers le soir, il tomba beaucoup de neige, et elle manifesta une vive inquiétude lorsqu'on lui annonça qu'il en tomberait davantage. Le lendemain, on trouva son lit désert, et l'on ignora ce qu'elle était devenue, jusqu'à ce qu'elle eût envoyé dire elle-même qu'elle avait quitté à minuit la maison de sa fille, et ne s'était arrêtée qu'en arrivant au logis, éloigné de vingt milles. Interrogée plus tard sur le motif de cette fuite soudaine, elle répondit : « Si » ma maladie avait augmenté, et si j'en étais morte, » on n'aurait pas pu envoyer mes restes à ma » famille à cause du mauvais tems; si j'avais pré- » venu ma famille de mon projet, elle m'aurait » empêchée de partir; et Dieu me préserve de » mourir si loin de ma chaumière, pour être en- » terrée parmi les étrangers de la plaine! »

Nulle part la piété filiale n'a offert de plus beaux exemples à l'admiration publique. Il n'est pas rare de voir un jeune homme refuser obstinément de se marier, afin de soutenir sa mère infirme. Aussi un Écossais ne pense pas qu'il puisse manquer de quelque chose tant qu'il lui reste un enfant, quels que soient ses malheurs. Ce sentiment domine tous les autres, et ils en sont tellement pénétrés, qu'ordinairement ils se marient fort jeunes, afin de voir leurs enfans établis, sûrs d'en être secourus dans leurs vieux jours. Le soldat écossais est retenu sous les drapeaux même, par la crainte d'humilier ou d'affliger ses parens : le général Mackenzie n'avait pas de moyen de discipline plus puissant que cette menace. Les jeunes gens cherchant leurs épouses dans leurs tribus respectives, les noms de plusieurs familles ont fini par se confondre, et par former une sorte de confédération du sang, entièrement inconnue dans les sociétés modernes. De là vient qu'on trouve en Écosse une si grande quantité de Macgregors, de Macdonalds, de Macphersons, de Macfarlanes, etc.

Cette considération les rend très-délicats sur l'honneur, et tout homme réputé coupable d'un crime dont il aurait été acquitté, faute de preuves, ne parvient jamais à se réhabiliter dans l'opinion publique. Il y a peu d'années que deux hommes, l'un jeune et l'autre vieux, traversant ensemble le lac Tay, dans un petit bateau, s'arrêtèrent au milieu de leur course. Du rivage, on vit l'un d'eux tomber dans l'eau en se débattant; mais on ne put le reconnaître exactement. Le jeune homme n'ayant pas abordé à l'autre rive, on arrêta le vieillard. Il imagina une prétendue querelle, par suite de laquelle son compagnon, qui était ivre, avait dû tomber dans l'eau, et se noyer. On ne crut point à son histoire, et cependant il fut acquitté, faute de preuves; mais l'opinion indignée ne ratifia point l'arrêt des juges; il fut obligé de s'exiler.

Quelquefois les préventions populaires allaient beaucoup plus loin, et les montagnards supposaient que le châtiment d'un crime devait retomber sur la famille du coupable jusqu'à la troisième ou à la quatrième génération. Le colonel Campbell de Glenlyon, officier très-éclairé, fut poursuivi pendant toute sa vie par ce triste préjugé. Il était petit-fils du *laird* ou seigneur de Glenlyon, qui avait commandé le détachement chargé du massacre de Glenco, quoiqu'il eût vécu amicalement, pendant quinze jours, dans le château du chef de cette malheureuse tribu. Il jouait même aux cartes avec lui, lorsque le carnage commença..... Je n'ai pas besoin d'ajouter que son nom devint l'objet de l'exécration publique. Plus de cinquante ans après cet affreux événement, en 1771, le colonel Campbell, ayant reçu l'ordre de faire exécuter la sentence d'un soldat de marine condamné à être fusillé, conduisait le patient au supplice; mais il était porteur de sa grâce, et ne devait la lui annoncer que lorsqu'il serait à genoux, les yeux bandés, prêt à recevoir le coup fatal. Personne n'était dans le secret. Le peloton attendait que le sous-officier donnât le signal de faire feu, en agitant son mouchoir, selon l'usage anglais. Tout à coup le colonel met la main dans sa poche, pour en extraire la grâce du soldat; mais, son mouchoir étant sorti en même tems, le détachement reconnaît le signal, tire, et le malheureux condamné tombe mort. Le colonel, épouvanté, laisse tomber de ses mains la lettre de grâce, détourne la tête, et s'écrie : « La malédiction de Glenco » est ici; je suis perdu..... » En même tems il renvoie les troupes à leurs quartiers, et se retire du service, persuadé que le crime de son aïeul est retombé sur lui.

La religion avait une grande influence sur de pareilles imaginations. Pour elles, un orage, la foudre, le vent, le bruit d'une cascade, l'éclat d'une aurore boréale étaient des avertissemens du ciel, des signes précurseurs de quelque grand événement. Les roulemens du tonnerre dans les vallées étaient *le cri de l'esprit des montagnes; the spirit of the mountains shrieks*, selon Ossian. Ils croyaient voir passer les ombres de leurs pères dans le sein des nuages; et, quand la tempête éclatait, ils se prosternaient avec respect, comme les Juifs au mont Sinaï, lorsque Dieu se mit dans un buisson pour parler à Moïse. Cependant, si l'on excepte les fureurs du puritanisme, dans les Basses-Terres, l'intolérance n'a jamais poussé de profondes racines en Écosse. Les tribus, partagées à peu près en nombre égal, en catholiques et en presbytériens, vivent dans la plus parfaite harmonie, et ne s'arment point de l'Écriture pour argumenter ou pour détruire. Aujourd'hui principalement, le peuple a trop de raison pour tout croire; mais aussi, trop d'imagination et de sensibilité pour douter de tout. La morale a plus de charmes à ses yeux que les subtilités. Pennant a dit, en parlant de l'île de Canny : « Le ministre » et le prêtre catholique demeurent à Eig; mais » la mer orageuse qui baigne ces îles leur permet » rarement de faire le service divin avec régularité. » J'admire la modération de ces peuplades, qui » écoutent indistinctement le sermon de l'un ou » de l'autre ecclésiastique, quel que soit celui des » deux que le vent leur amène. » Les partisans de l'intolérance en concluront que ces villageois sont des indifférens, ou que le fait est inexact: au contraire, ces hommes sont très-zélés dans leurs croyances. Le même esprit de bienveillance les anime. Le maître ne demande pas compte à ses serviteurs de leurs opinions religieuses; il exige seulement que chacun fasse son devoir. Le colonel David Stewart a connu une famille dont le père et le fils étaient catholiques et le précepteur presbytérien; la mère et la fille suivaient le rit anglican. Quel mélange de sectes! et cependant la plus parfaite union régnait dans ce ménage.

Les nuances politiques paraissent avoir été beaucoup plus prononcées. L'attachement aux

Stuarts était devenu comme une seconde religion, et de nos jours le poète Robert Burns disait encore : *The muses are all Jacobites*, les muses sont toutes Jacobites. Le dévouement au Prétendant surpasse tout ce qu'on pourrait imaginer de plus généreux. Les montagnards, proscrits, errans, poursuivis de toutes parts, chantaient dans leur désespoir un hymne dont je traduis cette strophe :

« Ils ont ravagé et brûlé mon pays ; ils ont égorgé mon père, et en-
» levé mes frères ; ils ont ruiné mes parens, et brisé le cœur de ma
» mère ; mais j'aurais tout supporté sans murmure, si j'avais vu mon
» roi restauré. »

C'est là du fanatisme politique dans toute son énergie ; car un roi, quelque bon qu'il puisse être, ne vaut jamais le sang de ses sujets. Chose étrange ! tandis que les montagnards s'abandonnaient à une telle exaltation avec cette turbulente insouciance qui leur a valu tant de malheurs, ils tournaient en ridicule la bigotterie sombre, hautaine et intraitable des *Covenanters*; ils se seraient crus déshonorés s'ils avaient eu quelque chose de commun avec ces inflexibles puritains, dont ils partageaient, sous d'autres couleurs, l'impétueux fanatisme. On connaissait naguère, à Londres, un vieillard de quatre-vingt-treize ans, nommé Duncan Macintyre, que la société *highland* écossaise y avait fait venir, pour recueillir de sa bouche les traditions du pays : son imagination était pleine encore du récit des courses du prétendant; il improvisait avec une facilité égale à sa mémoire, et il avait retenu une quantité innombrable de chants, de poëmes, d'anecdotes de toute espèce. C'était un des hommes qui rappelaient le mieux le caractère des Bardes : il est mort en 1816.

Aujourd'hui, les anciennes mœurs ont presque entièrement disparu, et l'Écosse n'a conservé d'original que ses montagnes, ses torrens et ses lacs. Les alarmes causées par l'expédition du Prétendant ayant déterminé le gouvernement anglais à détruire le système fédératif des Highlanders, on chercha à rompre les liens de fidélité et de dévouement qui unissaient les diverses tribus. Un acte de 1747 priva tous les propriétaires de leurs juridictions et de leur pouvoir judiciaire, et dans la même année un désarmement général fut ordonné : on se souvenait des piques et des faulx de Preston pans. On en vint même jusqu'à proscrire le costume national. Cette dernière mesure excita des mouvemens : elle était le résultat d'un abus de pouvoir, et de plus une maladresse; car il est toujours humiliant pour un peuple de porter un costume imposé par la force; et l'on sait combien il fut difficile à Pierre-le-Grand de faire couper la barbe à ses Russes. C'était interrompre en quelque sorte les traditions nationales, séparer violemment un peuple de ses aïeux, le faire mourir civilement. Aussi, quand on l'aurait décimé, on n'aurait pas excité plus de ressentimens et d'indignation. L'obstination fut extrême, et le changement ne put jamais être complet. Cependant, après l'emploi de la terreur, les Anglais, revenant à des moyens plus sûrs, s'occupèrent de répandre l'instruction dans les classes inférieures, d'ouvr des communications nouvelles, de multiplier s débouchés : les anciens abus commencèrent à être signalés; les paysans furent attirés dans les villes et déshabitués de cet amour du sol natal qui les avait tenus si long-tems isolés. Depuis ce tems, la voix des Bardes est devenue muette; la poésie et les chansons galliques ont fait place à des compositions plus sévères, plus dignes de la civilisation; les Écossais ont gagné en fortune, en aisance, en industrie, ce qu'ils perdaient en poésie, en souvenirs, en originalité. Toutefois, ces grands résultats ne se sont pas manifestés tout à coup : il semble même que jusqu'en 1770 les montagnards, surpris de leur union avec l'Angleterre, aient hésité à renoncer à leur ancien mode d'existence. Mais, au commencement du règne de Georges III, les progrès du commerce et de l'agriculture, et les rapports nouveaux du pays avec le reste du monde, ont donné à la population un essor qui s'accroît de jour en jour, et qui a élevé l'Écosse au premier rang des sociétés modernes. L'esprit de spéculation a fait ce que n'aurait pu faire l'ennemi le plus actif et le plus persévérant. L'ancien costume, n'étant plus porté que par la classe peu fortunée, a perdu beaucoup de son prestige. L'hospitalité seule, première et séduiduisante vertu de l'Écossais, est restée, comme une seconde nature, profondément gravée dans son cœur. Son activité, jadis consacrée tout entière à des querelles de tribus, s'est tournée vers les arts et les manufactures; sa probité et sa bonté natives sont restées pour honorer la profession du négociant, comme elles avaient embelli la vie du montagnard.

Beaucoup de causes ont concouru à ce grand changement. Les grands seigneurs ou *lairds*, déshérités de l'antique fidélité de leurs clans, source de tant de hauts faits et de tant de malheurs, ont préféré le séjour des villes à celui des montagnes : leurs fils, plus éclairés, se sont adonnés à la culture des lettres et des arts, à l'industrie, aux entreprises commerciales. Les pauvres ont émigré, les uns en Amérique, afin de rompre tout à coup avec leurs souvenirs; les autres dans le midi de l'Angleterre ou sur le continent : les premiers, pour peupler la Pensylvanie ; les derniers, pour paraître avec honneur sur les champs de bataille. Ceux qui restèrent fidèles au sol natal, privés de leurs seigneurs et de la plupart de leurs frères, ont cherché dans la contrebande les moyens d'existence qui leur étaient ravis par la révolution des mœurs ; et, comme ils ne font rien sans vigueur, ils sont devenus les premiers contrebandiers du monde. Le gouvernement anglais a eu beau prendre des mesures ridicules pour arrêter leurs progrès toujours croissans ; elles ont constamment échoué. Quel effroi pouvaient inspirer dans un pays coupé de bois, de lacs et de ravins, ces partis de dragons forcés de mettre pied à terre, et de choisir leurs guides parmi ceux-même qu'ils étaient chargés de poursuivre ? Les Highlanders se sont crus redoutables, et ils avaient raison. On ne les a vraiment incorporés dans la grande famille qu'en leur portant les lumières de la civilisation ; et désormais, toujours simples, toujours sobres, mais laborieux et éclairés, ils ont pris leur place à la tête des nations européennes. Qui sait même si, en comparant le nombre de leurs établissemens, le soin avec lequel ils répandent l'instruction jusque sous les chaumières, et le magnifique développement de leurs cités, à la décadence rapide des nations du midi, sous l'influence du fanatisme, on ne serait pas tenté de s'écrier en rougissant :

« C'est du Nord, aujourd'hui, que nous vient la lumière ! »

ANGLETERRE.

CHAPITRE XXV.

ROUTE D'ÉDIMBOURG A DUNBAR. — PORT DE DUNBAR. — BERWICK. — EMBOUCHURE DE LA TWEED. — HOLY ISLAND. — ALNWICK. — NEWCASTLE. — DURHAM.

> « Tout rappelle à l'esprit ces magiques retraites,
> Ces romantiques lieux qu'ont chantés les poètes. »
> DELILLE.

Nous sommes partis d'Édimbourg à cinq heures du matin par la route de Berwick : le plus profond silence régnait encore dans les rues, surtout aux environs de Calton hill. Les *Watchmen*, en manteaux gris, venaient d'éteindre leurs lanternes, et rentraient sans bruit, appuyés sur leurs petits bâtons, après avoir crié la dernière heure. A peine sortis de la ville, nous nous sommes trouvés sur les bords de la mer, dont le gravier est tout plein de cailloux jaunes, briquetés ou bleuâtres comme l'ardoise, et d'une consistance analogue à celle des pyrites. Le sable sur lequel ils reposent paraît formé de débris métalliques, de pierres calcaires et basaltiques, plus ou moins opaques ou transparentes. Toute la route, qui ne s'éloigne guère de plus de cent pas du rivage, en est parsemée jusqu'à Dunbar.

Dunbar s'annonce de loin par le mugissement de la mer, qui se brise contre les rochers de sa plage, toute couverte d'écume et de débris de plantes. De longues lames s'avancent continuellement vers la terre avec un bruit terrible, s'enfoncent dans les sinuosités du promontoire, paraissent, disparaissent et reviennent toujours, sans que l'œil soit jamais fatigué de cette monotonie. Les ruines d'un vieux château se voient encore au milieu de la tempête : c'est là que Marie Stuart vint s'établir quelque tems après son fatal hymen avec Bothwell. Tout le paysage d'alentour, par un contraste inexprimable, n'a rien que de paisible et de champêtre ; un petit ruisseau le parcourt, l'arrose, et va se perdre en reculant dans le ressac du port.

Avant d'arriver à Dunbar, nous avons traversé le champ de bataille de Preston pans, célèbre par la victoire du Prétendant, en 1745. Que de guerres, que de malheurs a fait naître l'intolérance religieuse de la famille des Stuarts! Toute l'Écosse est pleine de leurs défaites, ou de leurs inutiles victoires ; il n'y a pas de champ, dans cette contrée, où quelqu'un ne soit mort pour eux, pas de famille qui n'ait souffert pour leur cause.

Berwick, ville jadis frontière, est située sur le penchant d'une colline, à l'embouchure de la Tweed, le Rubicon de tous les ambitieux d'Angleterre ou d'Écosse. Du milieu de ses maisons toutes rouges, la citadelle se détache, noire et enfumée ; nous passons le pont, et nous touchons au territoire anglais proprement dit. La route continue de longer le rivage ; la mer laisse voir à l'horizon les voiles blanches qui la sillonnent ; elle couvre de ses lames écumeuses des grèves rarement fréquentées. Dans le lointain, l'île Sainte, (*Holy island*) déserte, apparaît enveloppée de brouillards qui nous la dérobent peu à peu ; la voûte du ciel s'abaisse, et la mer nous échappe. La campagne est redevenue tout anglaise ; les prairies recommencent à se subdiviser en compartimens bordés par des haies vives ; les nombreux troupeaux de vaches errent dans leur enceinte ; les meules de foin et de paille, avec leurs couvertures impénétrables, s'élèvent au voisinage des fermes, et les villages retrouvent leurs décorations de fleurs à mesure que nous approchons du midi.

Le petit Bourg d'Alnwich et son château bizarre excitent la surprise au plus haut degré. Ses murs sont défendus par une garnison de soldats en pierres de taille, dans des attitudes belliqueuses, les uns armés de flèches, les autres de fusils, quelques-uns de gros cailloux qu'ils ont l'air de jeter aux assaillans. Hercule, Apollon et plusieurs autres dieux ou demi-dieux commandent l'exercice, et paraissent se donner beaucoup de mouvement pour le salut de la place. On croirait que ce château a été bâti pour amuser des enfans; mais, lorsqu'on aperçoit les cachots, les verroux, les chaînes et tous ces emblèmes de la féodalité, on est bien forcé de prendre la chose au sérieux. Les voûtes des portes sont d'ailleurs d'une couleur si noire et si lugubre qu'il n'y a pas moyen de rire en y entrant. Quelques-unes de ces statues de soldats se sont parfaitement conservées, tandis que beaucoup d'autres ont reçu des blessures de leur plus grand ennemi, je veux dire du tems. Nous ne pouvions nous expliquer un pareil phénomène : mais on a pris soin de nous instruire que ce vieux manoir des duc de Northumberland avait été restauré depuis moins d'un siècle, et que toutes les figures n'avaient pas partagé les honneurs de la restauration.

Nous avons dit adieu à ce monument de mauvais goût, et, traversant promptement les riches campagnes de Morpeth, nous sommes venus descendre à Newcastle, une des villes les plus importantes de l'Angleterre par sa population, ses manufactures et ses mines de charbon. On rentre ici dans le domaine du mouvement et de l'activité. Les routes reprennent l'apparence volcanique qu'elles avaient aux environs de Birmingham et de Wolverhampton ; elles sont couvertes d'une foule de petits chariots qui vont et qui viennent, conduits par des enfans ou par des femmes. C'est principalement de Newcastle que Londres retire le charbon nécessaire à sa consommation, laquelle s'élève à près de deux millions de tonneaux par année. Les bâtimens employés à ce commerce sont devenus depuis long-tems une excellente école pour les navigateurs : on sait qu'elle a produit le fameux capitaine Cook.

Le comté de Durham, malgré sa richesse et sa fertilité, laisse voir dans quelques hameaux des traces de misère. On y rencontre beaucoup de mendians ; mais l'évêque a six cent mille livres de rente. La cathédrale est, après celle d'York, le plus beau gothique des trois royaumes. On l'aperçoit de fort loin, au sommet d'une riante colline qui domine les belles eaux de la Wear ; un peu à droite, le château se dérobe à nos regards sous des masses de verdure; la rivière descend jusqu'au pont de Tramlingate, se précipite à plusieurs reprises, et le voyageur étonné s'arrête sur ce pont pour jouir du rare spectacle d'un vallon digne de l'Arcadie, couronné par toute une ville bruyante et sa majestueuse basilique. Durham est un site créé pour les peintres.

Le reste de la route, qui s'étend en ligne droite jusqu'à York, ne présente à nos yeux que des plaines sans fin, mais toujours vertes, toujours cultivées, toujours animées par des troupeaux. Les chevaux y sont d'une race magnifique, et, certainement, les plus estimés de toute l'Angleterre par leur vigueur, leur souplesse et leur agilité. Les relais des diligences ressemblent à des attelages de grands seigneurs, et justifient tous les jours l'éloge que nous en avons fait en entrant dans la Grande-Bretagne.

CHAPITRE XXVI.

YORK.—LA CATHÉDRALE OU LE MINSTER.—FÊTE MUSICALE. —LE RETREAT OU LA MAISON DES FOUS.—BEL ÉTABLISSEMENT DE MM. FALRET ET VOISIN A VANVRES, PRÈS PARIS.

> « Hark! the numbers soft and clear
> Gently steal upon the ear;
> Now louder and yet louder rise,
> And fill with spreading sounds the skies. »
>
> Pope.

Malheur à l'étranger qui arrive dans une ville anglaise, à l'époque d'un combat de boxeurs, d'une course de chevaux, ou d'une grande fête musicale! Si d'avance, il ne s'est pas assuré un asile, il court risque de n'en trouver nulle part. Neuf heures sonnaient quand nous sommes entrés dans York, après avoir essuyé une pluie affreuse et constante depuis notre départ de Durham. La nuit était profonde, et la ville, médiocrement éclairée, nous était absolument inconnue. Point de lit à l'hôtel de la diligence, point de guide ou de moyen d'en trouver. Cependant, selon l'usage anglais, la voiture avait été vidée en un clin d'œil, et nos effets déposés pêle-mêle dans un bureau encombré de voyageurs. Après une attente assez longue et une incursion pénible dans des rues tortueuses et inondées, nous avons découvert une taverne où l'on a daigné nous admettre. Deux vieilles femmes nous ont conduits au grenier avec les démonstrations d'une allégresse que nous n'avons pu nous expliquer que le lendemain : notre grabat nous coûtait deux guinées !

Je m'étais hâté d'en sortir pour visiter la ville, qui est fort laide, et la cathédrale (*le minster*), qui surpasse tout ce qu'on peut voir de plus fini dans le genre gothique. Ses longues fenêtres travaillées en dentelle, ses tours ciselées avec une extrême délicatesse, la régularité parfaite des ornemens et l'élégance de toutes ses proportions, lui ont assigné le premier rang parmi les basiliques de l'Angleterre, si riche en basiliques. Sa façade principale est flanquée de deux tours immenses, auxquelles le ciseau du moyen âge a donné je ne sais quoi de transparent et d'élancé : elles sont couronnées par une guirlande de petites flèches, sculptées en miniature, et qui semblent du haut de leurs bases défier les hommes et le tems. La tour du centre est un peu lourde ; on désirerait, en la voyant, que chaque jour pût lui ôter une pierre, et la rendre plus digne du monument qu'elle surcharge : ses créneaux et sa pesante architecture conviendraient mieux aux bastions d'une place de guerre. Mais du reste, quelle majestueuse harmonie dans l'ensemble de cette auguste métropole! quelle grâce séduisante dans les détails! on ne peut se défendre d'une émotion religieuse en pénétrant dans son enceinte. Là, comme au-dehors, tout est frais, gracieux, élégant, conservé; les colonnes du temple paraissent projetées vivement vers le cintre, et s'épanouissent tout à coup comme la cime d'un palmier. Les portraits des rois d'Angleterre, rangés autour du chœur, ajoutent la majesté des souvenirs à la majesté du sanctuaire ; et l'immensité de l'édifice force l'ame à fléchir devant l'immensité de Dieu.

Mais déjà les roulemens harmonieux de l'orgue retentissaient sous ces voûtes sonores, et préludaient à de plus admirables accords. C'est un ancien usage en Angleterre de célébrer, chaque année, dans les principales villes, une fête à la musique pendant la vacance des grands théâtres de Londres : cette circonstance permet aux artistes les plus distingués d'apporter leurs talens à la solennité. Chanteurs et cantatrices, musiciens nationaux et étrangers, bourgeois et grands seigneurs accourent de toutes parts pour acheter du plaisir ou pour en vendre; et on le vend fort cher, témoins ces deux guinées pour un grabat. Le programme est ordinairement rempli des chefs-d'œuvre de la musique sacrée de Mozart, Haydn, Haëndel ou Bethooven. Le nombre des réunions se borne à cinq ou six : on se garde bien de les appeler des concerts, surtout quand elles ont lieu dans une cathédrale, en présence du clergé anglican.

Qu'on se figure donc dans un des plus beaux vaisseaux de l'Europe, un orchestre de cinq cents musiciens, l'élite de l'Angleterre, de la France et de l'Italie; une assemblée de gens de goût accourus de la capitale et des provinces pour entendre les créations des plus grands maîtres : tout à coup, au milieu d'un profond silence, cette masse d'instrumens s'ébranle et retentit; les hautbois, les cors, les flûtes magiques, les harpes mélodieuses, les basses *rimbombantes* (pour me servir d'une expression italienne) unissent leurs voix à celles des chœurs, et nous envoient de ravissantes ondulations d'harmonie. Je ne sais quel fluide voluptueux circule dans l'auditoire avec la rapidité d'un courant électrique; on se sent transporté dans une région toute céleste, où s'oublient les désirs, les besoins, les plaisirs et les peines. Cet effet est surtout remarquable pendant qu'on exécuté des fragmens de Mozart. Quel génie que celui de cet homme! avec quel art il a réuni toutes les parties d'un orchestre innombrable, pour en faire comme une seule voix mélodieuse, imposante et sévère! un verset de son *Requiem* a ravi tous les suffrages, arraché des larmes de tous les yeux. Il semblait qu'on entendît une prière adressée du fond de l'abîme, et qu'au milieu du fracas de la résurrection, le genre humain demandât grâce. Puis la trompette a sonné : *tuba mirum spargens sonum...* Le chanteur qui a récité ces paroles est un artiste achevé; sa voix profonde, son accent italien, sa physionomie mélancolique, en ont merveilleusement exprimé le sens funèbre.

Haydn paraît plus travaillé, ses ritournelles sont plus régulières, plus élégantes, plus variées; mais je ne lui trouve pas l'accent irrésistible de Mozart. C'est un Orphée que ce Mozart. Il a du coloris comme un peintre, et du sublime comme Racine. O dignes enfans de l'harmonie! si quelque chose sur la terre pouvait faire douter d'un avenir, c'est vous qui toucheriez les incrédules; c'est vous qui prouvez Dieu, qui seuls parlez sa langue, et méritez l'honneur de l'enseigner aux hommes! Un Anglais assis près de moi me serrait la main sans me connaître, pendant que ces accords descendaient à nous comme d'en-haut. Il croyait que je partageais son enthousiasme, et il avait raison. Nous étions dans un monde meilleur, dans une patrie commune : l'admiration nous avait rendus frères.

Il faut avoir vu la foule qui se pressait aux barrières de l'église, aux fenêtres et dans les rues, pour se faire une idée de la passion des Anglais pour la musique. La ville entière était en mouvement, les habitans vêtus comme aux plus beaux jours de fête, et la garde à cheval supportée pour la première fois. Jamais elle n'avait été plus nécessaire : ce peuple de mélomanes avait besoin d'être défendu contre lui-même, et rappelait par son tumultueux débordement quelques-unes des images tracées par Dryden dans sa belle ode sur la musique, intitulée *la Fête d'Alexandre*. Madame Catalani avait électrisé toutes les ames. Les environs d'York, dans un rayon de dix lieues, étaient couverts de voitures et d'équipages de toute espèce qui amenaient de nouveaux enthousiastes à la cérémonie du lendemain. Longchamps n'offre rien de plus magique et d'aussi varié : nous avons compté jusqu'à deux cents calèches.

Tout près d'York, sur une hauteur, la philanthropie des Quakers a ouvert un asile aux aliénés des deux sexes. Là se réunissent tous ceux qui ont trop aimé, trop haï, trop souffert ou trop pensé, et qui, en horreur à leurs familles, se survivent à eux-mêmes. On les voit errer de toutes parts sans souvenirs et sans physionomie, comme des ombres sur le bord du Léthé; ils ont des yeux, et ne regardent point; des oreilles, et ils n'écoutent plus; une langue, et leurs paroles sont nulles : ces paroles de l'Ecriture les caractérisent fort bien. Cependant il en est parmi eux qui conservent encore une étincelle du feu sacré de la raison : la médecine les accueille, comme une seconde providence, et ses efforts leur rendent quelquefois la pensée. La beauté n'est point à l'abri de ces tristes atteintes, et souvent la main de Dieu s'éloigne de son ouvrage le plus parfait. J'ai vu deux jeunes filles qui avaient épuisé trop rapidement cette faculté d'aimer qu'il faut ménager pour la vie : elles demeuraient sans cesse immobiles dans une grande attente ; mais personne n'est venu... Peut-être les tendres soins qu'on a pour elles, au *Retreat* (1), leur feront-ils retrouver les ingrats qui les fuient, ou plutôt la raison qui les consolera de leur absence.

Cet établissement, fondé par souscription en 1796, a prospéré depuis avec une telle rapidité, que l'organisation en est citée de nos jours

---

(1) C'est le nom de l'établissement.

comme un modèle. La douceur et le bon régime sont les deux bases principales du traitement. On a fait disparaître l'appareil effrayant de barreaux, de verroux et de chaînes, qui aggravait constamment la position des aliénés; ils se promènent en liberté sur de vastes pelouses où rien ne peut leur inspirer l'idée de la contrainte et de la répression. Les murs sont tapissés de verdure; les grillages en bois sont recouverts de fleurs. Le jardin, planté d'arbres fruitiers, d'arbrisseaux et de légumes, leur offre un moyen de distraction qui produit souvent des effets merveilleux; ils y élèvent des poules, des chiens, des oies, des animaux domestiques, dont la vue les captive et les console. Dans leurs appartemens, la simplicité n'exclut pas l'élégance, et l'on se croirait reçu chez des gentilshommes, si l'on n'apercevait de tems en tems des indices positifs d'une maison de santé.

Je voudrais pouvoir entrer ici dans plusieurs détails sur le système de traitement adopté pour la première fois au *Retreat*, et perfectionné par les médecins distingués qui l'ont successivement administré. Le plan de cette relation, qui ne doit pas dépasser les limites d'un précis rapide, me force de me borner à un petit nombre d'observations. La première condition d'un établissement de cette nature était un air salubre : le *Retreat* est sur une hauteur, au milieu du comté le plus sain de toute l'Angleterre. Il fallait de l'espace, des sites variés, des points de vue agréables : tous ces avantages se sont rencontrés ; la ville d'York avec sa cathédrale, le cours de l'Ouse et les campagnes fertiles des environs ont de quoi satisfaire les plus difficiles. Une charmante ferme ouverte aux aliénés fournit abondamment aux besoins de la maison, du lait, des œufs, de la volaille, denrées précieuses sous le rapport hygiénique, pour le traitement des maladies mentales. Les bains ne laissent rien à désirer : chauds ou froids, on les administre toujours avec la plus grande précaution ; à 80° du thermomètre centigrade, ils ont paru produire des effets très-marqués dans les cas de mélancolie. Le célèbre docteur Willis, consulté à ce sujet par un comité de la chambre des communes, répondit que les grands résultats obtenus au *Retreat* d'York, étaient à ses yeux une garantie de l'efficacité des bains chauds. Les saignées et les purgatifs périodiques ont été abandonnés depuis que notre vénérable Pinel a sagement tourné en ridicule la manie de saigner, si commune de nos jours sans égard pour le sexe, les tempéramens et les âges. La diète absolue et les bains froids sont rarement employés, principalement dans les accès de fureur ou d'excitation violente ; les médecins du *Retreat* ont observé que ces moyens aggravaient ordinairement les symptômes. Une expérience qu'ils ont souvent renouvellée, et qui mériterait de l'être encore, consiste à distribuer une nourriture copieuse aux aliénés atteints d'insomnie opiniâtre, et à les enfermer ensuite au milieu de l'obscurité dans leurs chambres : le travail de la digestion les plonge aussitôt dans une sorte d'assoupissement suivi d'un sommeil tranquille, et l'on se dispense ainsi de recourir aux narcotiques, dont l'abus dangereux est bien connu. Ce moyen, également employé dans un établissement d'aliénés du comté de Lancaster, a produit de bons effets, et même des cures radicales, si j'en crois certains rapports. Enfin tout ce que le zèle éclairé de la philanthropie a pu suggérer de plus ingénieux et de plus humain pour le soulagement d'une classe aussi intéressante d'infortunés, a été mis en usage dans ce *Retreat*, auquel, à ma grande satisfaction, j'ai trouvé un rival, en revenant en France; je veux parler du bel établissement de MM. Falret et Voisin, à Vanvres, près Paris.

Ces deux médecins distingués ont transporté et perfectionné dans notre patrie la méthode adoptée depuis vingt-cinq ans à York. Tous deux jeunes encore, et formés à l'école de MM. Esquirol et Pinel, ils ont consacré leur fortune à fonder une maison qui leur permît l'entière application des principes de ces grands maîtres; ils ont eu le bonheur de rencontrer aux portes de la capitale le site le plus digne de servir à l'exécution de leur plan philanthropique, et j'espère qu'ils naturaliseront en France un système auquel ils doivent déjà des cures nombreuses et remarquables. Ils ont remplacé les vieux cachots de la salpêtrière et les loges de Charenton, par des appartemens d'une élégance recherchée; les cours murées, par des treillages couverts de lilas et de chèvre-feuilles. Un jardin de vingt-cinq arpens est ouvert aux malades qui se promènent, toujours suivis de près, sous de rians ombrages; les uns cultivent des fleurs, les autres s'adonnent à l'exercice, séduits par la variété des plantations mieux entendues à Vanvres qu'au *Retreat;* tous ensemble ont de quoi distraire leur attention de ces contemplations lugubres, source première de presque toutes les aliénations mentales. Enfin on y guérit; et jusqu'ici les fous avaient passé pour des condamnés sans ressources. Si, comme l'espèrent tous les amis de l'humanité, le précieux établissement de Vanvres devient un jour normal en France, nous n'aurons plus rien à envier aux étrangers sous ce rapport, et il se trouvera bientôt parmi nous des Howards qui appliqueront aux prisons la pensée philosophique à laquelle nous devons un véritable asile pour les aliénés.

CHAPITRE XXVII.

DÉPART D'YORK. — DONCASTER. — ROUTES ET CANAUX. — MAISONS DE CAMPAGNE.

> « Qu'elle est belle, cette nature cultivée ! que, par les soins de l'homme, elle est brillante et pompeusement parée ! elle semble se multiplier avec lui : il met au jour, par son art, tout ce qu'elle recélait dans son sein. »
>
> BUFFON.

La ville d'York est placée au centre du plus grand comté de toute l'Angleterre. En traversant les belles plaines qui l'entourent, nous ne cessons pas d'admirer le luxe des routes, la richesse des fermes, l'innombrable quantité de chevaux qui circulent dans toutes les directions; et nous arrivons à Doncaster sans avoir été choqués par l'aspect d'un seul mendiant, d'un seul terrain en jachère, d'un seul village en ruines. Doncaster, petite ville peu importante, est connue par son arène consacrée aux courses de chevaux. C'est une vaste plaine, plus étendue que le Champ-de-Mars à Paris, et enveloppée de barrières. Là, se donnent tous les ans de véritables fêtes Olympiques, cent fois décrites par les voyageurs, et que pour ce motif, je m'abstiens de décrire : mais on aurait tort de n'y voir qu'un spectacle frivole destiné à amuser des hommes désœuvrés. Ce sont des concours ouverts à tous les propriétaires de chevaux : chacun d'eux peut y faire figurer les siens, et remporter le prix décerné au vainqueur. L'émulation est très-vive, les paris sont soutenus de part et d'autre avec acharnement, et les défaites supportées avec une résignation patriotique. L'Anglais sait jouir en secret des triomphes qui honorent son pays, de quelque manière que ce puisse être ; et il attache encore de la gloire à prouver que ses coursiers sont les premiers du monde.

Je doute en effet qu'on en trouve de plus beaux que dans le comté d'York. L'étranger est surpris de voir atteler aux diligences publiques des chevaux d'une valeur de cinq et six mille francs, d'une taille, d'une élégance et d'une vitesse incomparables. Je ne puis m'empêcher de le redire encore, c'est ce qu'on devrait imiter en France, où la terre, les arts et les hommes ne manquent point, et semblent attendre, pour enfanter des prodiges, le signal d'une administration bienveillante. Il suffirait de laisser faire : car en Angleterre les canaux, les ponts et les routes sont l'œuvre des particuliers. Le gouvernement n'a pas la manie de tout diriger, comme si la lumière devait émaner de lui seul : les communes ne lui demandent que de rester dans l'ombre, et de ne rien *gâter*, si je puis m'exprimer ainsi. Les routes à barrières (*Turnpike roads*) sont payées par les voyageurs à cheval ou en voiture, c'est-à-dire par ceux qui les usent; les canaux par ceux qui les fréquentent, les ponts par ceux qui les traversent : chacun de ces impôts, sagement réparti, dédommage amplement les fondateurs, encourage l'industrie, ouvre de nouvelles voies à la prospérité publique, malgré son apparence fiscale. C'est une vérité reconnue.

Je suis bien loin, toutefois, de comparer les routes anglaises aux nôtres pour la largeur. Elles sont moins imposantes, sans doute; mais quelle différence dans le système qui préside à leur entretien! Les nôtres sont vastes, régulières, grandioses; on les reconnaît dans nos plaines à leurs alignemens indéfinis, à leurs bordures inutiles de grands arbres; et pourtant, après quelques jours de pluie, souvent elles deviennent impraticables. Le pavé, sans parler de ses nombreux inconvéniens dans la saison des glaces et du verglas, suffit à peine à la circulation, tandis que l'on perd à droite et à gauche un terrain précieux qui pourrait être rendu à l'agriculture. Les Anglais se sont montrés bien moins prodigues; et ils n'ont élargi les routes qu'aux environs de la capitale, où l'affluence des voitures a rendu cette disposition nécessaire. Encore, est-ce avec les plus grandes précautions qu'ils ont procédé à l'agrandissement de la voie publique. Lorsqu'il s'agit d'empiéter sur la propriété d'un citoyen, s'il oppose la moindre résistance aux offres légales qui lui sont soumises, « un juge de paix fait une descente de lieux, et prend toutes les informations nécessaires; sur son rapport, les juges de paix, réunis en session spéciale, convoquent un jury de douze personnes prises dans la liste des jurés appelés à la session. Le jury fixe les indemnités à payer au propriétaire, en ayant égard aux localités, aux tems, aux circonstances qui peuvent influer sur le prix. La loi défend d'allouer aucune indemnité qui surpasse quarante fois le revenu net du terrain qu'on doit acquérir. On offre au propriétaire la somme allouée par les jurés; s'il la refuse, ou s'il est absent, on la dépose au greffe du juge de paix de la paroisse dans laquelle se trouve la terre en litige. Dès lors cette terre est acquise à l'État, et devient partie intégrante de la voie publique » (1).

« A Resford, nous traversons le canal de Ches-

---

(1) M. Charles Dupin, *Voyages dans la Grande-Bretagne.*

CHAPITRE VINGT-SEPTIÈME.

terfield, qui se jette plus loin dans la Trent, qu'on passe à Newark. Grantham est une bourgade : mais c'est là que Newton apprit l'arithmétique. Les habitans le savent, et nous le disent. Honneur aux peuples qui connaissent leurs grands hommes! à Rouen, Corneille a vu le jour dans une maison ou plutôt dans un réduit à deux étages, et cependant on montre sans orgueil cette chaumière que les anciens auraient changée en un temple. La rue *de la Pie* attend encore un nom poétique plus digne de l'auteur des Horaces.

Le canal de Grantham communique avec celui de Nottingham. Partout des canaux ; et l'on sait que l'Angleterre n'en possédait aucun, pendant toute la première moitié du dix-huitième siècle. Leur développement actuel, d'après M. Charles Dupin, présente une ligne qui sur passe *mille* lieues de longueur, sur une portion de territoire qui n'est pas égale au quart de la France. Mon plan n'est point d'offrir ici le tableau de ces créations gigantesques; une pareille tâche serait au-dessus de mes forces, et je m'incline avec respect devant celui de mes concitoyens dont le talent, la patience et le patriotisme nous ont dévoilé le secret de tant de richesses et de prospérité. Si quelque jour le dépôt sacré de notre gloire industrielle tombe en des mains plus éclairées, si nous devons échapper aux derniers efforts de l'ignorance et de la routine, ses ouvrages deviendront le sujet des plus profondes méditations; la France, baignée par deux mers, traversée par de grands fleuves, riche en forêts, en mines, en productions de toute espèce, et surtout en lumières, s'élèvera au plus haut rang des puissances de la terre. Nous aurons des bassins à Paris comme on voit des *docks* à Londres : nous vengerons par notre industrie les coups terribles que l'industrie anglaise nous a portés.

Jetons les yeux sur une carte de la Grande-Bretagne. Presque toutes les rivières sont accompagnées de canaux parallèles à leur cours, et qui ne s'en écartent que pour aller vivifier l'industrie des villes voisines, ou pour les unir entre elles. Ce sont les veines de ce corps brûlant d'activité. Un canal porte à Liverpool les produits de Manchester; un autre amène à Birmingham les fers de la plaine de Wolverhampton; un troisième à Édimbourg les toiles de Glasgow : la richesse coule par tous ces conduits. Voyez les comtés de Worcester, de Stafford, de Warwick et de Lancaster; comme la vie circule dans leurs plaines! comme la main de l'homme y est forte et savante! Le canaux passent au-dessus des vallons, pénètrent dans le flanc des collines, s'élancent quelquefois par des écluses hardies jusqu'au sommet des montagnes, ou les enveloppent de leur bras bienfaisans. La houille, à peine extraite du sein de la terre, donne le gaz, le coke (1) et le goudron ; elle anime les pompes à feu, les machines à vapeur, qui centuplent la force de l'homme, et qui rapprochent tous les jours les deux mondes. Les cotons bruts de l'Inde se changent en tissus qui vêtiront bientôt les habitans d'un autre hémisphère ; le fer, traité par des procédés plus économiques, leur offre un agent nouveau, simple et puissant ; ils le jettent sur les rivières en courbes élégantes ou en immenses réseaux, et ils voient avec orgueil leurs flottes passer à pleines voiles sous leurs ponts, comme sous des arcs de triomphe. Combien de fois ces belles conceptions ont fait palpiter mon cœur du désir de les voir un jour réalisées sur la terre de France ! Combien de fois, reportant mes regards vers ma noble patrie, j'ai senti des larmes amères s'échapper de mes yeux ! « Pendant que l'Angleterre avance et nous déborde, me disais-je ; en France on se dispute sur des mots, capables de ressusciter de vieux fermens de discorde ; on s'occupe, avec lenteur, des choses réellement

---

(1) Résidu combustible du charbon qui a subi une première combustion.

utiles. Beaucoup de villes manquent encore des communications nécessaires à la prospérité de leur commerce, et peut-être on pourrait désirer, sans paraître exigeant, que, dans un pays connu pour son humanité, les prévenus en prison fussent mieux traités que les condamnés. Peut-être aussi nos conseils généraux de département devraient ressembler un peu plus aux associations patriotiques de l'Angleterre : la voix des citoyens n'en serait pas moins respectueuse pour être plus libre, et le gouvernement, plus habitué à entendre la vérité, trouverait du plaisir à la dire. On apaiserait ainsi bien des plaintes, on calmerait bien des ressentimens, et j'ose dire qu'on satisferait à des besoins impérieux. » *

En effet, que de débouchés nouveaux réclament notre commerce et notre industrie ! Toulouse et Bordeaux communiquent par la Garonne tant que les Pyrénées la laissent navigable; Orléans et Nantes n'osent pas toujours confier leurs richesses à la Loire; Marseille et Lyon redoutent les courans du Rhône. Par où peuvent venir dans le cœur de la France les produits de nos manufactures de Valenciennes, de Sédan et de toute la frontière du nord ?

La vue des campagnes britanniques fait naître aussi plus d'un pénible retour sur la terre natale. Nous sommes encore loin de la perfection où les

Anglais sont parvenus dans la disposition de leurs maisons de plaisance : nos allées droites conduisent toujours à un château bien sévère, quoiqu'il n'ait ni mâchicoulis, ni voûtes en ogives; nos parcs sont parcourus par de petits sentiers, embarrassés de broussailles impénétrables, ou coupés à angles droits par des alignemens à perte de vue, de manière que leur petitesse devient souvent ridicule, et leur grandeur monotone. Les *cottages* anglais sont beaucoup mieux entendus. Leurs avenues n'ont rien de symétrique et de compassé; elles courent en serpentant sur des gazons, dont la verdure est idéale pour les méridionaux, et elles se déploient avec une grâce remarquable sur les coteaux et dans la plaine, au sommet des hauteurs ou dans le fond des vallées. On peut s'y promener en tilbury : leur surface, parfaitement nivelée par le cylindre, est recouverte d'un sable fin, qui permet d'y courir comme dans une arène. La nature ici, n'est point assujétie à des formes géométriques : la main humaine s'est contentée de l'embellir. Je n'hésite point à le déclarer, sans crainte d'être démenti : les habitations champêtres des Anglais sont de véritables élysées.

En approchant de Londres, le spectacle devient d'une variété ravissante. C'est le triomphe de la civilisation. A droite et à gauche de la route, qui a dix-huit mètres de largeur, les habitations se multiplient avec une telle abondance qu'on ne peut suffire à les admirer toutes. Les voitures se pressent de tous côtés pour arriver à la capitale, comme naguère aux environs d'York, pour assister à la fête de la musique. Toutes les merveilles que nous avons vues près de Bath et d'Édimbourg, sans rien perdre à nos yeux de leur prestige, nous paraissent surpassées par la magnificence de ces approches de la grande ville. Newington, où est mort le célèbre Watts, et Islington, jadis habité par les poètes Collins et Goldsmith, ne sont plus des villages, mais des faubourgs de Londres : le dernier, remarquable par la salubrité de l'air qu'on y respire, fournit une grande partie du lait qui se consomme dans la ville. Son opulence est au-dessus des plus riches villages de la banlieue de Paris; Saint-Cloud, Sèvres, Saint-Denis, Vincennes, Vaugirard sont des hameaux devant lui. Convenons, en soupirant, que les avenues de la barrière d'Enfer, de celles de St.-Denis ou de Charenton, sont indignes de la capitale de la France. Il faudrait céder, sur ce point, aux Anglais, si nous n'avions pas la barrière de l'Étoile, par où Napoléon fesait rentrer dans Paris ses légions victorieuses, quand il voulait, à l'instar des empereurs romains, amuser un peuple ami des nouveautés.

CHAPITRE XXVIII.

ARRIVÉE A LONDRES. — SMITHFIELD. — LA CITÉ. — LA BASILIQUE DE SAINT-PAUL. — PRISON DE NEWGATE. — CHEAPSIDE. — LA BOURSE. — LE CAFÉ LLOYD. — LA POSTE AUX LETTRES. — LA BANQUE. — L'HOTEL DE LA COMPAGNIE DES INDES. — GUILDHALL.

« Londres, jadis barbare, est le centre des arts,
Le magasin du monde, et le temple de Mars. »
VOLTAIRE.

Nous voici dans Londres : ouvrons le plan de cette immense métropole, et, pour en bien comprendre tous les détails, examinons d'abord son ensemble. Elle est située tout entière sur la rive gauche de la Tamise : le faubourg de Southwark couvre la rive droite ; la rivière serpente entre ces deux villes, et semble les quitter à regret. La cité, fière de ses franchises et de son enceinte impénétrable (1), en occupe le centre, bornée au levant par *Temple bar*, au couchant par la tour. South-

---

(1) On sait que le gouvernement ne peut faire entrer un corps de troupes dans la Cité, sans l'autorisation du lord maire et des aldermen.

wark est devant elle, et communique avec ses comptoirs par trois ponts. A l'ouest, se déploient les quartiers magnifiques de Westminster et d'*Oxford street*, Hyde-Park, le parc Saint-James, les jardins de la Reine, les palais du Roi et les hôtels de l'aristocratie ; à l'est, sont entassés les magasins, les entrepôts, les bassins de la compagnie des Indes : quatre villes bien distinctes, par leur aspect, leur mouvement et leur destination. Les vaisseaux arrivent dans celle de l'est, et s'arrêtent au vieux pont de Londres; les manufactures *produisent* dans Southwark; la cité enregistre dans ses comptoirs; la ville de l'ouest *consomme* dans ses innombrables hôtels. Suivons cet ordre, et, puisque nous sommes dans la cité, commençons par elle.

Le voyageur s'oriente facilement dans ce labyrinthe de maisons, au moyen de deux grandes rues principales, *Cheapside* et *Fleet street*. Toutes les autres y aboutissent plus ou moins directement, et l'embarras n'est point de les reconnaître, mais d'y pouvoir circuler. La foule est si considérable sur ces trottoirs étroits, que l'on est obligé quelquefois d'attendre son tour pour avancer, heureux lorsqu'on n'est point heurté par la multitude des porte-faix et des commissionnaires! Avant d'entrer dans le détail des nombreux établissemens que la cité renferme dans ses murs, je me hâte de maudire l'affreux charnier de Smithfield, qui la dépare : c'est le marché aux bestiaux. Je ne puis concevoir par quelle étrange bizarrerie les Anglais ont amené au centre de leur capitale, les troupeaux de moutons et de bœufs que nous reléguons sagement à Sceaux et à Poissy.

La basilique de Saint-Paul, qu'on ose à peine nommer après ce cloaque, s'élève au-dessus de tous les édifices avec son dôme superbe et ses deux tours. La couleur noire et blanche de ses colonnes produit un effet singulier à la vue; on dirait que le vent y a poussé de larges flocons de neige sur un fond d'ébène, et que cette marbrure y est restée. Je ne m'arrête point aux détails extérieurs, malgré leurs belles proportions; et je pénètre dans l'enceinte, après avoir payé un droit d'entrée de *quatre sous*, bien indigne de la majesté du lieu.

L'intérieur de cette grande cathédrale est loin de répondre à l'idée qu'on a pu se faire de sa magnificence. Le dôme, si imposant quand on le voit de loin, éclaire à peine la nef centrale, dont il forme le couronnement; les fresques de la voûte sont trop enfumées, trop confuses; j'aime mieux les lambeaux d'étendards qu'on y a suspendus, quoique ces guenilles ne prouvent pas toujours la vraie gloire. Pendant les vingt années de guerre qui ont ébranlé l'Europe, quel temple a manqué de trophées, et quel peuple n'a tour-à-tour éprouvé les faveurs et les disgrâces de la fortune? Ce qui vaut mieux que ces hochets de vanité nationale, ce sont les monumens élevés aux citoyens qui ont honoré la patrie, comme historiens ou poètes, comme soldats ou amiraux; et c'est sous ce rapport que les Anglais se sont montrés grands dans Saint-Paul. Le philanthrope Howard, le restaurateur des prisons, y foule aux pieds des chaînes et des fers; le critique Johnson est debout à la gauche du chœur, et Voltaire en France n'a point de statue; de simples capitaines et un sergent-major sont signalés à l'admiration de leurs concitoyens, et la vertu du chevalier d'Assas attend encore une récompense de notre générosité. Voilà des réflexions qui font baisser les yeux de tous ceux qui ont le sentiment de la justice et de la vraie grandeur. Nelson, qui a sauvé la patrie, est auprès de Christophe Wren qui l'a illustrée. Le premier a pour épitaphe trois victoires : Copenhague, Nil, Trafalgar; le second, pour monument, le temple même qu'il a bâti, avec cette admirable inscription : *Si monumentum requiris, circumspice* (1).

Le chœur de Saint-Paul est un chef-d'œuvre de luxe, d'élégance et de goût. On ne se sent point ému là toutefois, comme à York ou à Glasgow : la majesté des églises gothiques a quelque chose d'indéfinissable, qu'on ne trouve pas dans les temples modernes. C'est le défaut de nos beautés actuelles de parler peu à l'imagination. L'office qu'on chante tous les jours dans la cathédrale de Londres, malgré l'accompagnement de l'orgue, ne produit pas autant d'effet que les simples voix d'une réunion de fidèles dans les vieilles églises de l'Écosse. On dit pourtant que la grande cérémonie musicale du mois de mai, dans laquelle on chante le *Te Deum* d'Haëndel, et plusieurs mottets de Tallis et de Purcell, attire un auditoire très-considérable, et que l'effet en est sublime. Le produit de cette fête est destiné au soulagement des veuves et des orphelins du clergé. Les orphelins du clergé! Eh bien, qu'a donc ce mot qui vous étonne? croyez-vous que Dieu s'en offense, et qu'il ne regarde pas les en-

---

(1) Littéralement : *Si vous cherchez son monument, regardez tout autour....*

fans que lui offrent ses ministres, comme un hymne à sa gloire?

Personne ne se dispense de visiter la bibliothèque de la cathédrale, non pas à cause des livres, car ils sont peu importans, mais à cause de la belle mosaïque de deux mille pièces de chêne, qui en forme le plancher. Les autres curiosités consistent en manuscrits latins du onzième siècle, parfaitement conservés, ainsi qu'en un réglement de couvent, écrit par des moines, il y a cinq cents ans. On ne manque pas de vous prouver, pour quatre sous, que le bourdon (*the bell*) a dix pieds de diamètre, et que sa capacité est de *quatre tonneaux et un quart*. La lanterne du dôme, qu'il faut voir aussi, moyennant deux shellings, contient *quatre tonneaux :* toute la basilique a été jaugée d'un bout à l'autre comme une frégate ou un paquebot. Nous en sommes sortis, scandalisés de l'avidité de tous ces conducteurs, qui spéculent d'une manière indécente sur la curiosité publique, et que Dieu devrait bien chasser de son temple, car ils le déshonorent.

Saint-Paul est écrasé, comme Saint-Eustache et plusieurs belles églises de Paris, par une foule de petites maisons qui laissent à peine un sentier praticable au pied de ses murs. Le cimetière, et la grille énorme qui l'entoure, diminuent encor

CHAPITRE VINGT-HUITIÈME.

ce petit espace, tout-à-fait indigne d'un aussi grand monument. Il est triste d'être obligé de monter sur les toits pour en apercevoir l'ensemble.

La prison de Newgate, qui est beaucoup plus ancienne que l'église, se développe avec plus d'avantage au milieu d'une belle rue. Quelques malheureux tendent la main au travers d'une grille peu élevée au-dessus du trottoir : ce sont des détenus pour dettes qui invoquent la commisération publique. J'ai demandé à pénétrer dans leur triste demeure, et j'ai été surpris d'y trouver beaucoup de femmes. On leur lit la bible, on les occupe, on les console; la bienfaisance peut arriver jusqu'à elles à toute heure, et sans formalités. Les prisonniers ne sont point ici, comme ailleurs, la proie du gouvernement et des guichetiers. La police n'oserait pas ajouter des rigueurs arbitraires aux peines portées par la loi, et définies par elle. Un comité de dames, présidé par l'épouse d'un banquier, a proposé des améliorations philanthropiques au sort des femmes, et ces améliorations ont été adoptées. Des yeux sévères sont ouverts sans cesse sur la conduite des gardiens, et les scènes honteuses dont notre capitale a été affligée récemment, à l'occasion de la translation d'un prisonnier, (1) homme de lettres, ne se voient point en Angleterre, où la dignité du citoyen est comptée pour quelque chose. Tout cela se lit au front du concierge (*the keeper*) et des employés de Newgate, dont la douceur et l'extrême politesse contrastent si vivement avec leurs fonctions. Les malfaiteurs et les condamnés sont isolés dans une cour très-exactement surveillée : ceux qui doivent subir la peine de mort occupent des cachots particuliers, très-propres, dont on les fait sortir pendant quelques heures de la journée pour prendre l'air. Je laisse à d'autres le courage de décrire les angoisses de ces infortunés et les détails de leur exécution ; c'est une tâche digne de M. le comte de Maistre, qui a passé quelques nuits à causer avec le bourreau, au clair de la lune, pendant qu'il était à Saint-Pétersbourg.

Cheapside, la plus belle rue de la cité, se prolonge au bout de *Newgate street*, jusqu'à *Lombard street*, où naquit le fameux Pope, et où demeura l'intéressante Jane Shore. Cette dernière rue est précédée du grand carrefour de *Poultry*, près duquel sont réunis la Bourse, le café Lloyd,

---

(1) M. Magalon.

l'hôtel du lord maire (*mansion house*) et la Poste. Parcourons rapidement ces grands établissemens.

La Bourse (*royal exchange*), fondée en 1566 par Thomas Gresham, autorisée et protégée en 1570 par la reine Élisabeth, fut brûlée dans l'incendie de 1666, et rebâtie en 1667 par Charles II, ou plutôt par l'architecte Hawkesmoor, élève de Christophe Wren. C'est un des plus beaux édifices de la cité. Je voudrais bien en donner au lecteur une description aussi complète que celle dont nous avons été gratifiés par nos guides : mais qui sait si, en France, on serait curieux d'apprendre que l'horloge de la bourse est la mieux réglée de toutes les horloges de Londres, et que sa tour est ornée de quatre girouettes? Hélas! personne n'ignore qu'une girouette est l'enseigne la plus convenable à une bourse, et que c'est là, au gré du vent, que se font et se défont toutes les fortunes. On ne se contente plus d'y jouer le repos des familles : bientôt on y jouera le destin des empires et l'honneur des nations. Fuyons; je trouve aux maisons de jeu quelque chose de sinistre, et la fortune me semble, comme le sphinx, toujours prête à dévorer ceux qui n'entendent pas ses énigmes.

Le café Lloyd est caché dans une des galeries du temple de la fatale déesse. Puisqu'on y fait du bien, arrêtons-nous un instant, mais à la porte ; car il faut être souscripteur pour entrer. Les matelots de la marine marchande, leurs veuves et leurs orphelins ont reçu plus d'une fois des secours de la générosité des négocians qui s'y réunissent. Il y arrive chaque jour des nouvelles sûres de toutes les parties du monde, par une foule d'agens parfaitement informés; et le gouvernement n'a pas dédaigné d'en faire son profit dans plusieurs circonstances. Rien n'est plus simple, en effet, que cet axiome : plus on a d'yeux ouverts, plus on voit. Mais ce n'est pas ainsi que l'on raisonne en France de nos jours, et si nous avions un café Lloyd, la police l'aurait bientôt fait déserter. Je le dis avec amertume et conviction, son souffle impur ternit tout. Les Anglais le savent bien, et ils en rient (1).

---

(1) Leur malignité aime beaucoup à s'égayer sur nos hideuses distributions de comestibles, sur nos menus-plaisirs protégés par des gendarmes, et sur mille autres abus que je passe sous silence. J'ai vu à Édimbourg une caricature assez piquante au sujet de notre police. Deux amis sortent d'un café, où ils soupçonnent des espions, et ils s'appuient tous deux contre une guérite pour causer plus à leur aise : pendant ce tems, le gendarme, qu'ils n'ont pas vu, a écouté leur conversation, et au moment où la garde vient le relever, il les désigne et les fait *empoigner....*; car ce mot, peu français, a passé le détroit.

CHAPITRE VINGT-HUITIÈME.

Presqu'en face de la Bourse, s'élève l'édifice de la Banque, dont la rotonde intérieure est digne d'observation. Le spectacle est le même qu'à la Bourse, et il devient tout-à-fait plaisant à deux heures : ce n'est plus alors qu'un murmure confus, qu'un bruit de voix, qu'un mouvement très-singulier de physionomies, qui expriment tout-à-tour des passions différentes ; rien n'est plus intéressant pour l'étranger. J'ai remarqué dans la salle où l'on acquitte les billets, une belle statue de Guillaume III, fondateur de l'établissement. La Banque est administrée par un gouverneur et vingt-quatre directeurs, tous parfaitement accessibles, et renouvelés chaque année par les actionnaires.

L'hôtel de ville (*mansion house*), résidence officielle du lord maire et des aldermen, est orné d'un vaste portique composé de six colonnes corinthiennes très-élégantes ; mais il manque d'une place assez grande pour en faire ressortir les belles proportions ; il est serré de trop près par les maisons voisines, et l'intérieur en est généralement obscur. Les tableaux, les sculptures et les inscriptions n'y manquent point. C'est là que les Anglais ont écrit qu'ils étaient la première nation du monde, et l'on serait tenté de le croire, si l'on en jugeait par les dîners qu'ils s'y donnent : c'est le grand réfectoire des électeurs.

La Poste n'a rien de remarquable, que d'être le centre d'une correspondance qui s'étend aux confins des deux mondes. Des lettres en partent régulièrement pour l'Inde, pour la Chine, pour l'Amérique, pour la Nouvelle-Hollande, pour l'Équateur et pour la Zone glaciale. Il n'y a que ce peuple qui nous mette en rapport avec les différens peuples d la terre, et qui montre son pavillon depuis l'Archipel ionien, jusqu'aux îles de la mer du Sud; mais aussi, quelle activité, quelle exactitude dans les communications, quel ordre dans les jours de départ et dans les arrivées, malgré les chances innombrables des voyages de long cours! En France, il y a du plaisir à le dire, le gouvernement s'occupe beaucoup de perfectionner cette branche du service public, et si, comme on l'assure, le secret des lettres est toujours respecté, nous ne pouvons manquer d'atteindre au point où sont parvenus nos voisins. Chez eux, ce revenu, qui ne dépassait pas vingt millions de notre monnaie en 1793, s'élève aujourd'hui à soixante millions. Quel mouvement faut-il donc supposer d'après une recette aussi colossale! Cromwell y a beaucoup contribué: c'est lui qui le premier a établi des relations périodiques entre les trois royaumes. Personne n'a pu m'apprendre si, comme Napoléon (1), le protecteur avait eu à ses ordres un bureau particulier chargé de déchiffrer les écritures diplomatiques, et de se bien pénétrer du secret des familles ; mais vraiment on ose à peine se livrer à la reconnaissance, lorsqu'on voit des tyrans s'occuper si affectueusement de la correspondance des peuples.

L'hôtel de la compagnie des Indes, dont le portique est surmonté d'un fronton orné de figures allégoriques, ne présente pas un aspect aussi imposant que la plupart des autres grands établissemens de la cité. La chambre du comité de correspondance inspire l'intérêt au plus haut degré par une foule de paysages indiens du fameux Ward ; la bibliothèque est riche en manuscrits indiens et chinois, en ouvrages de toute espèce sur la presqu'île ; les armes et quelques ornemens du trône de l'infortuné Tippoo-Saïb y sont déposés. J'ai été étonné, surtout, du fini de trois jardins chinois exécutés en relief, et en ivoire,

---

(1) Lui-même a pris soin de nous en garantir la certitude dans ses confidences au comte de Lascases ; et M. de Girardin en a dévoilé l'organisation tout entière, dans une séance de la Chambre des Députés.

avec un goût fort remarquable. L'esprit est confondu par ces nombreux et irrécusables témoignages de la puissance d'une compagnie de marchands, qui a renversé l'un des plus grands empires de l'Asie, et qui, d'un hôtel enfumé de la cité de Londres, assise sur des ballots de mousseline et de thé, commande en souveraine à soixante millions de sujets.

Entrons dans l'antique palais de Guildhall, rue du Roi, près de Cheapside. De tous les monumens gothiques que j'ai vus en Angleterre, il n'y en a pas de plus gothique que celui-là. Un portail écrasé, de longues et étroites fenêtres à lancettes, comme celles des cathédrales du Lancashire, une façade indéfinissable en architecture, unique reste du monument brûlé en 1666 (car l'intérieur est de construction récente), voilà ce qui frappe l'observateur au premier abord. Mais, en pénétrant dans l'enceinte, le caractère de la nation anglaise s'annonce d'une manière frappante par des traits de grandeur, de justice et de bizarrerie.

Commençons par les plus honorables. On sait quelles furent en 1770, les intrigues du ministère dans les élections du comté de Middlesex. Wilkes, deux fois élu, fut deux fois repoussé par la chambre des communes, alors tout-à-fait vénale :

M. Luttrel, son concurrent, y fut admis contre les termes propres de la loi, et Londres fut ensanglanté par la force armée, chargée de dissiper les attroupemens nombreux qui parcouraient la ville. Au milieu de ces violens débats, rendus plus intéressans encore par la fermentation des colonies Américaines, et si vivement décrits dans les lettres de Junius (1), la nation offensée demanda

---

(1) L'indignation fut si grande contre ce ministère intrigant et corrupteur, que le docteur Samuel Johnson, tory très-prononcé, s'unit au parti du fameux Junius, dont on a dit qu'il ne restait que l'ombre de son nom *, mais une ombre immortelle. Le lecteur me saura gré, peut-être, de remettre sous ses yeux quelques passages des harangues éloquentes que cet écrivain adressait alors à ses compatriotes, et dont les miens pourraient faire leur profit aujourd'hui.

« Le ministère serait-il assez hardi pour assurer que la
» Chambre des Communes a le droit de faire et de défaire la
» loi du Parlement ? La loi du Parlement, que nous avons
» déclarée *loi du sol*, et le droit commun de chaque sujet du
» royaume, doivent-ils dépendre du vote arbitraire et capri-
» cieux d'une branche de la législature ? Alors la voix de la
» vérité et de la raison doit se taire.

» Le ministère nous dit clairement qu'il ne s'agit plus d'une
» question de droit, mais d'une question de pouvoir et de
» force. Ce qui était une loi hier, ne l'est plus aujourd'hui ;

* *Stat nominis umbra.*

justice au roi par des adresses multipliées. On n'avait jamais vu une pareille émulation : chacun voulait signer l'expression de l'indignation pu-

---

» de sorte que, si maintenant nous vivons, nous n'avons
» d'autres garanties que le bon plaisir et la probité passagère
» de la Chambre des Communes!

» On dit que les déclarations de patriotisme sont devenues
» ridicules et surannées. Pour ce qui me regarde, je ne veux
» que rendre service à mes concitoyens. Je l'ai fait de toutes
» les forces de mon ame, et sans rechercher le suffrage de per-
» sonne : le témoignage de ma conscience m'a suffi. Ce qui
» reste à faire regarde la nation tout entière. C'est à elle
» qu'il appartient de décider si elle veut défendre fermement
» et constitutionnellement ses droits, ou en faire l'indigne
» et lâche sacrifice aux pieds des ministres : mais les esprits
» généreux savent bien le parti qu'elle prendra. Nous devons
» à nos ancêtres de conserver intacts les droits qu'ils nous
» ont confiés; à nos enfans, de ne pas souffrir que l'on dé-
» truise leur plus cher héritage. Mais, s'il nous était possible
» d'être insensibles à des devoirs aussi sacrés, il nous reste
» encore une obligation dont rien au monde ne peut nous
» affranchir, je veux dire l'intérêt de nos personnes, que
» l'honneur nous défend de livrer. Disposer de nos droits
» serait un crime plus énorme que le suicide, car la sécurité
» et la liberté sont préférables à l'existence matérielle de
» l'homme; et si la vie est un présent du ciel, nous en dé-
» daignerions la plus noble partie en sacrifiant des droits sans
» lesquels la condition humaine n'est pas seulement misé-
» rable, mais digne de mépris. »

blique, tandis que les lords Chatham et Camdem tonnaient au parlement pour faire annuler l'élection illégale du candidat ministériel.

Le roi n'ayant pas répondu favorablement à la première adresse de la corporation de Londres, elle en présenta une seconde. S. M. fit dire « Qu'il aurait manqué au public et à lui-même, » s'il n'avait pas formellement témoigné son mé- » contentement de la première. » Ce fut dans cette circonstance que le lord maire, M. Beckford, après avoir exprimé, dans une réplique, combien le peuple anglais était affligé de déplaire à son roi, et après l'avoir supplié de lui accorder quelqu'espérance de satisfaction, ajouta ces paroles mémorables : « *Que tous ceux qui avaient osé* » *tenter ou qui tenteraient désormais, par des in-* » *sinuations perfides et mensongères, d'aliéner* » *les sentimens affectueux du roi pour ses fidèles* » *sujets en général, ou pour la cité de Londres* » *en particulier, et d'affaiblir sa confiance dans* » *son peuple, seraient déclarés ennemis de la* » *personne de S. M. et de sa famille, perturba-* » *teurs du repos public et traîtres à la constitution* » *établie par une glorieuse et indispensable révo-* » *lution.* » Ces paroles sont écrites en lettres d'or sur une table de marbre dans la grande salle de Guildhall : c'est là que la reconnaissance publique a élevé, sous le règne de Georges III, une statue à l'orateur qui les prononça devant lui. Quel plus bel hommage la nation anglaise pouvait-elle rendre à la justice de ce prince, que celui d'honorer le citoyen qui l'avait si loyalement et si courageusement éclairée? Quand les sujets savent être des hommes, les rois n'oublient jamais d'être justes, et la postérité les récompense. Ce même Georges III, auquel le lord maire de Londres recommandait au nom de ses concitoyens des droits qu'on avait méconnus, fut entouré, pendant sa maladie, des témoignages de la plus vive sollicitude. Il n'était plus lui-même, et de toutes parts la reconnaissance des Anglais lui élevait des monumens. Ainsi Montpellier, une ville du midi, oubliant les dragonades et les massacres des provinces voisines, élevait une statue à *Louis XIV après sa mort*, parce qu'il avait été grand pendant une partie de sa vie.

M. Charles Dupin a admiré avant nous, dans Guildhall, l'inscription consacrée à lord Chatham: *Au ministre qui le premier a découvert le moyen de faire fleurir le commerce et l'industrie, durant la guerre, encore plus que durant la paix*. J'adopte, comme cet observateur distingué, les raisons qu'il en donne; mais j'ose dire, pénétré que je suis de la vie politique et du système de lord Chatham, qu'on pourrait traduire ainsi l'inscription : *Au ministre qui fut moral envers sa nation, et immoral envers les autres;* et peut-être M. Dupin sera de mon avis. Les Anglais sont des charlatans bien habiles, et il se cache toujours un peu de calcul dans leur enthousiasme ou dans leurs emportemens. Ils ont accusé l'amiral Byng de trahison pour avoir perdu une bataille, et ils l'ont fait fusiller pour venger leur vanité blessée. Dans une autre circonstance, ils l'auraient loué, comme le fut Varron, de n'avoir pas désespéré de la chose publique. Jadis aussi les Romains, tremblans de peur, avaient vendu le champ où campait Annibal : mais que devenait leur jactance, si le Carthaginois eût mis le pied dans Rome? La grandeur des peuples ne consiste point en bons mots.

Rentrons dans Guildhall, d'où les Romains nous éloignent, et rions de cette façade intérieure, avec son horloge ornée des quatre Vertus cardinales, surmonté d'une girouette, d'une statue du Tems et de deux coqs. Rions de ces deux énormes et ridicules géans en bois, dont l'un est armé d'un gros bâton, et l'autre d'une hallebarde : ces bizarreries déparent l'enceinte d'un édifice illustré par de nobles souvenirs. Je les cite, parce que leur mélange avec la grandeur moderne des Anglais a quelque chose de monstrueux et de caractéristique, en même tems. Guildhall est le lieu de réunion des électeurs qui nomment chaque année le lord maire : c'est de là que le cortége se dirige vers le pont de Blackfriars, d'où il remonte la Tamise en bateau jusqu'à Westminster. Cette cérémonie est intéressante pour les habitans de Londres. La rivière est couverte d'une quantité innombrable de barques pavoisées ; les ponts et les édifices sont encombrés d'une foule immense de spectateurs ; le canon tire sur les deux rives, et la fête se termine par un grand dîner, dans lequel on ne boit pas moins de deux mille bouteilles de vin, car, en Angleterre comme en France, il n'y a pas de bonnes élections sans bons dîners. C'est encore dans la grande salle de Guildhall, que l'empereur de Russie et le roi de Prusse furent régalés par la cité de Londres, *in a style of unparalleled magnificence*, selon l'expression des journaux du tems. On ne m'a pas dit si on avait fait lire à ces souverains, au pied de la statue de M. Beckford, les belles paroles que ce magistrat adressa au roi d'Angleterre, le 23 mai 1770.

L'aspect de la cité est bien différent le soir de ce qu'il était le matin. Au lieu de cette multitude laborieuse qui se heurte sur les trottoirs, et de cette masse impénétrable de voitures qui circulent

CHAPITRE VINGT-HUITIÈME.

lentement au milieu du pavé pendant les heures consacrées aux affaires, quelques quartiers sont entièrement déserts; la grande rue de Cheapside, si remarquable par la richesse et l'élégance de ses magasins, n'est plus qu'une vaste galerie le long de laquelle on voit circuler, presque seules, à la clarté du gaz, des nuées de beautés mercenaires, en robes blanches, tout-à-fait semblables à ces esprits follets du genre romantique. Les honnêtes gens sont obligés de s'armer de la baguette d'Énée pour les écarter de leur passage, car on en compte plus de trente mille. Je parlerai encore une fois, en courant, de cette lèpre des grandes cités, qui a envahi d'une manière scandaleuse le vestibule, le foyer et les corridors de tous les théâtres de Londres, et qui figure avec insolence aux premières loges, à la faveur du costume léger que les dames ont imprudemment introduit dans les spectacles (1).

Les boutiques sont généralement fermées peu après le coucher du soleil, et l'on entend bientôt les *Watchmen*, armés d'une lanterne, d'un bâton et d'une crécelle, hurler l'heure à tout venant, et

---

(1) Les dames anglaises se présentent ordinairement au spectacle, en robe de bal, la poitrine et les bras presque nus. C'est la mise *décente*, de rigueur.

patrouiller isolément sur les trottoirs. Au moindre
trouble, ils agitent leurs crécelles, se réunissent, et
se prêtent main forte: mais on les accuse de susciter
les querelles, parce qu'ils ont une part dans les
amendes, en cas de condamnation. On les prend
dans la dernière classe du peuple, et ils sont
presque aussi méprisés que nos agens de police.
C'est une chose digne de remarque, toutefois,
que dans une ville deux fois plus étendue que
Paris, trois mille hommes, gardes, watchmen ou
constables, suffisent pour le maintien de l'ordre,
et poussent des reconnaissances jusqu'aux environs de la capitale. Cela tient, dit-on, à l'habitude qu'ont les Anglais de se coucher de bonne
heure, et de fermer leurs boutiques en se couchant:
mais ne pourrait-on pas supposer avec raison,
encore, que plus un peuple travaille, et que plus
il s'éclaire, moins il produit de ces misérables,
poussés à l'infamie par le besoin, ou par l'absence
de toute éducation?

CHAPITRE XXIX.

CONSIDÉRATIONS GÉNÉRALES SUR LA VILLE DE LONDRES. — HONNÊTETÉ DES SOLDATS. — L'INCENDIE DE 1666. — LE MONUMENT. — LA SUETTE. — ÉCOLES DE FILOUX.

« London's tall column pointing to the skies,
Like a tall bully, lifts its head and lies. »
POPE.

En disant que trois mille hommes suffisaient dans Londres au maintien de la tranquillité publique, je n'ai pas voulu faire supposer que cette ville était habitée par des Socrates et des Scipions. Il serait imprudent de juger d'une manière absolue les mœurs d'une cité qui compte dans son sein une population ambulante de plus de cent mille ames, que le mouvement du port et le grand nombre des affaires y attirent et y renouvellent sans cesse. Nous avons vu d'ailleurs qu'elle était partagée en quatre grandes divisions, si complètement distinctes, que le tableau de l'une d'elles donnerait assurément une idée très-infidèle des autres. Je n'ai pas la prétention d'entreprendre une pareille tâche ; mais il y a toujours dans la physionomie d'une ville étrangère, des traits saillans qui frappent les observateurs les plus simples, et des circonstances qui se représentent, à des époques fixes, chaque année, chaque mois, chaque jour. Voyageur d'un moment, déjà pénétré des usages de l'Angleterre par une visite à ses principales provinces, je ne veux décrire que ce que j'ai vu, exprimer que ce que j'ai senti. Eh bien! je l'avoue, quoique tout plein encore de l'image de Bristol, de Birmingham, de Liverpool et de Glasgow, quoique Français dans l'ame, j'ai trouvé à Londres quelque chose d'animé qu'on ne voit point dans les autres villes de la Grande-Bretagne, et je ne sais quoi d'imposant et de majestueux, qui manque réellement à Paris. C'est là ce qu'il m'importe de peindre; le reste est hors de mon sujet. Il faut du tems pour étudier les mœurs d'un peuple, il ne faut que de l'attention pour le voir agir.

Lorsqu'on circule dans les rues de Londres, même dans celles dont le peu de largeur et la foule des voitures ne permettent pas d'entretenir constamment la propreté, on remarque toujours le soin particulier avec lequel les habitans nettoient le devant de leurs maisons, les portes et les fenêtres de leurs boutiques. La boue, la poussière, les toiles d'araignées, que l'on semble conserver en France avec un respect religieux, sont rigoureusement enlevées, même dans la demeure du pauvre. Les ruisseaux infects qui sortent de nos cours intérieures, pour aller grossir dans les rues le torrent des immondices qui attendent le malheureux piéton, sont entièrement inconnus à Londres. On n'y rencontre jamais ces monceaux d'ordures qui font frémir dans nos villes du midi. A des heures fixes, au bruit d'une sonnette, les domestiques sortent des habitations, et ils déposent dans les charrettes de la voirie toutes ces impuretés, que nous semblons nous faire un plaisir d'étaler au pied de nos édifices. Dans les maisons, la prévoyance est portée beaucoup plus loin encore ; les cuisines, quoiqu'elles soient généralement situées au-dessous du rez-de-chaussée, et par conséquent peu éclairées, ne le cèdent en rien pour la propreté aux autres appartemens ; les escaliers sont presque partout ornés d'un tapis ; les meubles, plus solides que brillans, m'ont toujours paru ne pas répondre à l'élégance qui caractérise la demeure de l'Anglais.

Cependant, toute cette grandeur n'est pas exempte de monotonie. Les maisons n'ont guère plus de trois étages ; leur façade est toujours uniforme, toujours d'un rouge brun, tel qu'on doit se le figurer sur des murs en brique, noircis par la fumée. Les constructions des vingt dernières années font, seules, une exception, dont j'aurai occasion de parler. L'absence totale de portes cochères, quoiqu'avantageuse pour la communauté, doit être fort incommode pour les individus : il en doit coûter beaucoup, en effet, à une dame d'attendre, pour sortir, que sa voiture soit revenue d'un quartier éloigné.

La foule qui se presse sur les trottoirs, semblable à deux courans contraires, ne cesse de se renouveler à chaque instant; elle marche d'un pas rapide, comme si elle avait peur de perdre du tems. On trouve rarement de ces oisifs, qu'à Paris on appelle *badauds*, en contemplation devant les boutiques; ils seraient bientôt emportés par le flot des passans. Ici, les hommes, une fois lancés, ne s'arrêtent qu'au but. Point de soldats, point de garde montante ou descendante; et, si quelquefois un corps de troupes se déplace, on est étonné des égards, je dirai même du respect, qu'elles témoignent aux citoyens. « J'ai vu, dit
» M. Dupin, des compagnies, marchant par files
» sur les trottoirs, se déranger, et passer vers le
» milieu de la rue, pour céder le pas à des habi-
» tans qui venaient en sens contraire. Jamais en
» Angleterre on ne voit, comme sur le conti-
» nent européen, des factionnaires exerçant dans
» les lieux publics une police digne d'Alger ou

» de Tunis, en avertissant à coups de crosse, et
» parfois à coups de baïonnette, qu'*on ne passe*
» *pas là*, et qu'*on ne peut rester ici*. Lors même
» que, dans les cas extrêmes de rébellion ou
» d'outrage à la paix publique, la force armée
» est requise de prêter main-forte au pouvoir
» civil, la troupe respecte encore des citoyens
» qui ne se respectent plus. »

Londres présente, si je puis m'exprimer ainsi, les cicatrices de ses nombreuses catastrophes, un mélange disparate, au physique et au moral, de la caducité des vieux âges, avec la vigueur des tems nouveaux. Elle a été ravagée tour-à-tour par le feu, par la peste et par la famine. Dans les quartiers les plus anciens, dans la cité surtout, comme nous l'avons vu à Guildhall, un grand nombre d'édifices, gothiques au premier étage, sont devenus modernes au second, de même que certaines lois de Henri VIII se lisent encore à côté des plus sages décrets de la philanthropie actuelle. Il semble que les Anglais tiennent aux abus du passé, par vanité, de peur d'avouer qu'on s'est trompé dans leur pays, n'importe à quelle époque. Je suis sûr qu'on trouverait chez eux des gens capables de faire valoir un ancêtre comme Charles IX ou comme Richard III. Ils ont immortalisé les belles actions et les grands attentats, les œuvres du génie et les plus frivoles bagatelles. Ils sont fiers des moindres souvenirs; d'abord, parce que l'orgueil national en est flatté, et puis parce que cela rend quelque chose, et qu'ils font argent de tout. Nous l'avons déjà vu à Saint-Paul, nous allons bientôt le voir dans la Tour; nous le verrons encore à Westminster.

J'ai dit que la ville avait essuyé de grandes catastrophes : je le prouve par des faits. La plus mémorable de toutes est l'incendie de 1666, qui dura trois ou quatre jours, et qui brûla plus de treize mille maisons. Quoiqu'il n'y périt, dit-on, que six personnes, les Anglais en furent profondément consternés; et, comme il arrive dans les circonstances de ce genre, le désastre fut attribué à la malveillance. Les catholiques et les protestans étaient alors dans toute la fureur de leurs débats; ils s'accusèrent mutuellement de l'incendie, et les catholiques s'étant trouvés les plus faibles, en furent déclarés les auteurs. La nation anglaise ne rougit point de faire élever dans un coin de la cité, une énorme colonne de deux cents pieds de haut, sur le piédestal de laquelle on a consigné cette calomnie. L'inscription est digne de l'époque qui l'a vue naître : le pape et les catholiques y sont traités de lâches, de traîtres et de perfides, avec tout autant de raison que les

Musulmans les appellent des *chiens*. Assurément, je ne veux pas me constituer le défenseur du pape et des catholiques de ce tems-là; car c'est aussi un pape et des catholiques qui ont fait la Saint-Barthélemy, et des catholiques de cette force pouvaient bien brûler la ville de Londres : mais ici l'imposture était trop évidente, et le mensonge, qui est une honte pour les particuliers, devient un opprobre pour les nations. Toutefois, je n'ai pas pu m'empêcher de sourire, en voyant cette grande diversité des opinions humaines. Je venais de France, où nos missionnaires bâtissent, à grands frais, des calvaires et des couvens, où j'avais entendu quelques-uns de ces beaux discours dont il est question dans la satyre Ménippée, et je lisais sur une colonne, au centre d'une ville très-éclairée, mille affreuses malédictions contre des hommes qui prêchent dans une autre ville civilisée...... De pareils contrastes valent mieux que des traités de philosophie.

Un an avant l'incendie, la ville de Londres avait été désolée par une peste bien plus fatale. Quoiqu'elle ait duré cinq mois, et qu'elle ait enlevé cent mille ames, on ne lui a point élevé de monument. Tous les historiens en parlent avec autant d'effroi que les chroniqueurs du cinquième siècle nous racontent l'invasion des barbares; et on peut les en croire, parce que les morts se comptent. De Foë calcule qu'il périssait quinze cents personnes par jour, pendant que la maladie était dans sa plus grande intensité. On n'osait plus sortir, et l'on était obligé de précipiter les cadavres du haut des maisons, dans des tombereaux, dont les conducteurs fesaient entendre ce cri sinistre : *Jetez vos morts!* L'herbe poussait à la bourse et dans quelques rues, tant l'abandon de la ville fut complet. Les vivans avaient fini par craindre de n'être plus en assez grand nombre pour enterrer les morts. En 1603, soixante-trois ans auparavant, à l'avénement de Jacques Ier, une autre peste avait moissonné trente mille hommes. Enfin, en 1703, une affreuse tempête occasionna des malheurs, dont le souvenir s'est fidèlement transmis d'âge en âge, et que j'ai souvent entendu citer par des marins, comme s'ils en avaient été les témoins.

Je n'ai pas voulu remonter jusqu'au règne de Henri VII, marqué par l'apparition de la suette, maladie tout Anglaise, qui a reparu cinq fois dans l'espace de soixante-six ans, avec ses formidables symptômes (1). Peut-être, c'eût été le cas

---

(1) Elle se manifestait par de vives douleurs au cou, aux membres ou aux épaules, ou par une espèce de vapeur, qui

de présenter quelques considérations sur cette affection si prompte dans son invasion et dans sa marche, qu'à peine on avait le tems de l'observer. Mais, sans même parler ici des événemens politiques, on voit que les habitans de Londres ont presque toujours vécu au milieu des orages, en face de la mort, ou dans des circonstances sombres, dont leur imagination a dû se ressentir. C'est par de telles considérations, bien appréciées, qu'on parvient à juger sainement le caractère d'un peuple. La différence est grande entre le Parisien de la Fronde, le régiment des portes cochères ou la guerre des pots-de-chambre, et l'Anglais du tems de Cromwell, qui commente la Bible à coups de sabre, et se *recueille pour chercher le Seigneur!* Qu'on y réfléchisse bien, et l'on verra qu'il reste encore quelque chose de tout cela, dans l'une et dans l'autre nation. Notre révolution, très-sérieuse, peut-être regardée comme une exception; et cependant on a ri, et il y a eu d'autres joies

---

semblait brûler ces parties; bientôt après, survenaient des sueurs copieuses, une chaleur vive, une soif ardente, un délire souvent furieux, une loquacité tout-à-fait singulière : la maladie se terminait par une apparition de taches rouges, et de vésicules remplies d'un liquide corrosif, au cou, aux aisselles, ou à la poitrine : la mort suivait promptement.

que celles des bourreaux. Les victimes ont fait des épigrammes : nos pères nous l'assurent ; mais je ne sache pas qu'on ait ri lorsque Cromwell ferma le parlement, et en mit les clefs dans sa poche.

Il y a donc lieu de croire que le caractère grave et sévère de l'Anglais, et que son goût pour les émotions vives, dépendent des événemens qu'il a traversés et des souvenirs qui lui restent. L'amour des champs est un des fruits de la civilisation, le besoin de l'étude en est un autre, la tolérance est le plus beau de tous. Cromwell ne trouverait plus de dupes aujourd'hui ; et le coadjuteur, plus de régiment de Corinthe. Mais le fanatisme, sombre ou gai, a été remplacé par des vices d'une autre espèce. Le commerce, en se développant, en pénétrant dans les familles, est devenu la grande affaire nationale, et la grande affaire de chaque citoyen. On avait trompé avec la Bible, on trompe de nos jours avec la banque ; et plus les relations se sont étendues, plus la fraude s'est mise à la portée de tous. Le nombre des fripons n'a été plus grand en Angleterre qu'ailleurs, que parce que les affaires y ont toujours été plus multipliées ; et, si nous voyons en France, de nos jours, plus de banqueroutes que jadis, c'est que l'argent y est plus en circulation.

En passant dans plusieurs mains, il s'en perd toujours un peu : c'est la condition des choses humaines. On a bien tort d'en accuser la civilisation.

Il faut avouer, cependant, que le vol et l'escroquerie ont long-tems fleuri à Londres avec une prospérité inouïe. A peine cesse-t-on d'être scandalisé par le récit des brigandages qui ont tant de fois excité l'indignation publique. On connaissait naguère des établissemens de recéleurs, dont les actionnaires, d'accord avec les domestiques, s'introduisaient pendant la nuit dans les maisons, et les mettaient au pillage : les effets étaient vendus quelques jours après, et les propriétaires pouvaient les reconnaître. Ces mêmes actionnaires, également d'accord avec des cochers, conduisaient les diligences dans une cour suspecte, les laissaient dévaliser, et appelaient ensuite au secours. De faux comptoirs étaient ostensiblement organisés pour escroquer des marchandises ou de l'argent aux gens crédules; des femmes, en équipage, servaient d'instrumens à tous ces crimes. Il y avait des écoles où l'on enseignait aux enfans à voler avec adresse, et ils ne fesaient leur entrée dans le monde, qu'après avoir achevé leur éducation. Le fameux Barrington, qui fut depuis envoyé à Botany bay, était un professeur très-distingué de cette université d'un nouveau genre. Wotton, son digne collègue, né gentilhomme, a laissé après lui une renommée qui ne périra point. Stowe, dans son Tableau de Londres, parle avec détails de tous ces brigands, connus sous le nom de *Pick Pockets*, piqueurs de poches; enfin les rapports de la police en 1818, prouvent que plus de seize de ces maisons ont été découvertes et fermées à Londres.

Le crime de fausse monnaie est assez commun, et peut-être très-facile à cause de la grande quantité de banques particulières qui ont le droit d'émettre des billets. Ces billets (*Bank notes*) sont devenus la monnaie courante de l'Angleterre; car il y en a beaucoup qui ne s'élèvent pas au-dessus de la valeur d'une guinée (vingt-cinq francs de notre monnaie). J'ai été étonné long-tems de voir les marchands, les aubergistes, et jusqu'aux conducteurs de voitures, essayer les plus petites pièces de monnaie avant de les recevoir; (ils ont, pour cela, un mouvement du pouce sur l'index, tout-à-fait particulier;) mais on m'en a donné d'assez bonnes raisons. J'ai été bien plus étonné, alors, de la sécurité de ce peuple qui fait le commerce du monde, et qui n'a pas de confiance en un shelling.

CHAPITRE XXX.

LA TOUR DE LONDRES. — LA MÉNAGERIE. — DÉPOUILLES DE LA FLOTTE INVINCIBLE. — LA HACHE. — LES CUIRASSES DE WATERLOO. — LES JOYAUX DE LA COURONNE. — LES COMPLIMENS. — CÉRÉMONIE GROTESQUE AUX PORTES DE LA TOUR, LE MATIN ET LE SOIR.

> « O tems! ô mœurs! j'ai beau crier,
> Tout le monde se fait payer. »
> LA FONTAINE.

Si l'on pouvait rire en entrant dans une enceinte où l'on a égorgé des rois, des femmes charmantes et de bons citoyens, je voudrais rire dans la tour de Londres. Ces longs hallebardiers en habits rouges ont des figures si ridicules, que je suis tenté de les prendre pour de grands singes échappés de la ménagerie. A peine on a passé le pont-levis, qu'ils accourent à votre rencontre comme des chiens de chasse à la curée : et c'est nous qui sommes la curée. Fesons quelques pas en arrière, avant d'être rançonnés par ces Arabes; examinons les approches de cette fameuse Tour de Londres, que je croyais bien ronde ou bien carrée, bien noire et bien pesante, car il n'y a pas de véritable donjon féodal qui n'ait toutes ces qualités-là : eh bien ! je me trompais. La tour de Londres est un village bâti en briques, entouré d'un fossé peu profond, et défendu par quelques pièces de canon mal assises sur leurs affûts. Il ne s'agit pas d'une tour, mais de quatre ou cinq ; on dirait un faubourg de la cité. Entrons donc, et payons.

Deux hallebardiers nous ont déjà saisis, et nous escortent jusqu'à la ménagerie d'où je les croyais échappés. On sonne, une porte s'ouvre, on paie encore, et nous voyons deux ou trois malheureux lions très-mal logés, dont il nous faut entendre réciter l'extrait de naissance avec toute la prolixité anglaise. Le reste ne vaut pas la peine d'être nommé, si ce n'est deux jolis ichneumons, animaux fort doux, semblables à la marmotte, et si redoutables aux crocodiles, dont ils dévorent les œufs sur le bord du Nil : c'est une vraie curiosité, car on en apporte rarement en Europe. A côté d'eux, engourdis dans un large panier, on nous a montré deux jeunes serpens Boas, que le guide a ranimés en leur offrant à chacun un lapin vivant en holocauste ; ils ont ouvert leur gueule énorme, leur cou s'est dilaté, et ils se sont ren-

CHAPITRE TRENTIÈME.

dormis pour digérer. Je me suis amusé à les saisir dans plusieurs parties du corps : leurs écailles étaient déjà fort résistantes, d'un gris noirâtre, et glacées. Quand on leur pressait fortement le dos, leurs muscles éprouvaient un léger frémissement, et ils se roulaient sur eux-mêmes, en ouvrant les yeux à-demi. On eût dit un faisceau de cordes en vibration. Tous ces muscles glissent dans des coulisses nombreuses, pratiquées aux dépens des vertèbres, et ils leur donnent une force que le climat centuple. Quels monstres la nature a créés là! dans quel but? qui me dira le bien qu'ils font sur la terre?

Qui me dira aussi pourquoi ces ridicules hallebardiers nous accompagnent? est-ce que nous avons besoin d'eux pour traverser des cours où il n'y a personne? sans doute on ne craint pas que nous emportions un canon, ni une caisse de fusils, ni les beaux instrumens de torture de la flotte invincible, ni les joyaux de la couronne qui ne se voient qu'au travers d'une grille de fer : pourquoi donc cet appareil de méfiance? sommes-nous des parlementaires qui se présentent dans une place assiégée, ou des étrangers qui viennent visiter un établissement public? malheureusement nos guides ne répondent point à ces questions; et, après nous avoir montré la place où tomba la tête de Jeanne Gray et celle d'Anne de Bouleyn, ils nous demandent une douceur (*a douceur*), c'est-à-dire un shelling pour cette galanterie. Pour eux, chaque tête coupée est une bonne fortune; et ils ont l'insolence d'employer un des plus jolis mots de la langue française pour qualifier le parti qu'ils en tirent.

Nous arrivons ainsi, de souvenir en souvenir, jusqu'aux dépouilles de cette fameuse flotte invincible que Philippe II destinait à la conversion de l'Angleterre, et que l'amiral Drake, aidé d'une tempête, détruisit complètement. C'est un amas de lances, de piques, de hallebardes, de haches d'armes très-bien conditionnées; les instrumens de torture ont été mis à part pour l'édification des Anglais. Rien de plus intéressant que ces échantillons variés de l'industrie des inquisiteurs: il y a surtout une machine à disloquer les articulations hérétiques, qui m'a paru un chef-d'œuvre. J'ai admiré des menottes ornées d'une vis à serrer les pouces, digne des méditations de la gendarmerie; nous n'avons encore rien d'aussi ingénieux en France, quoique la mécanique ait fait de grands progrès. Mais il faut espérer que nos relations nouvelles avec l'Espagne nous fourniront plus d'une occasion d'observer, sur leur terre natale, ces inventions salutaires.

Après avoir payé un juste tribut d'éloges à la Sainte Inquisition, et deux shellings à nos hallebardiers, ceux-ci nous ont conduits dans une salle immense, remplie de fusils, de pistolets et de sabres, habilement rangés en faisceaux, en couronnes, en colonnes, et entretenus avec la plus grande propreté. Ce spectacle n'est pas sans intérêt. L'image de l'ordre a toujours quelque chose de noble et d'imposant, qui fait plaisir à la vue. Près de là, moyennant une autre *douceur*, les guides nous ont présenté, dans l'embrasure d'une fenêtre, la hache qui a tranché la tête d'Anne de Bouleyn. Le manche en est tout rongé de vers, et tombera bientôt en poussière; mais le fer, vrai couteau de boucherie, révolte par sa forme : j'ai honte de penser qu'on ait jamais pu s'en servir pour immoler une femme..... Je rougis bien plus encore de songer qu'on immole des femmes.

Dans une autre salle, remplie de vieilles armures, nous avons aperçu des cuirasses françaises bosselées, brisées, contuses dans tous les sens: ces cuirasses ont été ramassées sur le champ de bataille de Waterloo. Oh! certes, les Anglais ont quelques raisons d'être fiers de ces dépouilles de

nos braves : elles leur ont coûté assez de sang !
Aussi me suis-je rappelé, avec orgueil, ces beaux
vers de C. Delavigne :

> On dit qu'en les voyant couchés sur la poussière,
> D'un respect douloureux frappé par tant d'exploits,
> L'ennemi, l'œil fixé sur leur face guerrière,
> Les regarda sans peur pour la première fois (1).

L'industrie nationale paraît avoir spéculé sur les joyaux de la couronne, comme sur la hache du bourreau, et les instrumens de l'Inquisition. Ces joyaux sont entourés d'une énorme grille de fer, et on ne les voit qu'à la lueur d'une lampe, dans une espèce de souterrain. Il y a là une couronne, des sceptres, des globes, des épées, des sceaux de formes différentes, riches et stériles colifichets, dont on amuse la curiosité des peuples et la vanité des rois. Mais on a beau entasser les diamans, tout ce vain appareil a perdu son influence ; et il n'y a plus, désormais, que deux puissances qui couronnent, l'opinion publique et la postérité. On sait que, sous le règne de Charles II, un in-

---

(1) Et pendant ce tems-là, des hommes qui se disent Français, célébraient leur trépas comme une fête ! J'ai vu brûler des feux de joie, j'ai entendu retentir des chants d'allégresse à l'affreuse nouvelle de cette grande catastrophe !

sensé, le colonel Blood, soutenu par trois brigands, assassina le gardien des joyaux, et qu'il fut sur le point d'en enlever une partie avec ses complices : cette tentative a laissé des traces si profondes dans l'esprit des gardiens, qu'ils ont pris l'habitude d'adjoindre deux soldats de la garnison aux deux hallebardiers, cortége grotesque et coûteux. Je me garderai bien de détailler toutes les bagatelles de cette galerie : il suffit d'avoir vu une boutique d'orfèvre pour s'en faire une idée. Mais il y a quelque chose de plus intéressant à savoir, si j'en crois des personnes bien informées, c'est que les prétendus joyaux de la Tour ne sont qu'une représentation exacte, en verre, des véritables diamans de la couronne, et que le public paie fort cher la vue de ces copies, tandis que les originaux sont conservés ailleurs. Si le fait est vrai, les écoles de filouterie dirigées par Barrington et Wotton ne valaient pas cette escroquerie permanente, exercée à l'ombre du garde-meuble.

Après avoir payé deux nouveaux shellings pour admirer cette verroterie, nous allions repasser le pont-levis, heureux d'échapper à nos hallebardiers, quand l'un d'eux s'est fort poliment approché de nous, et nous a fait comprendre, avec de grands gestes, combien il était convenable de terminer la séance par un *compliment* (1). En même tems, il nous a invités à écrire notre nom sur le grand registre des dupes. Le voyageur doit donc se tenir pour averti qu'il lui en coûtera plus de quinze francs pour voir des lions, une hache, des sabres, des fusils et des canons, des diamans vrais ou faux, et des instrumens de torture.

Pour donner de l'importance à la forteresse où sont déposées ces belles choses, on répète deux fois par jour une mascarade conservée du moyen âge, au moment de l'ouverture et de la fermeture des portes. Un sergent, suivi de six hommes, se rend à l'hôtel du gouverneur, qui lui remet les clefs de la Tour, ouverte de tous côtés. Les soldats portent respectueusement les armes ; on appelle les gardes de la porte, on leur crie : *Prenez les clefs du roi Georges*, et ils ouvrent. Le soir, lorsque les clefs sont rapportées au gouverneur, la grand'garde est rassemblée, ses officiers en tête ; on crie encore : *Qui va là ? — Les clefs. — Passez, clefs*, répond-on. Le sergent qui les porte réplique : *God save king George*, Dieu sauve le roi Georges! Toute la troupe termine en chantant *Amen*, et on va se coucher.

---

(1) *Compliment, douceur, friponnerie*, termes synonymes à la Tour de Londres.

CHAPITRE XXXI.

QUARTIER DE L'OUEST.—WHITEHALL.—ABBAYE DE WEST-MINSTER. — CHAPELLE DE HENRI VII. — CHAMBRE DES PAIRS ET DES COMMUNES.—OXFORD ET REGENT STREET. —CARLTON HOUSE.—HOTEL DES GARDES.—PARC SAINT-JAMES.—MORTIER DE CADIX.

« Le sublime Dryden, et le sage Addisson ,
Et la charmante Ophils , et l'immortel Newton
Ont part au Temple de Mémoire. »
VOLTAIRE.

Jusqu'ici nous n'avons vu dans Londres qu'une ville commerçante, et, dans ses principaux monumens, que des comptoirs. Il est tems d'abandonner la cité, et de parcourir les larges rues de la ville de l'ouest, véritables artères de ce grand corps, dont nous allons admirer les plus belles proportions. On y pénètre par deux immenses avenues, qui se nomment l'une *Holborn*, et l'autre *le Strand*. La dernière est précédée d'une vieille porte, la seule qui subsiste à Londres, et qui mérite l'attention de l'observateur. C'est par là que le roi entre dans la cité, après en avoir préalablement demandé l'autorisation au lord maire;

c'est là que se font d'abord les proclamations de
paix, et que, dans des tems barbares, on attachait
les têtes des criminels d'État. Je passe, en frémissant,
sous cette voûte si souvent ensanglantée; et, sans
m'arrêter à l'hôtel de Sommerset, j'arrive au carrefour de Charing cross, où s'élève la statue de
Charles Ier (1). A quelques pas de distance,
Whitehall apparaît, où s'éleva son échafaud.
Cromwell a demeuré là; c'est lui qui a signé, en
riant, la mort du roi, qui a expédié de sa propre
main au bourreau l'ordre d'exécuter; et Louis XIV
a porté son deuil!..... Je ris des deuils de cour, et
de toutes ces représentations au bénéfice de l'hypocrisie et de la vanité. Je ne sais quel sentiment
d'amertume se mêle au souvenir des fourberies
humaines; et il en coûte de les voir se renouveler
toujours, en dépit des châtimens de la postérité,

---

(1) Cette statue équestre, en bronze, est l'ouvrage d'un
Français, de Lesueur. Sous le règne de Cromwell, elle fut
vendue à un chaudronnier, à condition qu'il la fondrait, si
le Parlement en ordonnait la destruction. Mais l'artisan se
hâta d'en faire une infinité de petites copies, qu'il vendit fort
cher aux partisans du feu roi; et, pour s'éviter l'ordre fatal de
la détruire, il l'enterra. Elle fut exhumée après la restauration de Charles II, et remise à la place qu'elle occupe aujourd'hui.

comme une nécessité honteuse attachée à notre espèce.

Heureusement Westminster n'est pas loin, qui doit nous ramener à de plus consolantes pensées. Ce temple, consacré à toutes les souverainetés du trône et du génie, selon l'expression de M. de Châteaubriand, élève ses tours gothiques au-dessus des monumens qui l'environnent : on les voit de loin avec respect, surmontées de leurs noires aiguilles, sur la rive gauche de la Tamise. Autour de cette antique et vénérable abbaye, règne un profond silence : il semble qu'on ait peur de troubler la cendre de tant d'augustes morts. Quand on y vient, c'est en foule; c'est un peuple entier, pour accompagner au tombeau quelqu'illustre citoyen; et puis, tout ce torrent s'écoule, et laisse dormir en paix les grands hommes. Au moment où les portes du temple se sont ouvertes devant nous, j'ai senti tout mon cœur tressaillir; j'ai cru que j'allais verser des larmes d'attendrissement et d'admiration; mes yeux ont parcouru, aussi rapides que la pensée, tous les cercueils, tous les marbres, toutes les inscriptions. Newton, Pope, Shakespeare, Milton, Goldsmith, Addisson, Haëndel, Chatham, Nelson, quels noms! quelles gloires! et elles sont toutes confondues! les Anglais ont voulu honorer les restes de leurs rois, en leur donnant un si noble cortége, et ils se sont honorés eux-mêmes par une telle pensée.

Westminster est un temple sans rival dans le monde. Vingt révolutions se sont succédé sous ses murs ; mais jamais le héros de la veille n'a été exhumé par celui du lendemain. Chaque parti a reconnu le génie, lorsqu'il s'est rencontré dans le parti contraire. Les Républicains y reposent à côté des Royalistes, les Catholiques à côté des Protestans. Mais qu'on cite, en Europe, un seul homme honoré sans la permission du pouvoir, par la seule volonté de l'opinion publique! C'est à ces signes qu'on reconnaît la force d'un peuple, bien plus qu'à de vains monumens, trop souvent dus à l'ostentation et à la prodigalité des souverains. Les Anglais couronnent les leurs dans Westminster. Je ne me sens pas le courage de rien dire ici des cérémonies surannées qu'ils ont cru devoir emprunter au moyen âge ; ces hérauts d'armes en bas de soie et en culottes, et ce chevalier qui jette son gant qu'on ne ramasse jamais, sont des caricatures très-ridicules; mais la majesté du lieu m'interdit la critique; et ces bizarreries de détail disparaissent devant la grandeur de l'ensemble. J'aime mieux reposer mon esprit sur de plus grandes réflexions.

L'intérieur du Panthéon anglais n'a pas la physionomie romaine de celui de Paris. Toutefois, le nôtre manquait du charme attaché aux souvenirs des vieux âges : il était trop jeune; nos grands hommes étaient nés de la veille. Il n'y avait pas encore d'assez illustres dépouilles pour consacrer ce monument. Il aurait fallu du tems, d'ailleurs, pour le purger de la présence de Marat, quoiqu'il n'y ait paru qu'un moment. On a trouvé plus simple de le bénir, et aujourd'hui on y dit la messe au-dessus du tombeau de Voltaire, fort étonné sans doute, s'il y pense, de tant de changemens. Au milieu de ces variations si rapides, la France a paru regretter seulement l'inscription noble et simple du fronton : « *Aux grands hommes la patrie reconnaissante* (1), comme si les mots nous touchaient plus que les choses. Les Anglais, que l'on amuse aussi quelquefois avec des mots, les ont peut-être un peu trop prodigués dans Westminster. Leurs tombeaux sont chargés de longues épitaphes, où le nom seul du défunt aurait suffi pour son éloge : je suis surpris de ce manque de goût chez une nation qui en a mon-

---

(1) A quoi bon conserver cette inscription, disaient quelques plaisans, puisqu'il n'y a plus ni *reconnaissance*, ni *patrie*, ni *grands hommes* ? mais je doute que tout le monde partage leur avis.

tré si souvent dans ce genre. Le pavé du temple est tout couvert de pierres funèbres, et bientôt les réputations modernes en disputeront le séjour aux plus anciennes : chaque colonne, chaque angle est occupé par un buste ou par une urne, *tant la mort est prompte à remplir ces places*, a dit Bossuet. Saint-Evremont, homme d'esprit, qui avait le malheur d'aimer la liberté sous Louis XIV, y a obtenu un monument de l'hospitalité anglaise ; ils ont cru qu'un homme assez hardi pour vouloir être libre sous le plus éblouissant despotisme, méritait un honneur dû aux grands caractères.

Lorsqu'on a séjourné pendant plusieurs heures dans l'abbaye de Westminster, on se suppose réellement transporté dans un autre siècle. Les mœurs et les usages ne paraissent plus les mêmes, et l'on a renoncé un moment à son existence accoutumée, pour adopter les opinions du moyen âge. La couleur de l'édifice, sa forme imposante, et cette foule de souvenirs qui s'y rattachent, exercent une telle influence sur le voyageur, qu'il se sent entraîné, presque malgré lui, dans une profonde rêverie ; il voudrait évoquer toutes ces ombres célèbres, et converser avec elles ; il se rappelle les principales circonstances de leurs honorables vies ; et, s'il jette, en rougissant, un regard sur lui-même, il s'incline avec respect devant ces hautes renommées, que le tems et la mort ont si majestueusement agrandies.

Une chose afflige dans cette visite solennelle à Westminster, et c'est encore la triste nécessité des *complimens*, comme dans la Tour et à Saint-Paul. Cette main toujours tendue, froisse vivement les sentimens qui tout à l'heure élevaient l'ame; et je trouve qu'il y a de la bassesse à faire payer aux voyageurs l'hommage qu'ils viennent rendre à de grands hommes. Il n'en est point ainsi dans notre belle et généreuse patrie : toutes les portes sont ouvertes aux étrangers, et ils obtiennent, avec leurs seuls passeports, des facilités qu'on refuse aux nationaux. Cette pensée nous a remis sur la voie, et nous sommes entrés dans la chapelle de Henri VII.

Cet admirable ouvrage est dû à la vanité d'un roi d'Angleterre. L'Abbaye de Westminster ne lui ayant pas paru assez vaste pour recevoir sa dépouille mortelle, il la fit agrandir, ouvrit le fond du chœur, et lui donna pour prolongement une chapelle regardée comme le morceau le plus parfait d'architecture gothique. Il n'y a que la dentelle qui en puisse donner quelque idée. Ses murs, flanqués de quatorze petites tourelles, sont travaillés à jour avec une délicatesse, une grâce, une légèreté prodigieuse : c'est le comble de l'art. Elle a coûté sept millions de notre monnaie, somme énorme pour ce tems-là, et pour un roi qui était fort avare. Mais, quel sacrifice peut coûter à l'orgueil quand il s'agit d'arriver à l'immortalité? c'est l'orgueil qui a élevé les pyramides, et qui élève tous les jours ces tombeaux fastueux dans lesquels l'homme croit tenir encore un peu de place sur la terre. Henri, non content d'avoir agrandi Westminster, a voulu que son mausolée fût plus brillant que celui d'aucun de ses prédécesseurs; il l'a fait entourer d'une grille d'airain, comme pour le défendre de l'abord des profanes. Il est environné de quatre statues allégoriques, dont je n'ai pu deviner le sens, car la flatterie a l'inconvénient de n'être pas toujours comprise par la postérité. Ce devrait être un avertissement pour les flatteurs et pour les rois.

Il est un genre de sculpture, si je puis m'exprimer ainsi, qui est cultivé en France avec succès, mais qu'on n'a point encore honoré, ce me semble, d'une grande considération; je veux dire l'art de représenter en cire les personnages célèbres, en leur conservant toute la fidélité et l'exactitude du costume. On les fait revivre en quelque sorte avec la mobilité de leur physionomie, et l'illusion de leur première existence. Un artiste français, Curtius, a poussé fort loin ce genre de talent dont les Anglais font beaucoup plus de cas que les autres nations : ils l'ont employé avec un rare bonheur dans Westminster, pour représenter la reine Élisabeth et l'amiral Nelson. La reine est en habit de cour, chargée d'un énorme collier de perles ; un page est debout auprès d'elle dans l'attitude du respect. Elle est vivante, mais elle est vieille ; ce n'est point ainsi que je me figurais l'amante de Leicester, la rivale de Marie Stuart : on croirait qu'elle boude, ou qu'elle a mal dormi. Nelson est admirable ; il respire, je crois lui avoir parlé ; il m'a fait l'impression d'un héros en possession de la vie. C'est un petit homme à cheveux gris, maigre, sévère et dédaigneux : son regard est triste, pensif et hautain. Il est tout couvert de croix comme à Trafalgar : on dit qu'il aimait à les étaler sur sa poitrine dans les jours de bataille, et qu'elles ont été la cause de sa mort. Les Français, en cédant une seconde fois, devaient viser au cœur du héros d'Aboukir.

Nous sommes sortis de Westminster, émus du souvenir de ce grand homme qui est mort, dit-on, sans fortune, en recommandant à sa patrie l'avenir d'une femme qu'il avait adorée. *La victoire ou l'abbaye de Westminster!* lui écrivait-il, peu d'heures avant sa mort..... Qu'il est beau d'associer ainsi les épanchemens de la gloire à ceux de la tendresse, et de verser dans un cœur ami les derniers transports de ce noble enthousiasme !

Autour de Westminster, le sol est tout parsemé de pierres funèbres : il y a là un véritable cimetière de village, indigne de la majesté de l'édifice. La chambre des Pairs et celle des Communes, réunies par une galerie couverte, s'élèvent dans le voisinage de l'abbaye. Donnera qui pourra le tableau de ces deux vieux monumens ; pour moi, j'y renonce après mille autres, et dans ce double palais, fameux par tant d'augustes délibérations, je ne m'arrêterai point à dépeindre des murs et des créneaux. L'intérieur en est sombre et monotone, comme l'atmosphère de Londres : mais c'est là qu'ont retenti les voix éloquentes de Pitt, de Fox, de Burke et de lord Chatham (1). La

---

(1) Je dois à l'amitié de M. le docteur Bally quelques détails intéressans sur une séance de la Chambre des Communes, recueillis en 1814, pendant son séjour à Londres.

« Lord Castlereagh est entré à une heure et demie avec le chancelier de l'Échiquier, et ils se sont rangés sur les banquettes au milieu des autres membres, dont aucun ne s'est levé à leur approche. Quelques instans après, l'orateur (*speaker*) s'est présenté, affublé d'une énorme perruque qui lui descendait jusqu'aux épaules ; il s'est assis sur un fauteuil de masalle de Westminster (*Westminster hall*) bâtie par William Rufus, est consacrée aux fêtes et aux

---

roquin vert, devant une table carrée, couverte de livres et de cartons : tout le monde s'est levé, même les ministres, pour lui faire honneur, et la séance a commencé.

» On n'a point parlé du haut de la tribune; chaque membre conserve sa place, d'où il s'adresse à l'assemblée. On raisonne sans chaleur, sans gestes, sans personnalités, et les ministres font de même ; on dirait une réunion d'amis.

» Après la lecture du procès-verbal, un membre s'est levé, et il a parlé d'abondance, à l'occasion de la princesse de Galles. Lord Castlereagh lui a répondu à plusieurs reprises, ainsi qu'à M. Francis Burdett, personnage excessivement long et maigre, qui portait un cep informe en guise de canne. Pendant toute la séance, la plupart des ministres et des membres ont gardé leur chapeau sur la tête ; un grand nombre d'entre eux étaient en bottes à éperons, en pantalons et en habits bourgeois.

Vers les deux heures, des salves d'artillerie ont annoncé l'arrivée du Régent à la Chambre des Lords. Quelques minutes après, un messager portant une main de justice, s'est avancé dans la salle, a fait trois saluts, et a signifié à l'assemblée l'invitation de se rendre à la Chambre des Pairs, pour y entendre le discours de clôture. Comme les deux salles sont contiguës, le messager est parti à l'instant, suivi de tous les membres, qui sont rentrés bientôt après. Alors, l'orateur dont les fonctions finissaient, a prié les membres de s'approcher de la table ; il est descendu du fauteuil, et il a prononcé un discours de remerciement et d'adieu, après lequel tout le monde s'est séparé. »

cérémonies royales : Richard II a régalé dix mille personnes dans son enceinte, si l'on en croit les mémoires du tems. Plus tard, on y a jugé Charles Ier, et proclamé Charles II.

Le parc de Saint-James, traversé par un canal, est une vaste pelouse irrégulière, parsemée de quelques arbres; le palais et les jardins de la reine le séparent de Hyde-Park, promenade favorite des élégans du quartier de l'aristocratie. Un bassin énorme qu'ils appellent la *rivière serpentine*, occupe une partie de sa surface; il est assez vaste pour recevoir des corvettes armées. M. le docteur Bally a assisté, en 1814, à une petite guerre navale, exécutée sur ce bassin à l'occasion du centième anniversaire de l'avénement de la maison de Brunswick au trône d'Angleterre, circonstance qui peut faire juger de la grandeur du parc, dont la rivière serpentine ne couvre pas la huitième partie. La foule est quelquefois si grande dans Hyde-Park, que la circulation en est momentanément interrompue. Cette promenade présente alors un spectacle tout-à-fait semblable à celui des Champs-Élysées pendant les derniers jours de la semaine Sainte. La magnificence des équipages y est vraiment surprenante; les voitures de place en sont rigoureusement exclues, les cavaliers se promènent dans des allées réservées, et les piétons jouissent sans danger de ce beau spectacle, dont l'élégance, le mouvement et la régularité ne sont point troublés par la présence de la maréchaussée.

En revenant à Whitehall par Saint-James's park, nous avons traversé la cour de l'hôtel des gardes, troupe d'élite rarement insolente, malgré ses nombreux priviléges. Leur uniforme est rouge, leurs chevaux sont noirs, et, comme eux, d'une haute et fière stature : cette cavalerie n'a rien à envier à la nôtre. Leur musique est recrutée parmi les plus habiles artistes, et toujours elle attire une foule nombreuse aux heures de revue : c'est là que le *God save the King* est exécuté d'une manière nationale et grandiose ; ainsi dut retentir le fameux *chant du départ*, à la tête des légions de Desaix et de Masséna, lorsque, arrivées au sommet des Alpes, elles débordèrent en grondant sur l'Italie. Les airs qui peuvent émouvoir tout un peuple, ont un charme qui est senti par l'étranger.

Les Anglais exercent avec goût l'art de décorer leurs casernes, leurs jardins, leurs établissemens publics, de manière à entretenir constamment le feu du patriotisme. Ils ont placé dans Saint James' s park une longue couleuvrine rapportée d'Alexandrie, pendant la guerre d'Égypte ; elle est sous les fenêtres du palais de l'amirauté : c'est une conquête de leur flotte; ils en ont fait hommage à la marine. Le mortier que les Français avaient coulé devant Cadix, pour réduire, à une autre époque, cette ville constitutionnelle, est exposé sur un dragon qui lui sert d'affût. La vanité nationale se rassasie tous les jours de la vue de ces trophées; les enfans en demandent l'histoire à leurs pères, en attendant qu'ils les imitent. C'est ainsi qu'à Greenwich, les orphelins de la marine se jouent sur le bord de la Tamise, au milieu des canons et de l'appareil des armes.

Carlton house, le palais du roi, n'est point un palais. On n'aperçoit qu'une misérable façade, dont les colonnes sont marbrées de noir et de blanc, comme celles de Saint-Paul : deux sentinelles se tiennent à la porte, immobiles dans leur guérite, comme s'ils craignaient de gêner la circulation. Nous n'avons pas un ministre en France, qui ne déploie un plus grand luxe de vétérans ou de gendarmes. Presqu'en face de la demeure royale, commence le long enchaînement de rues et de places qui forment le plus beau quartier de Londres; cet alignement est souvent interrompu par des avenues circulaires, qui en varient la physionomie. Tout est neuf, et date de la paix. La plus remarquable de ces créations nouvelles se nomme le *Quadrant*; c'est une colonnade à perte de vue, surmontée d'une terrasse, au-dessous de laquelle règne une vaste galerie ouverte au public : on se croirait au Palais-Royal de Paris. La richesse des boutiques égale celle des magasins de la cité : on y respire avec aisance ; il y a de l'air, chose rare à Londres. La rue d'Oxford, la plus belle de toutes, n'a point de rivale dans notre patrie ; sa longueur est de près d'une lieue, et sa largeur de quatre-vingts pieds. On cherche en vain le peuple, c'est-à-dire les gens mal vêtus : il n'y en a point. Les *squares*, dont j'ai fait valoir tous les avantages, en décrivant la ville de Bath, sont nombreux et variés : ils reposent agréablement la vue fatiguée du mouvement d'un peuple entier, et ils sont devenus pour ce peuple, ami des champs, une compensation nécessaire aux privations que lui imposent son industrie et son activité : *Rus in urbe.*

CHAPITRE XXXII.

THÉATRE HAYMARKET. — ANALYSE D'UN ÉTRANGE MÉLO-DRAME. — ENGLISH OPERA, DANS LE STRAND. — MISS KELLY.

> « Qui croirait que dans cet abîme de grossièretés insipides, il y ait de tems en tems des traits de génie, et je ne sais quel fracas de théâtre qui peut amuser et même intéresser ?
> VOLTAIRE.

La grande comédie anglaise est depuis long-tems jugée parmi nous. Grâce aux progrès du *romantisme*, Shakespeare et ses imitateurs sont devenus classiques en France ; et je regarde le procès de Racine, de Corneille et de Molière comme tout-à-fait perdu, jusqu'à ce que nous soyons assez confondus pour rentrer en nous-mêmes, et pour leur demander pardon. Je ne veux point renouveller l'ancienne querelle des trois unités, et prouver au public qu'on ne peut vieillir de vingt ans en deux heures, et passer d'Europe au Japon sans s'être mis en route. Je révère infiniment les inversions de la poétique moderne, les romans historiques et toutes les nouveautés littéraires de l'époque : depuis que les dames ont pris ces belles découvertes sous leur protection, nous ne pouvons manquer de devenir la première nation du monde, et nous allons voir renaître, assurément, une foule de Démosthènes, de Cicérons et d'Euripides romantiques, devant lesquels devront pâlir ces vieilles réputations usées par deux mille ans d'existence. Nous avons maintenant, pour nos vierges, *des manteaux d'azur et de mystère*, bien préférables à ces robes flottantes, dont l'antiquité les avait surchargées. Aussi, je me garderai bien de les critiquer, d'abord parce qu'ils peuvent être fort commodes, et puis, parce que je n'en ai jamais vu.

C'est aux Anglais, dit-on, que nous devons ces innovations salutaires dans l'art d'écrire. J'ai peine à croire qu'Addisson et Pope en eussent été fiers; mais, s'ils avaient pu l'être, ce serait le cas de s'écrier : Je les crains même quand ils nous font des présens. Au reste d'habiles traducteurs nous ont initiés aux secrets de la littérature dramatique de nos voisins, trop long-tems ignorée, et, c'est depuis cette communication intime que nous avons fait de si grands progrès. Le mélodrame s'est enrichi de beaucoup de locutions pittoresques, et la tragédie de plusieurs épithètes hardies qui avaient effrayé la timidité de Racine et de Voltaire. A peine ce dernier avait-il osé faire apparaître *l'ombre de Ninus :* aujourd'hui nous en avons des légions tout entières. Nous n'hésitons plus sur de pareilles bagatelles. On amènerait, sans façon, l'âne de Balaam pour haranguer les spectateurs. On exécute l'opération de la cataracte en plein théâtre avec un succès prodigieux : et certes, Molière n'a jamais employé d'aussi puissans ressorts. Que ne ferons-nous pas, soutenus que nous sommes par de si beaux exemples, et par le suffrage éclairé des femmes romantiques?

Toutes ces considérations m'ont engagé à présenter ici l'analyse succincte d'un mélodrame donné au théâtre de Haymarket, à Londres, pendant mon séjour dans cette ville. Je l'ai vu deux fois pour m'en bien pénétrer, et si je retourne en Angleterre, je me promets bien d'y assister encore, afin de le comprendre, et d'en enrichir notre pauvre littérature. Je passe rapidement sur les détails préliminaires de la représentation. Je suppose le spectateur introduit; nous parlerons de la salle en sortant.

La scène s'ouvre par une symphonie aussi bien exécutée qu'au Théâtre-Français de Paris. Le silence s'établit parmi les dames installées au parterre, et le mélodrame commence. En voici le sujet : Un chimiste travaille depuis long-tems à faire un homme qui se meuve tout à coup, qui pense et qui parle; il en paraît fort occupé, et vraiment le sujet en vaut bien la peine. Fritz, son préparateur, désespère du succès, et il se plaint beaucoup de la peur qu'il éprouve en approchant du laboratoire ; c'est le niais de la pièce. Après qu'il a fait part aux public de ses doléances, en style digne du rôle, dans un monologue assez long, le chimiste se demande avec inquiétude si son homme pourra parler et agir. Une voix lui crie : Impie ! pourquoi veux-tu égaler la divinité ! Sa sœur Élisabeth l'engage à vivre en paix, à se délasser, à se distraire, et il y est presque décidé; quand tout à coup il entend le bruit des fourneaux; il y vole, une fenêtre s'ouvre : le monstre paraît, pâle, grand, les yeux rougeâtres, à peine couvert de haillons, effrayant, épouvantable. Il s'élance d'un creuset enflammé, et franchit d'un saut l'intervalle qui le sépare du sol, en homme qui n'a pas encore mesuré des distances. Le chimiste est partagé entre l'admiration et la terreur. Le monstre approche, et veut l'embrasser; lui ne le veut pas, et il s'établit un instant entr'eux une lutte muette réellement effrayante : je l'avoue, je frissonne encore d'y songer. Mais enfin le monstre, lassé de la résistance, saisit son auteur à la gorge, et le renverse sur la poussière, sans effort et sans colère, comme saint Michel écrase le démon, dans le tableau de Michel-Ange. Là finit le premier acte.

Le chimiste s'est relevé au second. Pendant ce tems, le monstre rôde dans un bois, où Delacey, pauvre aveugle banni, se repose, accompagné de sa fille Agathe, et pince de la harpe. Le monstre entend la musique, et en témoigne son émotion d'une manière qui fait honneur au talent de l'acteur. Il voit des arbres en fleurs, et il admire; de l'eau, et il y touche; du feu, et il se brûle. Ces différentes sensations sont parfaitement exprimées par l'acteur, et sa pantomime est, par momens, admirable. Il faut avoir beaucoup réfléchi sur l'homme, pour en bien rendre la gradation, sans que l'illusion en soit altérée, en présence de deux mille spectateurs attentifs. La musique s'entend de nouveau, et attire encore le monstre. Cette fois il s'approche du vieillard, et lui serre la main. Celui-ci appelle sa fille à plusieurs reprises, avec des cris d'inquiétude, qui mettent en fuite l'homme chimique: toutefois, il se cache pour voir Agathe; il l'aperçoit, jette un regard sur lui-même, et frémit. Un monstre qui aime la musique devient aisément amoureux, et les amoureux sont galans. Le nôtre court au bois, ramasse un énorme fagot pour Agathe, et il vient le déposer à la porte de sa cabane. Pendant l'intervalle, Fritz rentre, parle de la présence d'un démon, d'un sorcier; mais Agathe se moque de lui. Quelques momens après, le monstre accourt, et emporte l'infortunée : ainsi finit le second acte.

La terreur est générale au troisième. Tout le monde est informé qu'il existe un vampire, qui enlève les filles, et les dévore; car on n'a pas vu revenir Agathe. On s'arme de fusils, de lances et de sabres, pour courir à l'attaque du monstre; on le rencontre, il est blessé d'un coup de fusil. L'acteur chargé du rôle a exprimé avec tant de vérité cette première sensation de la douleur, qu'une dame s'est évanouie dans les loges, en poussant un grand cri. La joie règne un instant dans le village; mais le monstre a vu du feu, naguères: la vengeance lui en fait une arme, et il incendie les habitations. Poursuivi à outrance, il jette le cadavre d'Agathe aux yeux des spectateurs; rencontrant le chimiste à qui il doit l'existence, il se précipite sur lui, un combat s'engage au pied d'un rocher...; mais aussitôt le rocher s'ébranle, roule, et engloutit les deux champions. Telle est cette étrange composition, tirée à ce qu'on assure, d'un roman allemand. Aux yeux de la raison, elle peut passer comme une œuvre de délire et d'absurdité; et cependant elle produit un grand effet. L'intérêt est excité au plus haut point par le développement des facultés naissantes du monstre, et par l'enlèvement d'Agathe. Le dénoûment ne manque pas de moralité.

La salle est petite, médiocrement décorée. Les femmes sont admises au parterre (*pit*, le puits); et le prix des loges (*boxes*, les boîtes) est le même dans tous les compartimens. Je suis fâché que les meilleures places soient occupées par des flots de sirènes, de l'espèce de celles qui pullulent dans Cheapside. Les corridors et les passages en sont véritablement obstrués : le foyer leur appartient, et les dames n'y paraissent jamais. On dirait que tout a été construit dans l'intérêt du vice. J'ai vu de ces femmes dégradées, insolemment étendues sur les sophas du foyer, d'où elles semblaient tenir une petite cour; les élégans, rangés autour d'elles, rivalisaient de grâce et d'atticisme, comme nos petits-maîtres dans les salons ministériels. On nous dit que cette liberté de mœurs contribue à la sécurité des familles, et que la débauche publique est regardée comme une garantie du bonheur des ménages : cela se peut; mais le scandale est-il aussi un moyen de tranquillité? Autant vaudrait dire que la délation et l'espionnage sont des nobles moyens de gouvernement.

La plupart de nos petites pièces de théâtre passent ordinairement le détroit pour être représentées avec les modifications convenables au goût anglais. *Le Secrétaire et le Cuisinier*, vaudeville bien connu à Paris, a obtenu l'honneur de paraître à Londres, sous le titre de *Fish out of water*, le poisson hors de l'eau. C'est une vraie farce de la foire. Le cuisinier, devenu secrétaire, ne se contente point d'apprendre à son collaborateur la manière de faire le chocolat; il lui enseigne également à préparer un beaf steak, une omelette, un plum'pudding, une infinité de plats; et cette scène de cuisine divertit singulièrement l'auditoire. On rit aux éclats de toutes parts, jeunes et vieux, au parterre et dans les loges, avec une effusion et une franchise qui nous fesaient rire nous-mêmes, beaucoup plus que la pièce. A la fin, lorsque le ministre a découvert que son prétendu secrétaire n'est qu'un cuisinier (malgré la considération que les ministres ont toujours eue pour les cuisiniers), il se précipite sur lui à coups de pied et à coups de poing, et il le renvoie. C'est le moment des suffrages: une pièce qui se termine par des coups de poing est toujours sûre de réussir en Angleterre.

Il ne faut pas croire cependant que les acteurs anglais soient dépourvus de mérite : ils sont généralement doués d'une sensibilité profonde et d'un naturel très-remarquable, quand le mauvais goût du public ne les force pas de se jeter dans le grotesque. L'organisation libre des théâtres est sans doute la cause principale de cette particularité. Les comédiens ne s'engagent point indéfiniment à un directeur ou à une administration : ils se prêtent, si je puis dire, au plus offrant, dont le choix est toujours dirigé par les suffrages du public. De cette manière, la médiocrité ne commande jamais au talent, les intrigues de coulisses ont moins d'influence, et la nation, plus de plaisir. Il n'est pas rare de voir des acteurs paraître sur différens théâtres dans le courant d'une même année ; il s'établit ainsi des rivalités salutaires qui tournent au profit de l'art, et qui honorent les artistes.

Cette vérité m'a semblé démontrée dans la personne de miss Kelly, que j'ai vue au théâtre *English opera*. Elle jouait le rôle principal dans un petit drame intitulé *la Fille du Meûnier*. L'un de ses deux amans était son frère ; elle ne savait pas lequel, et tremblait de se prononcer, de peur que son choix ne fût un crime. Les deux rivaux redoublaient d'instances auprès d'elle, et de fureur entr'eux, comme il arrive dans ces momens critiques. Tous les spectateurs avaient le cœur serré. Miss Kelly, roulant de grosses larmes dans ses yeux, regardait alternativement ses deux amis, avec une expression de tristesse qui partait du fond de l'ame. Je n'ai jamais vu de physionomie plus tragique. C'était le naturel de Mlle Mars, et la sombre mélancolie de Talma. Un moment, cette pantomime admirable a été interrompue par l'émotion de l'assemblée. Tout à coup, l'un des deux rivaux, impétueux et terrible, a levé son bâton sur l'autre, avec un geste formidable : on eût dit qu'il l'allait renverser à ses pieds. Miss Kelly, après avoir fait de vains efforts pour le désarmer, le regarde avec un triste sourire, saisit doucement son bâton, et lui dit : « Tu ne veux pas m'affliger, j'en suis sûre ; donne-moi ce bâton ; donne, que je me soutienne ; j'en ai besoin. Tu me le donnes?.. » Et le furieux est désarmé. « Ah!... s'écrie miss Kelly avec un accent plein de charme, vous ne vous battrez pas! » Le sourire reparaît sur ses lèvres, il semble qu'elle vienne de remporter une grande victoire. Toutes les émotions de son cœur se peignent rapidement sur sa noble et belle figure ; l'illusion ne peut aller plus loin.

En général, il m'a semblé que les acteurs étaient beaucoup plus pénétrés de leur rôle que les nôtres. On ne les voit point apporter sur la scène ces distractions qui les empêchent de prendre une part active à la marche de la pièce ; ils savent écouter. Ils manquent très-rarement de mémoire, parce que le souffleur n'est point à leurs pieds, mais dans la coulisse, et que les fautes de ce genre sont vigoureusement réprimées. Le public sait user de son droit. On ne siffle point, toutefois; mais si quelqu'acteur déplaît à l'assemblée, un frémissement général se fait entendre, absolument semblable à celui de cent reptiles. Les marques d'approbation se témoignent par de généreux applaudissemens, qui partent de tous les points de la salle, et les couplets bien accueillis sont redemandés aux cris répétés : *Encore! encore!* Le spectacle finit ordinairement assez tard.

CHAPITRE XXXIII.

VILLE DE L'EST. — PONTS DE LONDRES. — DE SOUTHWARK. — DE BLACKFRIARS. — DE WESTMINSTER. — LES BASSINS. — LA FLOTTE. — L'HOPITAL DE GREENWICH. — L'OBSERVATOIRE.

> « Fiume che imitator dell' Oceano
> Sostien gran navi, e seco alterna il corso. »
> ROLLI.

La ville de l'est n'a presque rien de commun avec les autres quartiers de Londres. Ce n'est plus le mouvement de la cité, ni la magnificence de Portland place et d'Oxford street : c'est la Tamise qui attire tous les regards, qui anime tout, qui enrichit tout. Cette large rivière sert de port, immédiatement au-dessous du vieux pont de Londres (*London Bridge*), bâti dans le treizième siècle. Là commence un spectacle unique au monde, et que dix voyageurs auraient peine à décrire; là s'explique la richesse de l'Angleterre, et sa puissance maritime, plus encore qu'à Porstmouth et à Liverpool. Nous avons vu que la Grande-Bretagne ne possédait pas un territoire assez étendu pour être arrosée par de grandes rivières ; mais la nature l'en a dédommagée en agrandissant toutes leurs embouchures, où la mer forme des hâvres excellens. Au-dessus de Londres, la Tamise est à peine navigable pendant quelques lieues : à Deptford, c'est-à-dire dans un faubourg de cette ville, elle est couverte de trois mille vaisseaux. Sa largeur est si considérable, que la plupart de ses ponts sont regardés comme des monumens de hardiesse et de génie. Avant de redescendre la rivière pour visiter les bassins et le bel hôpital de Greenwich, examinons ces grands travaux, qui datent de la fin du dernier siècle, ou du commencement de celui-ci.

Londres, pendant long-tems, n'eut d'autre pont que celui qui porte son nom, et qui est une des plus bizarres créations du moyen âge. Toutes ses arches sont inégales, étroites, mal cintrées, pesantes, écrasées par le tems et par le mauvais goût des fondateurs. La pierre en est fort tendre et ruineuse : on parle de le remplacer. En remontant vers le couchant, on rencontre le pont de Southwark, admirable chef-d'œuvre dû à l'ingénieur Rennie : il n'a que trois arches, construites en fer coulé. Celle du milieu, supérieure en largeur au fameux *Rialto* de Venise, présente une ouverture de soixante-treize mètres, d'un effet surprenant à la vue. Les détails mathématiques de sa fondation méritent au plus haut degré l'intérêt de nos ingénieurs. Rien n'a été oublié ; les voussoirs, les losanges, les traverses, les pierres ont été mesurées avec une scrupuleuse exactitude, et l'on sait aujourd'hui ce que pèse le pont. Une seule fonderie a fourni près de onze millions de livres de fer, employées à sa confection.

Le pont de *Blackfriars* ou des Pénitens noirs, à peine terminé en 1768, offre un des points de vue les plus intéressans de la capitale. Les étrangers qui veulent jouir de l'aspect de la coupole de Saint-Paul, ne manquent point de le choisir pour observatoire.

Celui du *Strand* ou de Waterloo, bâti en belles pierres de Portland, m'a paru le plus imposant et le plus magnifique de tous. Sa longueur est d'environ douze cents pieds, sa largeur de quarante, son élévation au-dessus de la rivière, de cinquante pieds. Au sommet de chaque pile, on a bâti un petit belvédère orné d'un banc, d'où l'on peut, à loisir, promener ses regards sur la ville ; car on sait que la plupart des ponts anglais, garnis d'un parapet très-élevé, dérobent aux spectateurs la vue des rivières. La Tamise est extrêmement large en cet endroit. Nous y avons pris un bateau pour la remonter jusqu'aux ponts de Westminster et du Wauxhall, et en redescendant avec le reflux, nous sommes arrivés au-dessous de la tour, afin de visiter le grand bassin de Londres (*London Dock*), situé dans son voisinage.

Nous avons retrouvé là, sur un plan plus vaste, toutes les merveilles de Liverpool, les hangars, les magasins avec leurs caves, les chemins de fer, les quais, les entrepôts et les richesses. Les portes des bassins sont bombées, pour opposer à la masse des eaux une résistance plus solide; les ponts tournans (1), en bois et plus souvent en fer, glissent avec une facilité extrême, et se rangent de chaque côté du canal de conduite, au moyen d'une manœuvre simple, exécutée par deux hommes, qui ne doivent quitter leur poste sous aucun prétexte. Ces ponts tournans supportent des poids considérables, lorsque leurs deux volées sont réunies : les charrettes les plus lourdes

---

(1) « Ces ponts, dit M. Ch. Dupin, sont composés de
» deux parties égales ou volées qui se raccordent à leur mi-
» lieu, suivant une ligne moitié droite et moitié courbe, pour
» que la volée qu'on ouvre la première se dégage facilement
» de l'autre. Lorsque le pont est fermé, les faces en contact
» des deux volées, s'emboîtent, l'une par une languette,
» l'autre par une rainure de mêmes dimensions; une clavette
» enfoncée dans une entaille, au milieu de cet assemblage,
» empêche, quand on le veut, les deux parties de se séparer. »

y circulent au pas sur d'épais madriers recouverts de plusieurs bandes de fer parallèles, pour donner prise aux pieds des chevaux.

Une circonstance vraiment remarquable a fait naître la première idée des établissemens du même genre qui ont été créés à l'est du bassin de Londres, et qui ont contribué d'une manière si spéciale à la prospérité du commerce de cette grande ville : ce sont les vols nombreux qui se commettaient presque ostensiblement au moment du chargement et du déchargement des navires. Toutes les relations que j'ai lues, toutes les personnes que j'ai consultées à Londres sur ce sujet, ont été d'un avis unanime. Il y avait si peu de police au bord de l'Tamise, que la plupart des bâtimens étaient indignement pillés en plein jour par des compagnies de voleurs organisées, commandées par des chefs, précédées par des éclaireurs, et, au besoin, soutenues par la force. Des rapports authentiques font monter à plus de vingt-cinq millions de notre monnaie les pertes éprouvées par le commerce de Londres, pendant les années 1798, 1799 et 1800. Les armateurs éprouvaient chaque jour des déficits immenses, sans pouvoir s'opposer à ces déprédations dignes d'Alger ou de Maroc. Les navires mouillés dans la rivière essuyaient souvent de fortes avaries au moment du reflux, qui les laissait à sec, et la confusion qui en résultait protégeait à merveille les entreprises du brigandage et de la piraterie.

 Dans cet état de choses, une compagnie d'actionnaires présenta au gouvernement le projet de construction de plusieurs grands bassins destinés à recevoir les vaisseaux qui revenaient des Indes occidentales. Leur plan fut agréé et exécuté au bout de deux ans. On vit alors des flottes entières, à leur retour des colonies, remonter majestueusement la Tamise, et s'aller ranger en paix dans ces vastes lacs, où elles présentaient le plus beau spectacle qu'on puisse imaginer. Les uns sont consacrés au chargement, les autres au déchargement. La plus active surveillance y est exercée jour et nuit, et j'ai compris là, mieux que partout ailleurs, combien l'ordre avait d'influence sur la richesse publique et la grandeur des nations. Une partie des hangars est pavée en larges plaques de fer, ou en dalles de granit parfaitement entretenues, de sorte que rien ne s'y perd, lorsque par accident quelques ballots sont ouverts ou brisés sur le quai. On m'a montré une *cloche à plongeur* d'une construction ingénieuse pour retirer du fond des *docks* les objets précieux.

Les bassins de la compagnie des Indes sont situés à la partie la plus orientale de la ville, où ils occupent un espace moins considérable, parce que le nombre des vaisseaux qui naviguent dans les mers de l'Inde n'est pas, à beaucoup près, aussi étendu que celui des bâtimens de l'Amérique. Ces *docks* passent pour les plus profonds de tous. Leur aspect n'a rien qui les distingue plus particulièrement de ceux de Londres et des Indes occidentales. Les chantiers de construction couvrent presque toute la rive gauche de la Tamise : on rencontre à chaque pas des ateliers, des forges, des corderies nécessaires à l'entretien des treize ou quatorze mille vaisseaux qui abordent chaque année au port de Londres. On se promène ainsi pendant des heures entières au milieu du mouvement continuel de toutes les industries, jusqu'au magnifique hôpital de Greenwich, asile du silence et du repos.

Greenwich est consacré aux invalides de la marine. Je ne sais pas pourquoi on lui a donné le nom d'hôpital : c'est plutôt un superbe palais, le plus beau, peut-être, qui soit à Londres. Il s'élève sur la rive droite de la rivière, partagé en deux grandes ailes isolées, surmontées l'une et l'autre d'une majestueuse coupole. Sa position semble ajouter encore à sa grandeur : l'air circule avec plus de liberté sous ses innombrables colonnes, que la fumée de Londres n'a jamais pu atteindre. La colline qui le domine lui donne une physionomie riante et animée : il n'y a que les matelots qui paraissent tristes. On les voit errer par grouppes dans les jardins et dans les cours, pour échapper à l'ennui qui les dévore. Quelques-uns sont assis à l'écart sur des bancs de pierre, dans une attitude mélancolique et rêveuse; d'autres, debout près de la grille du quai, suivent de l'œil ces vaisseaux qui vont et qui viennent, et dont la vue leur rappelle des momens plus heureux. Cependant rien ne leur manque, et la nation s'est montrée magnanime envers eux. Leurs enfans, des deux sexes, sont élevés dans l'enceinte du palais qu'ils habitent; ils peuvent les voir chaque jour, et s'endormir tranquilles sur leur avenir. La magnificence de la patrie y a pourvu; huit cents garçons reçoivent à ses frais l'éducation nécessaire à leur état futur; et cet état, c'est la marine. Les filles partagent le même bienfait; lorsqu'elles sont suffisamment instruites, un comité préside à leur établissement. Je les ai vues folâtrer dans un superbe jardin, orné des canons conquis par leurs pères.

Cet auguste asile est ouvert à plus de deux mille quatre cents marins, y compris le gouverneur, son lieutenant, quatre capitaines et les autres officiers. Chacun d'eux reçoit par semaine une gratification (*pocket-money*, monnaie de poche) proportionnée à son grade. Trois mille externes y sont admis en outre à jouir d'une indemnité qui les aide à vivre dans leurs familles. On devrait bien donner à leur uniforme une coupe plus en harmonie avec leur ancienne profession ; ce costume, composé d'une culotte et d'un grand frac bleu foncé, boutonné comme une soutane, ressemble tellement à celui de nos ecclésiastiques que nous avons cru, dès l'abord, entrer dans un séminaire. Leurs chapeaux à trois cornes complétaient l'illusion.

Un de ces vétérans nous a conduits à la chapelle, qui est fort petite, mais dont tous les détails donnent l'idée de la perfection. Elle est pavée en marbre blanc, ses portes et ses boiseries sont en acajou massif, et l'orgue est revêtu de cuivre doré, avec un goût exquis. On nous a montré un beau tableau du naufrage de Saint Paul, près de l'île de Malte, sujet digne du lieu. Tous les matelots que nous avons interrogés, nous ont parlé avec la plus grande estime de la marine française; l'un d'eux avait été long-tems prisonnier parmi nous, et il paraissait très-fier d'avoir pu nous saluer dans notre langue.

En sortant de l'hospice de Greenwich, on entre dans le parc, qui est devenu le rendez-vous d'une partie de la population de Londres, et dont l'amphithéâtre domine le palais, la Tamise et la flotte. C'est là qu'on a bâti le fameux observatoire par lequel les Anglais font passer leur premier méridien. Assurément les vues d'Écosse et d'Italie surpassent tout ce qu'on a pu concevoir de plus pittoresque et de plus varié; mais celle-ci l'emporte surtout, aux yeux d'un observateur philosophe; elle est marquée d'un caractère de grandeur et de puissance qu'on ne doit retrouver nulle part en Europe. Plus de trois mille vaisseaux couronnent son immense horizon, et présentent l'image d'une vaste forêt flottante, où les pavillons et les flammes de toutes couleurs se jouent au gré du vent sur les bassins des deux Indes. Lorsqu'on songe que ces milliers de navires ont parcouru toutes les parties du monde, et qu'ils en ont rapporté les produits; lorsqu'on remet dans sa mémoire les vastes magasins, les comptoirs et les monumens de la cité; lorsqu'enfin on apprécie tout ce qu'il a fallu d'efforts, de constance et de génie pour réunir sur un seul point des flottes naguère éparses dans tout le globe, on se demande si quelque chose est impossible à l'homme avec de la liberté, de la persévérance et de l'industrie, et s'il n'est pas permis d'espérer qu'un jour tant de puissance et de fortune tournera au profit de la civilisation et de l'espèce humaine.

Le retour à Londres par la Tamise est une des promenades les plus intéressantes que puisse faire un voyageur. On trouve toujours des petites chaloupes (1) qui remontent la rivière, et l'on parcourt ainsi fort agréablement la flotte tout entière, rangée sur deux lignes, de sept et huit bâtimens de profondeur. Il ne reste au centre que l'espace nécessaire pour la circulation. Plusieurs frégates sont à l'ancre au-dessous de Deptford, où la Tamise conserve assez de profondeur pour les tenir à flot, même pendant le reflux. Voilà ce qui caractérise la ville de Londres, et ce qui lui attire l'attention de l'Europe entière, beaucoup plus que tous ses monumens. Le spectateur, peu ému de leur couleur rouge et sombre, de leur façade souvent bizarre et fatiguée, ne refuse pas son admiration au tableau sévère et grandiose de cette marine colossale qui semble introduite par miracle au sein des terres, et protégée par une vaste enceinte d'édifices. Il admire le génie d'un peuple qui s'est, en quelque sorte, armé de tous les obs-

---

(1) Le nombre de ces chaloupes pourra donner une idée du mouvement qui règne sur la Tamise : la nôtre portait le n° 7836.

tacles qui devaient arrêter sa marche, et il apprend à mépriser ces vains préjugés de l'orgueil ou de l'ignorance, trop souvent entretenus par les gouvernemens, sous de brillans prétextes, au détriment des nations.

CHAPITRE XXXIV ET DERNIER.

DÉPART POUR BRIGHTON. — ENVIRONS DE CETTE VILLE. — LE PALAIS DU ROI. — SA PHYSIONOMIE ORIENTALE. — LE QUAI. — L'EMBARCADÈRE. — LE THÉATRE. — DÉPART POUR DIEPPE. — RETOUR EN FRANCE.

> « A travers deux rochers, où la mer mugissante
> Vient briser en courroux son onde blanchissante,
> Dieppe, aux yeux du marin, offre son heureux port. »
> VOLTAIRE.

Ce que madame de Staël a dit de l'Angleterre, que c'était une suite d'habitations avec des jardins, interrompue par des villes, n'a jamais été plus applicable qu'à la route de Londres à Brighton. Il semble qu'on n'a point quitté la capitale; on ne se trouve jamais seul en rase campagne, sans apercevoir quelques métairies, quelques pavillons, ou quelques maisons de plaisance : et il y a si peu de différence entre les dernières limites de Southwark et les premières avenues de Brighton, qu'on peut se croire transporté dans un autre faubourg de Londres. La marche des voitures est d'ailleurs si rapide, le paysage est si varié, qu'on n'a pas le tems de compter les cinquante-quatre milles qui séparent ces deux villes. Il en part chaque jour vingt diligences, toujours occupées, traînées par des chevaux qui volent sur un sable uni, avec une rapidité digne des jeux olympiques.

« Brighton paraît une ville de l'Orient transportée sur les bords de la Manche. Ses environs, découverts et arides dans un rayon d'une demi-lieue seulement, sont en harmonie avec le style méridional des édifices. Le vent souffle avec une extrême violence, et déjà nous entendons le mugissement de la mer qui se brise aux pieds des falaises. Bientôt nous arrivons sur un quai magnifique, dont le mouvement a quelque chose de vif, d'élégant et d'animé : déjà nous sentons le voisinage de la France; les habitans sont pleins d'égards et de politesse pour les étrangers, qui accourent en foule dans leurs murs.

L'intérieur de la ville mérite un souvenir. Les maisons, dont la façade est presque toujours dirigée vers la mer, sont ornées d'une ligne de balcons ou de pavillons verts, fermés par de jolis rideaux et par des persiennes. Leur alignement est principalement remarquable sur le quai, promenade favorite des élégans de Londres, qui viennent prendre les bains de mer. Là circule depuis le matin jusqu'au milieu de la nuit, quand le tems est beau, une suite continuelle d'équipages, d'hommes et de femmes à pied et à cheval, dont le plaisir consiste à parcourir cent fois le même site : mais ce site a toujours l'attrait de la nouveauté. L'air qu'on y respire est d'une vivacité prodigieuse. En effet, la terrasse est élevée de plus de deux cents pieds au-dessus du niveau de la mer. Le rocher qui la supporte, présente de si grandes difficultés à l'abordage, qu'on a été obligé de construire un embarcadère de onze cent quinze pieds de long, soutenue par des chaînes de fer attachées au rivage. Cet ouvrage hardi, qu'on prendrait pour le commencement d'un pont jeté sur le détroit, présente un coup-d'œil admirable dans les jours de tempête : la mer se brise avec fureur autour de lui, et c'est alors surtout qu'on s'y rend pour l'admirer.

Nous avons été le soir au théâtre, où l'on donnait le *Roméo et Juliette* de Shakespeare. Cette tragédie a beau être tragique, je ne puis m'habituer aux bouffonneries qui la déparent, et cet apothicaire me dégoûte avec son poison dans une petite fiole de bois. Les entrées et les sorties ne sont point motivées, les acteurs gesticulent avec une véhémence déplacée, qui n'est pas toujours dans l'esprit de leur rôle, et il leur échappe trop souvent des éclats de voix suivis de profonds soupirs. Je crois le drame plus convenable au goût de la nation; et tout le monde conviendra, avec Voltaire, qu'il est indécent de faire parler les rois comme la canaille, quoiqu'il y en ait beaucoup autour d'eux.

Le roi d'Angleterre vient souvent à Brighton, où il possède un petit palais, moitié chinois, moitié turc, surmonté de plusieurs aiguilles inégales et bizarres, auxquelles il m'est impossible de donner un nom. Les unes sont terminées par une boule, les autres ont une boule pour base; il en est qui ressemblent à une pagode; il en est qui ne ressemblent à rien. C'est une véritable débauche d'architecture. Du reste, l'édifice manque d'élévation et d'air; il est écrasé par les maisons voisines, qui sont construites avec bien plus de goût.

La mer, qui était fort mauvaise, nous a retenus ici pendant deux jours, et nous sommes partis le soir du troisième avec un temps superbe. Le grand quai de Brighton nous est apparu, comme une ligne de feu, éclairé par ses nombreux réverbères, et le lendemain nous avons aperçu à l'horizon les côtes de France et la ville de Dieppe. Salut! douce terre de la patrie, toi qui portes les êtres que j'aime, et qui me vas rendre une sœur chérie! Nous venons de visiter le séjour de l'industrie et de l'opulence; nous avons parcouru des villes brillantes, des provinces fertiles, des routes magnifiques; mais nous n'avons rien trouvé d'aussi aimable que toi. »

FIN DU TRENTE-QUATRIÈME ET DERNIER CHAPITRE.

TABLE

DES

CHAPITRES CONTENUS DANS CE VOLUME.

Pages.

CHAPITRE Ier. Départ du Hâvre. — Côtes de Normandie. — Mal de mer. — Cuisine anglaise. — Ile de Wight. — Rade de Portsmouth. — Eaux de Southampton.................................... 1

CHAP. II. Ville de Southampton. — Dîner à l'auberge. — Cimetière. — Gazomètre. — Pont oblique. — Soirée anglaise. — *Gode save the King.* — Départ pour Bath................................ 10

CHAP. III. Voitures publiques. — Routes. — Aspect des villages. — Ville de Salisbury. — Asile des six pauvres femmes. — Château de sir William A'court. — L'étudiant d'Oxford. — Warminster. — Philip's Norton. — Arrivée à Bath........................ 27

CHAP. IV. Ville de Bath. — Melsome street. — Les Bains. — Le Cirque. — Le Royal Crescent. —

Grande rue de Pulteney. — Les Jardins de Sidney. — Brouettes des Dames. — Le Cornichon de l'Auberge. — Accueil que nous fait le docteur Gibbes.................................... 40

Chap. V. Route de Bath à Bristol. — Situation de cette dernière ville. — Son Port et ses Bassins sur l'Avon. — La Place de la Reine. — Faubourg de Clifton. — Le Bateau à vapeur *l'Hibernia*........ 53

Chap. VI. Départ pour Dublin. — Rives pittoresques de l'Avon, près d'Hotwells. — Embouchure de cette rivière dans l'embouchure de la Saverne. — Tempête près de la baie de Swansea. — Aventure et retour à Bristol................................. 61

Chap. VII. Route de Bristol à Glocester. — Tewksbury. — Revue des habitans au sortir de l'Office. — Ville de Worcester. — La Pension de Demoiselles. — Aspect général du comté, vu du haut de la côte de Bromsgrove................................. 71

Chap. VIII. Arrivée à Birmingham. — Ses Manufactures. — Hospice des Enfans-Trouvés. — Monument de Nelson. — Tableau de la plaine des Cyclopes, entre Birmingham, Wednesbury et Wolverhampton.. 79

Chap. IX. Comté de Stafford. — Joli effet d'eau près de Stone. — Newcastle under Lyne. — Encore une pension de jeunes Demoiselles, près de Congleton. — Sensibilité des Anglais pour les animaux ; ce qu'il en faut penser. — Rigueur barbare de la Discipline militaire............................ 86

Chap. X. Avenues de Liverpool. — Considérations sur l'état primitif de cette ville. — Rapidité de son accroissement. — Coup-d'œil sur sa Population, son Administration intérieure, son Commerce. — Description de ses Bassins, de ses Monumens publics. — Drapeau tricolore.................. 97

Chap. XI. Route de Liverpool à Preston. — Embouchure de la Ribble. — Ville de Lancaster. — Vallée de Kendal. — Marche de nuit dans le Westmoreland. — Penrith. — Carlisle. — Troupes anglaises. — Un Déjeûner anglais. — Frontière d'Écosse................................ 121

Chap. XII. Entrée en Écosse. — Village de Gretna green. — Mariages de contrebande. — Annan. — Le prédicateur Irving........................ 132

Chap. XIII. Ville de Dumfries. — Quelques abus. — Singulière physionomie du Désert. — Village de Moffat. — Sources de la Tweed et de la Clyde. — Cimetière de la Vallée. — Plateau de Lanark. — Arrivée à Glasgow........................... 143

Chap. XIV. Glasgow. — Château de Carntyne. —

MM. Robert et Hamilton Gray. — Accueil hospitalier qu'ils nous font. — Bibliothèque et Jardin du Château. — Scène touchante de Famille. — Projet d'excursions........................ 152

Chap. XV. Ville de Glasgow. — Son Collége. — Le Musée de Hunter. — M. le professeur Towers. — George Square. — L'Église catholique. — Les Ponts. — Les Quais. — Le Monument de Nelson. — La Cathédrale. — L'Hôpital. — Le Convoi du pauvre................................... 158

Chap. XVI. Environs de Glasgow. — Château de Bothwell. — Palais et Galerie du duc de Hamilton. — Cataractes de la Clyde. — Établissement du New-Lanark................................... 172

Chap. XVII. Séjour à Carntyne. — Journaux anglais. — Dîners. — Boxeurs. — Variétés sur la ville de Glasgow. — Mines de charbon............... 184

Chap. XVIII. Voyage à Dunbarton. — Cours de la Clyde. — Embouchure de la Leven. — Soirée au château de Cochmey. — Clair de lune.......... 198

Chap. XIX. Lac Lomond. — Ben Lomond. — Château de Balloch. — Vie de Château. — Caractère des Écossaises........................... 208

Chap. XX. Dernière Visite à Glasgow. — Le Célibataire et le Mari. — Adieux à Carntyne........ 219

Chap. XXI. Route de Glasgow à Édimbourg. — Tableau de la Vieille-Ville. — La Cathédrale. — Le Château. — Le Collége. — Holyrood.......... 224

Chap. XXII. Ville-Neuve.—George street.—Églises d'Écosse. — Maison de sir Walter Scott. — Calton Hill. — Eau de Leith...................... 236

Chap. XXIII. Faubourg et Port de Leith. — Embouchure du Forth. — Retour à Édimbourg. — Les Hôpitaux. — Salisbury-Craig et Arthur's Seat. — Le Marché aux poissons. — Les Soldats écossais.. 245

Chap. XXIV. Des Highlanders, ou Habitans des Hautes-Terres d'Écosse. — Des anciennes Tribus, ou Clans. — De leurs Chefs. — Manière de combattre. — Traits de dévouement. — Costume. — Mœurs. — Bardes. — Croyances. — Mariages. — Superstitions. — Expédition du Prétendant. — Altération des anciennes mœurs. — Ses Causes et ses Résultats.................................. 253

Chap. XXV. Route d'Édimbourg à Dunbar. — Port de Dunbar. — Berwick. — Embouchure de la Tweed. — Holy Island. — Alnwich. — Newcastle. —Durham............................ 277

Chap. XXVI. York.—La Cathédrale ou le Minster. — Fête musicale. — Le Retreat ou la Maison des fous. — Bel Établissement de MM. Falret et Voisin à Vanvres, près Paris.................. 283

Chap. XXVII. Départ d'York. — Doncaster. — Routes et Canaux. — Maisons de campagne......... 295

Chap. XXVIII. Arrivée à Londres. — Smithfield. — La Cité. — La Basilique de St.-Paul. — Prison de Newgate. — Cheapside. — La Bourse. — Café Lloyd. — La Poste aux lettres. — La Banque. — L'Hôtel de la compagnie des Indes. — Guildhall......... 305

Chap. XXIX. Considérations générales sur la ville de Londres. — Honnêteté des soldats. — L'incendie de 1666. — Le Monument. — La Suette. — Écoles de filoux......................... 327

Chap. XXX. La Tour de Londres. — La Ménagerie. — Dépouilles de la flotte invincible. — La Hache. — Les Cuirasses de Waterloo. — Les Joyaux de la couronne. — Les Complimens. — Cérémonie grotesque aux portes de la tour, le matin et le soir.. 339

Chap. XXXI. Quartier de l'Ouest. — Whitehall. — Abbaye de Westminster. — Chapelle de Henri VII. — Chambre des pairs et des communes. — Oxford et Regent street. — Carlton House. — Hôtel des Gardes. — Parc Saint-James. — Mortier de Cadix. 347

Chap. XXXII. Théâtre Haymarket. — Analyse d'un étrange mélodrame. — English Opera, dans le Strand. — Miss Kelly..................... 362

Chap. XXXIII. Ville de l'Est. — Ponts de Londres.

De Southwark. — De Blackfriars. — De Wesminster. — Les Bassins. — La Flotte. — L'Hôpital de Greenwich. — L'Observatoire............... 373

Chap. XXXIV. Départ pour Brighton. — Environs de cette ville. — Sa Physionomie orientale. — Le Quai. — L'Embarcadère. — Le Théâtre. — Le Palais du Roi. — Départ pour Dieppe. — Retour en France...................................... 385

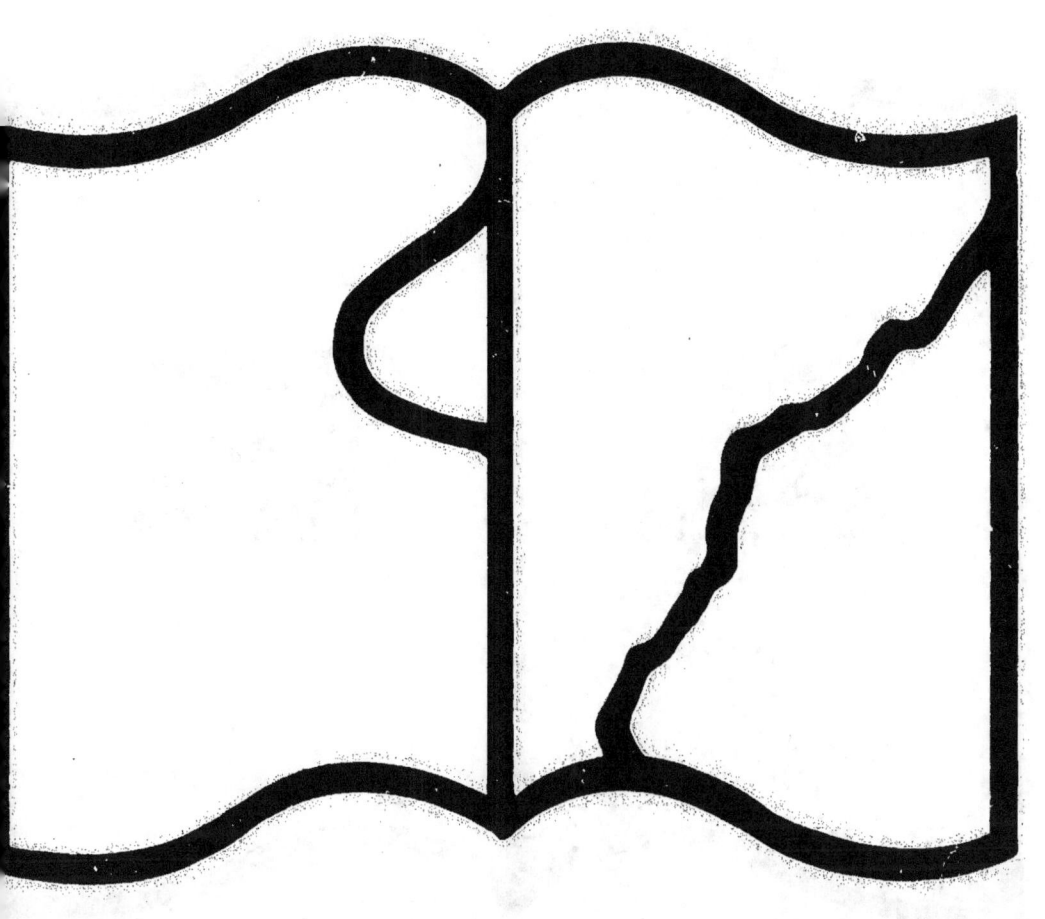

Texte détérioré — reliure défectueuse

NF Z 43-120-11

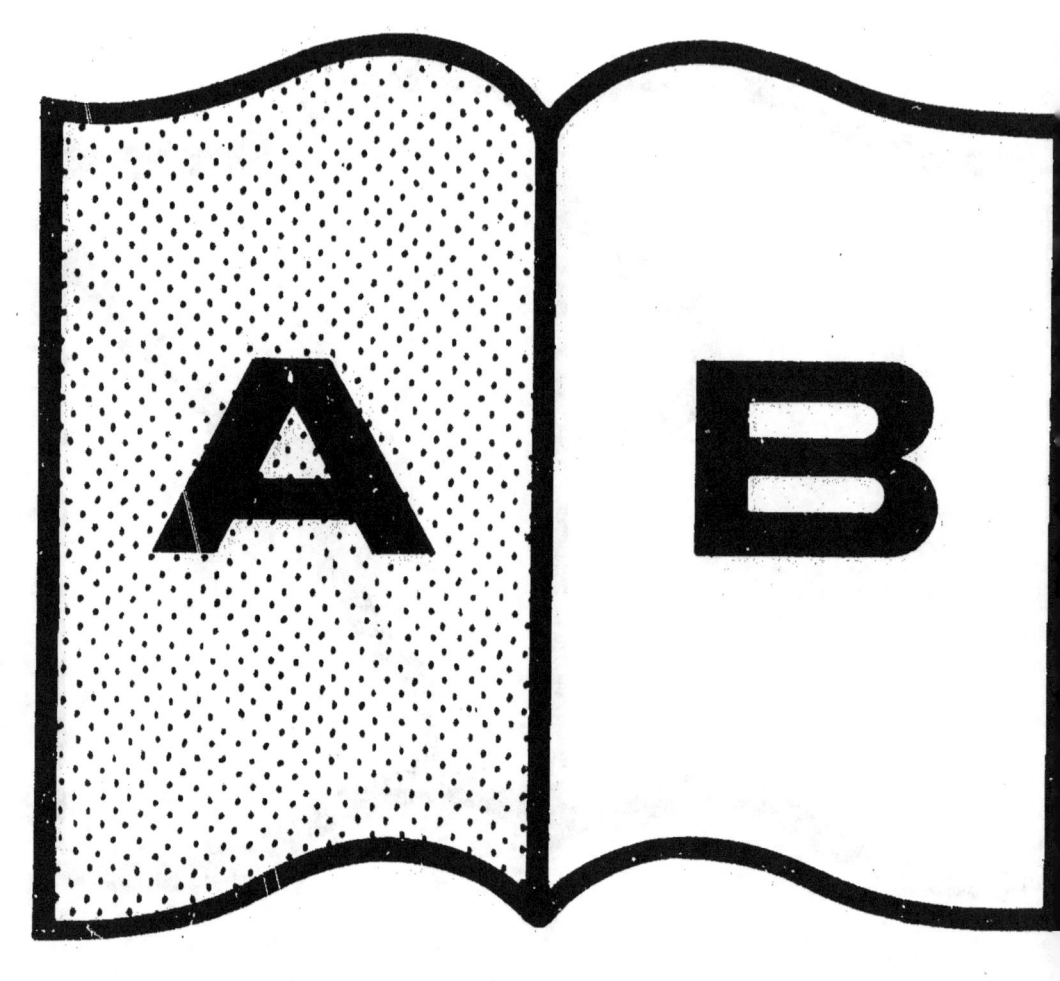

Contraste insuffisant

NF Z 43-120-14

www.ingramcontent.com/pod-product-compliance
Lightning Source LLC
Chambersburg PA
CBHW070927230426
43666CB00011B/2344